アイドルなき世界経済

女性の明るさと幼児進行が日本の未来を救う

増田悦佐
Etsusuke Masuda

ビジネス社

はじめに

国民的アイドルがいなくなったと言われてから久しい。

ほんとうにアイドルは、いなくなったのだろうか。もしいなくなったとすれば、それは日本の音楽産業にとって、あるいは経済全体にとってどんな意味があるだろうか。もしいなくなっていないとすれば、アイドルは今、どこで何をしているのだろうか。そんな疑問からこの本を書きはじめた。

そうすると、じつにいろんなことが、密接に関連していることがわかってきた。日本には日本なりの幼いアイドルがいて、アメリカにはアメリカなりのおとなのアイドルがいる。イギリスからはたった一度だけだが、あっという間に国民的アイドルから世界のアイドルにのし上がったビートルズが出てきた。

アイドルが明るく無邪気か、暗く陰があるかは、彼らが生まれ育った国の経済と切り離して考えることはできない。経済が興隆している国のアイドルは、明るく無邪気だ。経済が沈滞していたり下降したりしている国のアイドルは暗く陰がある。

書き上がってみると、この本は日本と英語圏の大衆音楽史と世界経済の現状分析を一体化したものになっている。「なるほど、そういうふうにつながっているのか」とおっしゃっていただけるか、「ちっともつながっていない。水と油じゃないか」とおっしゃるか、お代は読んでのお帰りということにさせていただきたい。

第1章では、おそらく世界で初めてアイドルを発掘することを目指したタレントスカウト番組、『スター誕生！』が誕生した1970年代前半がどんな時期だったのかから説き起こす。かんたんに言えば、日本でスターがどんどん幼児化、しろうと化していった時代であり、同時に日本経済が深刻にアメリカ経済を追い詰めはじめた時期だった。この時期から幼児性とともに古くからの日本文化の特徴である、集団性や、女性優位の価値観も浸透していく。

第2章では、第二次世界大戦中にさかのぼって、日本の歌謡曲は暗い、悲しい、やるせないという定説に疑問を提起する。戦中でさえ、そろそろ日本軍の劣勢がわかってきたころから、歌謡曲はずいぶん明るくなっていた。その明るさを爆発させたのがブギの女王笠置シヅ子であり、彼女のマネで出発した美空ひばりだった。そして美空ひばり、江利チエミ、雪村いづみの元祖三人娘は、奇跡のように質の高い集団ヒーロー像を形成していた。ほぼ同時期にアメリカに出現したエルヴィス・プレスリーも偉大なアイドルだったが、彼は孤立していて、本領を発揮できたのは暗い歌ばかりだった。

この章ではまた、ヒーローはたったひとりでなければいけない文化圏の中心、アメリカでは女性はマドンナ、男性はブルース・スプリングスティーンが最後のアイドルとならざるをえないことを、音楽産業の構造変化とからめて説明する。産業構造と言えば、終戦直後から一貫して、アメリカ経済はワイロが幅を利かすかたちになって自滅の道をたどり、日本経済は正しい産業発展のあり方を模索してアメリカを追い落とす健全な産業基盤を築いてきた。

第3章では、ビートルズはコミックバンドだったという、おそらくポピュラーミュージックの歴史を研究している方々が目を剝いてお怒りになりそうな言いがかりを付けるところから出発する。どんなにヒーローの孤独さを強調する文明圏でも、なぜかコメディには集団的な英雄像を許す包容力、あるいは脇の甘さがあった。1960年代、大英帝国の没落も大いに関連して人気歌手が払底していたイギリスでこの脇の甘さをうまく衝いて、国民的どころか世界規模のアイドルにのし上がったのがビートルズだという議論だ。

ただ、どこまでも個人主義の英米では、コミックバンドでさえ単発、短命で終わる。一方、集団的英雄像が昔から根付いていた日本では、クレイジーキャッツやドリフターズのように長年にわたって語り継がれるアイドルとしてのコミックバンドが出現する。ビートルズ以降、続々と登場したイギリスのロックグループはアイドルになれなかったか、なりたがらなかった。そこにはむしろ戦勝国のほうに長くつきまとった戦争の傷が影響している。大英帝国ほど悲惨な戦勝国ではなかったアメリカも、この時期には経済成長が急激に鈍化し、わずかばかりの成長の果実を富裕層が独り占めしてしまう構造が確立されていた。

第4章は、日本文明の背骨とも言うべきものが、幼児化を退行ではなく進行と感ずる幼児信仰にあることを提唱する。おそらく世界中見渡しても日本独特のアイドル像である女性デュオの発生の秘密に迫る。1970年代後半を閃光のように駆け抜けたピンク・レディーの大活躍の起源が明治初期の娘義太夫ブームであり、さらにこのブームを準備したのは、徳川幕府が出雲阿国《いずものおくに》を弾圧することさえできないほどの弱体政権だったと聞かされると、首をひねる方が多いだろう。だが、この推論には自信を持っている。

一般論として東アジア最大の宗教は家族教だと思うが、中国・韓国など大陸諸国が祖先派なのに対して、日本では「幼児化は神に近づくことである」という理念も影響して子孫派の家族教徒が多い。子孫派家族教は、ほぼ確実に家族間の資産の平等性を保つことにも貢献している。戦争さえなければすばらしい宗教だが、戦争には弱い。その点、これからの戦争はどんどん戦争もどき化していくことを考えれば、日本の未来は明るい。

第5章は、子孫派家族教が家族の絆を血のしがらみから解放したこと、そして日本は西欧諸国よりはるかに早くから性的多様性に寛容な国だったことを説く。アメリカにも著名な芸能人一家による家族芸の伝統はある。だが内部に深刻な対立や葛藤を抱えながらのパフォーマンスになるので、血のつながりが桎梏《しっこく》となってしまうことが多い。外部から養子縁組というかたちで新しい血を導入できるので長続きする歌舞伎における名門名跡《みょうせき》の継承ぶりとは対照的だ。また日本の芸能人にはカミングアウトすれば、その性的多様性を受け容れる大衆的な支持層がある。一部の知識人は受け容れるが、大衆の大部分は宗教的な縛りもあって、なかなか受け容れない欧米諸国とはまったく違う環境だ。

世界中でもっとも早く日本経済が株価と景気にはなんの関係もないことをカミングアウトしたのは、日本国民全体としてカミングアウトすることになれているからだろう。日本経済でもっとも深刻な問題は、成長が鈍化していることではない。政治家・官僚・企業経営者・経済学者が一体となって、日本の「アメリカ化」によって少ない成長の果実をほとんど全部企業利益として吸い取ってしまっていることだ。この点さえ改善すれば、日本には先進諸国でいちばん健全な成長を持続するための基盤が残っている。

最後の第6章では、音楽産業が再生媒体を売る製造業からライヴパフォーマンスの入場料を稼ぐサービス産業に変わったことをしっかりとしたデータで立証する。そして、これからの時代にアイドルは必然的に多人数化し、彼らの大多数はアイドルだけでは食べていけないので、いくつかの仕事を持ちながら「アイドルもする」ヒマドルになることを、制約としてではなく積極的な人生コースとして提唱する。もちろん、アイドルを卒業してライヴ活動を持続するアーティストも存続するだろうが。

産業構造の転換、地理的な優位性、加えて「幼児性の発露こそ神に近づくこと」と昔から考えてきた伝統を考えれば、日本国民こそがこの動きの先頭に立つだろう。現在50代以下の人たちはだれもがだれかのアイドルで、だれかのファンでもあるという時代をきっと自分の眼で確かめるはずだ。

なお、文中の引用はカッコ内に、著者名と引用したページを示しておいた。巻末に参考書籍一覧でタイトル、刊行年、出版社を表示してある。また、同じ著者から複数の本を引用した場合には、著者名のすぐあとに番号を振ってあるので、どの本のどのページからの引用かおわかりいただけると思う。

第1章 日本でアイドルブームが始まった1970年代前半、アメリカ経済の転落が始まった！

第2章

戦勝国の陰鬱と敗戦国の明るさを象徴する超絶的なスター、エルヴィスとひばり

第3章

アイドル不毛の地に現れたグループ、ビートルズ

第5章 家族の絆、性的多様性が桎梏になる国、ならない国

第6章 ＩＴが音楽を再生からライヴに戻した時代はママドルからヒマドル（Idle Idol）へ

第1章

日本でアイドルブームが始まった1970年代前半、アメリカ経済の転落が始まった！

新三人娘　　花の中三トリオ

小柳ルミ子
1970年～

桜田淳子
1973年～

小泉今日子
1982年～

天地真理
1971年～

山口百恵
1973～80年

松田聖子
1980年～

南沙織
1971～78年

森昌子
1972～2019年

中森明菜
1982年～

戦後日本を支えた三人娘たち

元祖三人娘	ナベプロ三人娘	日活三人娘

江利チエミ
1952～82年

伊東ゆかり
1958年～

松原智恵子
1961年～

美空ひばり
1949～89年

中尾ミエ
1961年～

吉永小百合
1957年～

雪村いづみ
1953年～

園まり
1962年～

和泉雅子
1958年～

出所：『Wikipedia』、『Google Chrome』、『Microsoft Edge』、『bing』などの画像ファイルより引用、名前の下の年次は、レコード/映画/ラジオデビューから解散・引退・死去まで（以下ポートレート写真を並べたスライドはすべて同じ）

アイドルがスターを地上に引きずり下ろした1970年代

1971年、豊富な話題を生んだタレントスカウト番組『スター誕生!』が放送を開始した。歌手オーディションを実況でテレビ放映する形式の番組としては、78年5月7日に28・1%という史上最高の視聴率を達成したこの番組こそ、タイトルとはうらはらにはるか天空に輝く存在だったスターを地上に引きずり下ろして、大衆のすぐそばにいくらでも見つけ出すことができそうな身近な存在であるアイドルへと変える画期的な番組だった。

日本を中心に群生した年若く、身近なアイドルたちこそが、偶像《アイドル》破壊の張本人となって、ただひとりの孤高の存在を、次第に2~3人、5~6人、10~15人、そして40~70人へと砕け散った星屑集団に変え続けている。まだその段階には達していないが、100人台、500人台、あるいは1000人台のアイドル・グループが誕生しても少しも不思議ではない。

仕掛け人として企画段階から『スター誕生!』制作に関与していた阿久悠《あくゆう》は、プロの芸を磨いた舞台俳優たちが歌や踊り、そしてせりふ回しを競い合うブロードウェイのきびしいオーディション風景とはあまりにも違う予選や本番第1回のなごやかな雰囲気に絶望して、「できるだけ下手を選びましょう(阿久1、40ページ)」と悲痛な叫びを上げたと回想している。それが日本、そして東アジア、さらにはヨーロッパ各国、ついにはショービジネスの本場アメリカのポップミュージックシーンまで大胆に若返らせ、稚拙《ちせつ》なしろうと芸が磨きのかかったくろうと芸を上回る評価を受ける風潮のきっかけになるとは、当人も予想していなかっただろう。

だが、そうなるための機は熟していたし、それが日本から始まるのも当然のことだった。ふり返ってみれば、１９７０年代前半はバブル崩壊が連発している１９９０年代末から現在にいたる時期と並んで、第二次世界大戦後最大級の経済激動期だった。

いや、もう30年にもわたってだらだらと起きては鎮《しず》まる国際的なバブル崩壊をくり返してきた世紀転換期に比べて、すっぽり10年間に収まるかたちで凝縮した危機が勃発していた70年代のほうが、切迫感ははるかに強かったと思う。今はもうほとんど実感を込めて語る人もいなくなったが、１９７０年代前半のアメリカ経済は、第二次世界大戦直後からほぼ1世代続いた黄金時代の夢が破れて、いつ大不況に突入してもおかしくないという不安と危機感に駆りたてられていたのだ。

日本にとって、そして世界にとって、１９７１年がいったいどんな年だったのか、ちょっと思い出してみよう。

日本では、政治社会面であまり大きなニュースはなかった。4月に多摩丘陵にできた巨大住宅団地、多摩ニュータウンの入居が始まった。このころいっせいに入居した子育てまっ最中の家族が今いっせいに高齢化するという、冷静に考えれば初めからわかっていたはずの問題のタネを蒔《ま》いた。左翼系の連中はまだ、１９７０年安保改定反対闘争が予想外に盛り上がらなかったことについて傷口を舐《な》めている状態だった。

だが、芸能、ポピュラー音楽関係では、『スター誕生!』の放送開始だけではなく、話題満載の年だった。1月にタイガースが日本武道館で解散コンサートを開催したのは、グループサウンズブームに公式の死亡診断書が書かれたようなできごとだった。ブルー・コメッツの『ブルー・シャトウ』がレコード大賞を受賞した1967年から、たった4年後のことだ。

そして、前年のうちにNHK連続テレビ小説『虹』で女優としてはデビュー済みの小柳ルミ子が、4月リリースの『わたしの城下町』で初めてのシングル盤としては記録的な160万枚という大ヒットを飛ばした。6月には、当時まだ米軍の軍政下にあった沖縄からやって来た元祖バイリンギャル南沙織がデビュー曲『17才』をリリースした。同じく6月には、天地真理がTBS系の人気番組『時間ですよ』のレギュラーとして登場し、10月には『水色の恋』でレコードデビューも果たした。

小柳ルミ子は『わたしの城下町』に続いて『瀬戸の花嫁』と大ヒットを連発した。南沙織は、ちょうど大詰めにさしかかっていた沖縄の日本への返還交渉と関連して、沖縄から来た文化使節という見方もされていた。また、英語の本名であるシンシアをタイトルにした曲を吉田拓郎がリリースしたり、矢沢永吉が楽曲を自発的に提供したり、男性歌手のあいだでファンが多いことで知られている。天地真理のレコードデビュー曲はテレビに出て最初に歌った『恋はみずいろ』を倒置しただけのタイトルというお手軽企画だったが、オリコンチャートで週間第3位まで上昇し、累計43万枚を売り上げた。

戦後日本の三人娘たちは百花繚乱

つまり、この１９７１年こそ、第一次アイドルブーム元年だったのだ。戦後日本の「三人娘」の系譜を示したこの章の冒頭に並べたポートレート集をご覧いただきたい。右側のページの左端が、小柳ルミ子、天地真理、南沙織の３人だ。当初は漠然と三人娘と呼ばれていたのだが、のちに終戦直後の元祖三人娘（左端）やスパーク三人娘とも呼ばれたナベプロ三人娘（左から2列目）、あるいは日活の若手主演女優三人娘（左から3列目）と区別するために「新三人娘」と呼ばれるようになった。

このポートレート集を一目見ただけで、何かお感じになることがないだろうか。左側ページの3列は、銀幕という特別感あふれる訳語があてられていた映画スクリーンがスターたちの主戦場だった時代のアイドルたちだ。だが、右側ページの3列、つまり第一次アイドルブーム以降は、テレビのブラウン管が彼女たちの主戦場になっていた。まだ解像度の悪い小さなブラウン管で、カラー放送の色調もひんぱんに乱れていた時代だった。

それもそのはずで、ＮＨＫ総合テレビが全番組のカラー化を実施したのも、この１９７１年の10月になってからのことだった。このころのテレビ視聴者の過半数は、まだモノクロ画面の小さなブラウン管でアイドルたちを見ていたはずだ。カラーテレビの普及率がモノクロテレビを上回ったのは、1972年のことだった。

だが、こうしたハンデにもかかわらず、大衆の支持はそこそこのおしゃれをして映画館に逢いに行く必要のあるスターから、茶の間に乗りこんできてくれるアイドルに決定的に移っていた。この時点で、モノクロにしろカラーにしろ、テレビ普及率という点では日本よりずっと進んでいたアメリカでは、まだまだ映画で主役を張ってこそ天空に輝くスターであって、テレビに出るのは俳優でも歌手でも二線級というイメージが強かった。いや、あのマドンナでさえブロードウェイでヒットしたミュージカル『エビータ』の映画版で主役の座を射止めるためにどんなに苦労したかを読むと（井上、175~176ページ）、1990年代半ばになってもアメリカのショービジネスでは、映画信仰がきわめて根強かったことがわかる。

さて、元祖三人娘が象徴する戦後日本の流行歌の不思議なくらいの明るさについては、次の第2章ほぼ全章を捧げて論じるつもりなので、お楽しみに。

そのあとに出てきたナベプロ三人娘は、当時の世相を反映して、基本的にはアメリカンポップスのカバーを得意としていた歌手たちだった。中でも中尾ミエは、フランス・ギャルの『夢みるシャンソン人形』もカバーしているが、コニー・フランシスの『可愛いベイビー』とかアン・マーグレットの『バイ・バイ・バーディー』とか、いかにも軽快で底抜けに明るいアメリカンポップスの王道を行く楽曲のカバーが得意だった。

伊東ゆかりは、今では『小指の想い出』や『恋のしずく』といったオリジナル曲を覚えていらっしゃる方が多いだろう。だが初めのうちはアメリカンポップスのカバー中心で、ジリオラ・チンクェッティの『夢みる想い』などのカンツォーネ系のユーロポップスも数多くカバーしていた。３人の中でいちばん芸域の広いプロと言える歌手だろう。

中尾ミエが本家のアメリカンポップスの世界であまり能天気に明るい曲が生まれなくなってからヒットが出なくなったのに比べて、無事これ名馬という感じだ。ジャンルを問わず流行《はや》ればＯＫの流行歌から、ある程度の定型が想定されている歌謡曲へという大きな変化もすんなり乗り切って、長期間にわたってヒットを出し続けた。

唯一、デビュー当初からナベプロには珍しく演歌系だったのが、園まりだ。じつは当初、スパーク三人娘は園まりではなく、沢リリ子を入れたトリオになるはずだった。ところがポップスというよりはジャズっぽい歌い方があまり一般受けしなかったことと、少なくともひとりはいかにも日本的な楚々とした美人を入れたいという理由で、園まりに変えられてしまったというわけだ。

我々生意気盛りの中学生は「あんなもの、ド演歌じゃねえか」とバカにしていた。だが、今になって聴き比べてみると、だいぶ印象が変わってくる。『夢は夜ひらく』に限って言えば、全共闘世代のあいだに熱狂的な信者の多かった藤圭子バージョンより、「雨が降るから逢えないの、来ないあなたは野暮なひと……」と、じんわり凄みを利かせる園まりバージョンのほうが迫力はあるような気がする。その園まりでさえ、ミーナの歌った『太陽はひとりぼっち』というカンツォーネをカバーしていた。

左ページ右端の日活若手女優三人娘は、このなかでいちばん政策的な配慮によって結成されたトリオだったと言えるだろう。松原智恵子が典型的な日本ふう美人の耐え忍ぶ女、吉永小百合が育ちのいいお嬢さん、今や極地探検家のほうが表看板になってしまった和泉雅子が、ワイルドな不良少女から松原智恵子以上に辛抱強く耐え忍ぶ女まで幅広い役柄をこなす芸達者な女優という感じだ。

とくに若手のあいだで、スター女優の条件として「歌える」ということが重視されるようになってきたのが、このころのことだった。もちろん、まだ戦前の1938年にレコードデビューし、終戦直後から『懐しのブルース』や『情熱のルムバ』といったヒット曲を歌って「歌う映画女優」と呼ばれた高峰三枝子や、1949年封切りの映画『銀座カンカン娘』で主題歌を歌い、3年間で42万枚という大ヒットを記録した高峰秀子のような歌える女優は存在していた。ただ、この「ふたり高峰」が目立つ存在だったこと自体が、映画女優一般はまだ歌を歌うものではないという社会通念があったことを示している。

吉永小百合はソロの『寒い朝』と、橋幸夫とのデュエットが大ヒットとなった『いつでも夢を』を持ち歌にしている。そして、和泉雅子は脳天から突き抜けるようなハイテナーの山内賢とのデュエット、『二人の銀座』が大ヒットし、いまだにカラオケでの男女デュエット曲の定番のひとつとなっている。松原智恵子も、ヒット曲こそなかったが、何枚かシングル盤をリリースしている。不思議なもので、「歌うスター」のほうが、歌わず演技をするだけのスターより身近な存在と感じる。歌はどんなに音痴でも同じ曲を歌えばスターと一心同体になったような気がするが、演技だけをマネするのはかなりむずかしいからだろうか。

そして、すでにご紹介した右ページ左端の「新三人娘」のヒット曲が出そろった１９７１年からわずか2年後の１９７３年に、戦後最大の社会現象ともいうべきアイドルブームが起きる。デビュー後3枚目の桜田淳子が歌う『わたしの青い鳥』、山口百恵が歌う『青い果実』、もう前年にリリースしたデビュー盤『せんせい』が大ヒットとなっていた森昌子が歌う『中学三年生』と、「花の中三トリオ」（右ページまん中）が、そろってオリコンチャートでベストテンに入ったのだ。

デビュー当初いちばん輝いていたのは、桜田淳子だった。いや、デビュー前の秋田市市民会館での本番収録前の待合室ですでに、「実に見事に背後からの視線を受け止めている少女が一人いて、それが桜田淳子だったのである（阿久2、１０６ページ）」と阿久悠が舌を巻くほどスター性を持った新人だった。歌唱力では「『涙の連絡船』をせつせつと歌い、感心させ、感動させた森田昌子の天才ぶり（阿久1、69ページ）」が図抜けていた。

一方、山口百恵は、阿久悠が「ホリ・プロダクションにスカウトされたのも、もしかしたら、ホリプロの淳子にするつもりだったのかもしれない（阿久1、81ページ）」と回想するほど地味な存在だった。山口百恵をあれほどカリスマ性のあるスターに押し上げたのは、非常に高い自尊心だったのではないだろうか。

のちに彼女の自叙伝に、決戦大会の審査員講評で阿久悠に「ドラマの妹役ならなれると言われたと、それは、ひどく自負心を傷つけたものであるかのように書かれていた（阿久1、84ページ）」というところまでは、たんに「プライドが高い」程度の話だ。だが、当時まさに飛ぶ鳥を落とす勢いでヒット曲を連発していた阿久悠に、「もしかしたら、妹役にはよほど腹を立てていたのかもしれない。それが理由のすべてだとも思えないが、結局ぼくは、山口百恵の詞は一篇も書くことなく、最も縁遠い歌手となった（阿久1、85ページ）」と嘆かせるとなると、これはもう筋金入りの矜持《きょうじ》と称賛するほかない。

ナベプロ帝国の牙城を攻め落とした阿久悠

第二次世界大戦における惨敗によって、資源埋蔵地域を軍事占領するという手段を完全に封じられた日本が、乏しい資源を最大限に活用する手段として取り組んだ省エネ・エネルギー効率向上へのたゆまぬ努力が、焦土と化した日本中の大都市圏を力強い復興に導いたのが、1950年代から60年代前半だった。そして、この生産様式の大変革がやっと目に見えるかたちでアメリカ経済を深刻に脅かす存在として世界経済に登場しはじめたのが1960年代半ばだった。

それは、地盤沈下著しい伝統的な演歌系歌謡曲歌手を別にすれば、日本のポピュラーシンガーたちをほぼ独占していたナベプロ帝国の全盛期に当たる。ナベプロ帝国とは、ジャズバンドのベーシストだった渡辺晋と美佐の夫妻が設立した渡辺プロダクションと、美佐の実母、曲直《ま》瀬《せ》花子が東北地方の米軍基地を巡り歩く歌手や楽団を手配するために仙台で創業し、現在にいたっても美佐の実妹、曲直瀬道枝が社長を務めているマナセプロダクションとの文字どおりの姉妹連合だった。

この連合が抱えていたスター歌手たちを列挙してみよう。ナベプロ三人娘は言うまでもないが、ロカビリー三人男のひとりミッキー・カーチス、ザ・ピーナッツ、ハナ肇とクレージーキャッツ、梓みちよ、あべ静江、ザ・ドリフターズ、沢田研二、森進一、キャンディーズ、そして天地真理も小柳ルミ子もナベプロ所属だった。マナセプロには坂本九、森山加代子、ジェリー藤尾、九重佑三子、ダニー飯田とパラダイスキングといったそうそうたる面々が揃っていた。

こうした歌手たちを並べてみると、いかにも時代を反映していることがわかる、大部分が、アメリカを中心とする海外ヒット曲のカバーを得意としていて、日本人作詞家・作曲家のオリジナルであったとしても、アメリカンポップスのカバーとしか聞こえないような楽曲でヒットを飛ばしたケースが多かった。すでにこのころからアメリカ経済にガタが来はじめていたことを思えば、なんとも皮肉な現象だ。

それ以上に皮肉なのは、アメリカ社会全体が第二次大戦後急激に荒廃しはじめ、明るく楽天的なヒット曲がほとんど生まれなくなっていたことだ。黒人音楽であるリズムアンドブルースを基盤に若い白人たちのあいだではやり始めたロックンロールにしても、それとカントリーの中でもとくに田舎くさい粗野なジャンルとされたヒルビリーを掛け合わせたロカビリーにしても、表面的には品行方正な堅物ばかりで、それでいて若者たちをずる賢く抑圧するおとなたちへの不満や反抗を爆発させた暗く衝動的な曲調の歌が多くなっていた。

落ちぶれ行く世界帝国や覇権国家のおとなたち、知識人たちは「いつの世でも若者は反抗するものだ」と言いたがる。だが、それは典型的な自己正当化だ。社会全体に不平等で不公平な仕組みがかっちりとでき上がり、まだ自分の居場所を見つけ出していない若者たちが「どこに行っても自分が暮らしやすそうだと感じるところは全部、もう席がふさがっている」と思うようになったとき、暗く衝動的な歌が流行る時代がやってくるのだ。

まだアメリカ国民全体の中で安定的な多数派だった白人男性たちにとっては、1960年代は黄金の10年代だったかもしれない。だが、黒人、ヒスパニック、女性といったマイノリティ、そして自分が社会に占めるべき位置がまだ見えていない若者たちにとって、生きづらい世の中だった。ちなみに、ぴったり50年周期でやってくると言われている、アメリカ国内の政治・社会的な暴力事件のピークは、第一次世界大戦直後の1920年と、黄金の60年代が終わった直後の1970年に形成されていた。

それでも日本ではこのいささかくたびれのきていたアメリカンポップスのカバーを得意とす

る歌手を揃えたナベプロ帝国の、テレビ歌番組支配力は強大だった。行きがかりで反ナベプロ帝国勢力の軍師格に祭り上げられてしまった阿久悠は、ナベプロ帝国の強大さをのちにこう回想している。阿久悠自身が、鬱勃《うつぼつ》たる野心をうちに秘めた新米作詞家だったころのことだ。

> 渡辺プロダクションの存在は、最初からシェアの半分以上を自社の色で塗ることを許された大国で、残りの半分以下を、中から小、泡沫《ほうまつ》のプロダクションが分け合うというのが常識になっていた。（阿久1、23ページ）

ちょうどそのころ、日本テレビ系列の看板歌番組、『紅白歌のベストテン』にナベプロが制作する他局の歌番組の時間帯が重なるという「事件」があった。双方がおとなの妥協をすればかんたんに解決できる問題のはずだったが、交渉過程で感情的な行き違いがあったのか、ナベプロ側が「今後日本テレビ系列にはいっさい歌手を出演させない」と宣言する事態にいたってしまった。はたから見ればゆるぎない基盤を持った大帝国でも、中にいる人たちは本家のアメリカから軽く明るく楽しいだけのポップスナンバーがあまり入ってこなくなったことに焦りを感じていたのかもしれない。

阿久悠の著述によれば、ヒット曲を歌っている歌手の半分以上を出演させないと言われたテレビ局の歌番組担当者にとっては、自分のクビどころか系列局全体の浮沈にかかわる大問題なので大慌てだった。日テレ系列の音楽番組プロデューサーは、「それならいっそ自局でヒット曲を量産する歌手を育てるしかない。そのために、新しいタレントを発掘する番組もつくってしまおう」というやけっぱちのような方針を打ち出したということになっている。だが、ここには阿久悠による歴史の再編集が入っていて、ナベプロが日テレには自社のタレントを使わせないと宣言したのは、すでに『スター誕生！』が放映を開始した2年後だった。

ようするに『スター誕生！』は、ナベプロのタレントが使えなくなったので慌ててでっち上げた番組ではなかった。だが始まったばかりの『スター誕生！』が、海のものとも山のものともわからないオーディション番組だったのは事実だ。ところがこの番組は放送開始からたった2年で、次々にヒット曲をリリースするアイドル歌手を生み出すようになった。そしてポップスの世界では圧倒的に強かったナベプロ帝国の牙城を突き崩してしまったのだから、番組そのものが、まさにスター誕生を絵に描いたようなシンデレラストーリーだった。

カボチャを王女様の乗る馬車に変えた張本人である阿久悠は、いささか傍観者的に以下のような鋭い観察を披瀝《ひれき》している。

今、二十一世紀の世界経済の展望を問われると、「強肉弱食」の時代と答える。弱肉強食という摂理で構築された秩序が見事に崩壊した後、次の世紀では、二十世紀の大国を小国が食いつくすであろうという意味である。
何故《なぜ》、突然このようなことを書くかというと、「スター誕生」という番組の存在、成功そのものが、強肉弱食の時代への道を開いたと思われるからである。（阿久1、23ページ）

今、考えると、あれは、日本テレビ音楽班の有志が企てた壮大なクーデターで、ぼくはそれに巻きこまれ、あるいは、巻きこまれることを利用して自らの幻想を実現しようとした夢見る傭兵《ようへい》だったのかもしれない。（同、24ページ）

結果、十年を過ぎて、あれはクーデターであったかと評価される大事となり、強肉弱食の新思想さえ定着させてしまうのだから、興味深いことである。（同、33ページ）

実際、テレビの前の視聴者は磨き抜かれたくろうとの芸よりも新鮮なしろうとの芸を見たがっていたのだ。ちょうどそのころ国際政治と軍事の世界でも、戦場の武力行使で勝った経済・軍事大国より、国際世論の同情を買った弱小国が政治的な勝利を収めるというケースが増えていた。

アイドル戦線で中小泡沫プロ連合によるナベプロ帝国に対する逆襲が始まったのは、『スター誕生！』が誕生した１９７１年だった。この章後半でくわしく説明するように、日本経済による戦勝国連合に対する反撃は、１９６０年代半ばにすでに始まっていた。さらにさかのぼると、この反撃がみごとな大逆転劇となるためのタネは、日米両国ともに終戦直後に蒔かれていた。

三人娘の系譜に戻ろう。「花の中三トリオ」のあとも、右端の3人の中でレコードデビューがもっとも早かった松田聖子まで、スターが誕生しなかったわけではない。おっと、松田聖子自身はスタ誕出身ではなく、ナベプロも釣り逃した大魚だった。だがスタ誕が生みだしたアイドルの系譜は片平なぎさ、岩崎宏美、新沼謙治、神保美喜、ピンク・レディー、石野真子と連綿と続いている。岩崎宏美は歌手としていちばん大成した卒業生かもしれないし、ピンク・レディーが解散までの短い期間にいかに多くのヒットを連発したかはよくご存じの方が多いだろう。ただ、その後は「花の中三トリオ」のような、たった1年のあいだに凝縮された超新星が続出するような事件は再現されなかった。松田、小泉、中森の3人がデビュー当初三人娘とくくられることもなかったと思う。松田聖子がレコードデビューした1980年は、新人歌手が不作だった。聖子ちゃん以外には、柏原芳恵と河合奈保子、そしてアイドル時代は岩崎宏美の妹という話題性にもかかわらず地味だったが、のちにアニメ番組の主題歌『タッチ』で大ヒットを飛ばした岩崎良美くらいしか目立った新人がいなかった。

逆に82年組は大豊作だった。突出した個性できわだっていた小泉今日子、中森明菜以外にも、早見優、原田知世、堀ちえみ、三田寛子と多士済々だ。この年のデビュー組だけで三人娘を選ぶとすれば、3人目をだれにするか、真剣に迷うほどだ。そこで、ちょっとズルをして80年組の中で唯一何かと世間をお騒がせする話題の多かった松田聖子と、82年組の小泉今日子、中森明菜の3人を、ソロアイドル時代の最終局面が生んだ三人娘と見なすことにした。

このへんで歴代三人娘と、それに比べればちょっと迫力不足な感じがする男性歌手たちが形成した歴代御三家の特徴をまとめておこう。日本の人気歌手はひとりだけが圧倒的に強い支持を受けるとか、ふたりだけがライバルとして張り合うよりは、三者三様で仲良くやっていくことで、マーケットを広げることに成功してきた。「生まれついてのアイドルです」型、努力家の全国区型、妙に、あるいは本格的にアーティスト型といった類型で、ファンのアイドルに求める幻想を分散して受け止める伝統ができていた。一神教の欧米対汎《はん》神論の日本を象徴するような構図だ。

これは、日本の基幹産業にはめったに独占企業や、圧倒的に高いマーケットシェアを握って価格支配力を発揮するようなガリバー型寡占は育たず、少なくとも3社、たいていは5〜7社の大手が共存するかたちで市場を広げていくことと対応している。逆にアメリカでは産業としての重要度が高まるほど、1社が突出したシェアを持つケースが多い。USスチール、スタンダード石油、GM、GE、IBM、すべてそうだ。そして重厚長大型製造業全盛期には、この突出したシェアによる規模の経済が発揮されることが、アメリカ大企業の世界制覇に大いに貢献していた。

だが、トランジスタからICへと当時の花形産業だった電機・電子機器産業が小型軽量化するにつれて、数社がしのぎを削って既存モデルの改善改良に取り組む日本企業に押されっぱなしになっていった。日本で自動車の輸入が自由化されたとき、崩壊への道に追いやられたのは「狭い日本に8〜9社もあるのは多すぎる」と言われた日本の自動車メーカー各社ではなく、アメリカのビッグスリーだった。

やっぱり見劣りのする男性御三家の系譜

結局のところ、戦後日本に出現したアイドルという独特の天職を終始牽引してきたのは、女性たちではなかっただろうか。納得できないとおっしゃる向きは、次ページのポートレート集をご覧いただきたい。

各世代の代表的なスター歌手からアイドル歌手3人を並べたものだが、なぜか男性歌手の場合には、「御三家」と時代がかって権威主義的な呼び方をすることが多い。ロカビリー全盛期の平尾昌晃、山下敬二郎、ミッキー・カーチスの3人は、「ロカビリー三人男」と呼ばれていた記憶があるのだが。なお、どう頑張っても、女性歌手たちの三人娘軍団並みに6列編成の御三家を考え付くことはできなかったので、御三家のほうは5列編成にしてある。

この中で、曲がりなりにも同時代の三人娘と対等に近い張り合い方ができたのは、いちばん上の戦後すぐのスター歌手たち、三橋美智也、三波春夫、春日八郎だけだろう。その他の4組は、やはり社会的インパクトという点で同時代の三人娘に対してかなり劣っている。あまりこの三三八トリオをまとめる見方をする人はいないようだが、戦後歌謡曲の御三家と呼んでいいのではないだろうか。

迫力低下は否めない男性御三家

三橋美智也
1942～96年

三波春夫
1939～2001年

春日八郎
1948～91年

橋幸夫
1960年～

舟木一夫
1961年～

西郷輝彦
1964年～

西城秀樹
1972～2018年

郷ひろみ
1971年～

野口五郎
1971年～

田原俊彦
1980～83年

近藤真彦
1980～83年

野村義男
1980～83年

本木雅弘
1981～88年

薬丸裕英
1981～88年

布川敏和
1981～88年

出所：『Wikipedia』、『Google Chrome』、『Microsoft Edge』、『bing』などの画像ファイルより引用

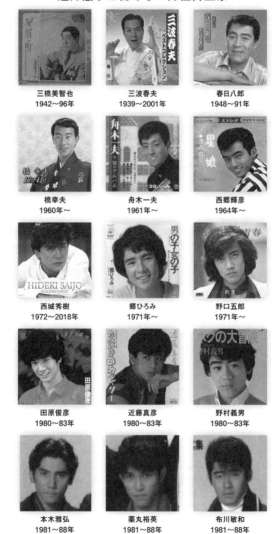

しかも、この戦後御三家は日本の歌謡曲や、流行歌に流れこんだ民謡、浪曲、西洋音楽《クラシック》の声楽をきれいに体現している。つまり、三橋美智也は民謡歌手出身、三波春夫は浪曲師出身で、春日八郎は音楽学校声楽科出身だ。

三波春夫は、1939年に浪曲師としてデビューしていたが、「召集令を受け、歩兵として満州へ。関東軍独立守備隊チャムス地区に配属され、浪曲上等兵のニックネームをつけられる。敗戦時、兵長。九月十一日朝、ソ連軍の捕虜になり、ハバロフスクの収容所へ。以後、帰国する昭和二十四（一九四九）年の九月まで、四年間をシベリアのラーゲリでおくる。この四年間に、彼は赤色浪曲師になり、ついで、浪曲などという封建制残滓を謳う反動分子と指弾されて帰国するのである。（平岡1、33ページ）」

おそらく、この3人の中でいちばん平穏な少年期、青年期を過ごしたのは三橋美智也だ。しかし彼にしても叔父からかなりきびしい民謡歌手としての訓練を受けて、まだ5歳という若さで舞台に立ち、9歳のときには北海道全道の民謡コンクールで優勝している。歌うことにかけては、美空ひばりに勝るとも劣らないほど早熟な天才少年だったのだ。

音楽学校出の春日八郎にしても、順風満帆の歌手人生というわけではない。戦前に一度エンジニアとして職に就いてから、どうしても歌手になる夢が捨てられずに東洋音楽学校に入学したが、卒業後は会津若松陸軍第29連隊に入隊し、終戦にともなって台湾から復員したという経歴の持ち主だ。戦後はムーラン・ルージュ新宿座の座員になったり、レコード会社の準専属という身分保障も定期的な収入もない歌手になったりして、下積み生活を送ってきた。典型的な戦中派の苦労人と言えるだろう。

御三家という呼び方が定着したのは、上から2段目の舟木一夫、橋幸夫、西郷輝彦のレコード・映画を股にかけた活躍が目立ったころからだ。しかし客観的に見て、はじけるような若さではナベプロ三人娘に太刀打ちできず、スクリーン上の存在感では日活若手女優三人娘に負けている。ただ１９６０年代半ばという時代には、まだ「スターは雲の上の人……だとすれば、プロの歌手でも役者としては一人のアマチュアにすぎないので、そうなると、重要な役などはとてもこなせない、任せるわけにはいかない（藤井、58ページ）」という事情があったことは考慮すべきだろう。

現況を見ると、橋、西郷のふたりは半引退状態の大御所的存在となっている。ところが、マスコミでもてはやされていた時期にはややひ弱な感じがしていた舟木一夫は、中年時代の私生活上のトラブルを乗り越えてからの活躍が目立つ。今では、座長公演の観客動員力の安定性では、最盛期の杉良太郎に匹敵するものがあるらしい。いかにも日本的で端正な舞台映えする顔立ちだけではなく、当人の努力も大いに貢献しているのだろう。もう、アイドルと呼んだら失礼という堂々たる舞台俳優の域に達してしまっている。

新御三家は互角の勝負をしていたか

さて、読者の中にはまん中の段の「西城秀樹、郷ひろみ、野口五郎の新御三家は、十分新三人娘に対抗できていたのではないか」とおっしゃる向きがあるかもしれない。どうだろうか。中森明夫がずばり喝破《かっぱ》したように「アイドルとは『好き』になってもらう仕事（中森、17ページ）」だ。彼らは新三人娘ほどみごとに好きになってもらうことを仕事にしていただろうか。ここでちょっとご注意いただきたいのは、新三人娘のころの小柳ルミ子は『わたしの城下町』や『瀬戸の花嫁』がヒットしていた新人歌手であって、網タイツをお穿《は》きになったり、なぜかサッカー評論家をされるようになったりの、今の小柳ルミ子ではないということだ。

いかにも天然アイドルといった印象のあった郷ひろみは、いつの間にか大御所然としてきた。しかも、「みんなで食べるのは好きだけど、なべ料理をしたりすると、はい、今が食べ時とみんなに指図しているうちに食べそこなう」とか、「パジャマは毎日洗濯するものだから、肘、尻、膝につぎを当ててから着る」とか、何ごとにつけ一家言ある小言幸兵衛のようになってしまった。

西城秀樹は新御三家の中でいちばんワイルドな印象そのままに、中高生時代は札付きのワル、ハードロックばかり聴いていて歌謡曲なんか聴いたことがなかったという。このポートレートでもおわかりいただけるように、モノクロに堪える顔をしている。よく動画で「アップに堪える顔」という表現をするが、静止画像の場合、モノクロに堪える顔は貴重だ。

まだ新人だったころに、「あなたのジャンルは歌謡曲ですか、ポップスですか？」という愚劣な質問をしてきた芸能記者に「西城秀樹というジャンルです」と応じたという、胸のすくようなエピソードもある。ただ、当時の女性ファンたちのあいだには男性歌手があれほど激しいアクションで踊り、歌うことにすんなりなじむ人が少なかったのではないかという気がする。

１９７９年に、バイセクシャルなムードを充満させたヴィレッジ・ピープルの『Y．M．C．A．』を健康そのものの模範青年賛歌に変えた『YOUNG MAN（Y.M.C.A）』としてカバーしたことには、賛否両論あるかもしれない。だがアメリカンポップス全体が暗くなる一方だったときに、ディスコサウンドは明るい曲が多かった中でも、『Y．M．C．A．』はとびっきりポジティブな曲だった。当時、ＮＨＫもふくめた日本のテレビ界で放送してもらうにはあの線しかなかっただろうし、だとすれば元気はつらつとした西城秀樹にはうってつけの楽曲だった。ひんぱんに脳梗塞の発作に見舞われながら、最期まで肉体派歌手路線を貫いたのも立派だ。それにしても、人気は今一歩だったのが惜しい。

人気の点ではさらに今一だった野口五郎は、いまや「歌謡界の生き字引」となっている。ＢＳ朝日で不定期のシリーズとなっている『お宝レコード発掘の旅　あなたの思い出の曲かけさせてください』という番組のＭＣを務めているのだが、放映のたびにポピュラーミュージックの世界で知らないことはないんじゃないかと思うほどの博識を披露している。それも、たんなる知識ではなく、あの広い芸域を持った筒美京平が作曲した曲については、2〜3小節イントロを聴いただけで、たちどころに「あ、これは筒美先生の曲だ」と言ってのける。

さまざまな歌手の、しろうとにはほとんど区別につかない歌い回しの微妙な差についても、とても明快に分析してくれる。ただ、ものまねの実技は、御三家の補欠的存在だった三田明や、自分の持ち歌は前川清や中条きよしほど売れなかった角川博の域には達していない。ようするに、生まれつき学究肌なのだろう。当人にとっては、アイドルに祭り上げられていた時期は不本意なことばかりだったのではないか。

4段目の「たのきんトリオ」は、田原俊彦、野村義男、近藤真彦の漢字のかしら文字を取って名付けられた。ジャニーズ事務所のどん底時代に、御大ジャニー喜多川が自ら自転車ギコギコこぎながら必死にテレビ局巡りをして売りこんだ新人歌手のうち、この3人がTBSの連続ドラマ『3年B組金八先生』の生徒役に採用されて人気が出たという、「ひょうたんから駒」の出生秘話以外には、たいしておもしろいアイドル・グループではない。

本格ミュージシャン志向の強かった野村義男は、今も埋もれた名曲を発掘するカバー専門バンドを率いて活躍している。新御三家でいえば野口五郎の役どころだが、惜しむらくはでっぷり太って、長髪、ひげもじゃになって、往年の美少年の面影が消えてしまったことだ。近藤真彦もかなり爺むさくなってきた。酷なことを言うようだが、近藤真彦の場合、ただそれだけだ。

そういう中で、他のふたりより3歳も年上で「少し年寄りくさいんじゃないか」と懸念されていた田原俊彦だけが、相変わらずアイドルしている。人気絶頂だったころに発声レッスンの先生に「滑舌《かつぜつ》が悪い」と指摘されて、「あんた、こんなことやって、いくらもらってるの？ボクは滑舌悪くても、あんたよりずっと稼いでいるよ」と答えたころの悪たれぶりそのままだ。おそらく幼児性を維持する能力は、滑舌、発音発声のきれいさや絶対音感より、ずっと稀有《けう》の才能なのだろう。

さてどん尻にひけえしは……というところでしっかり骨のある連中に締めくくってほしいのだが、いちばん下の「シブがき隊」は、「シブいがきども」から命名されたという薬丸裕英、本木雅弘、布川敏和の3人組だ。これがまた、経歴を紹介するだけであまりにも安易な二番煎《せん》じぶりに笑ってしまうグループなのだ。つまり、『3年B組金八先生』の後継番組としてあまりにも芸のないタイトルを付けた『2年B組仙八先生』の生徒役で人気が出たというわけだ。

それでも、すぐ後にデビューした少年隊と比べると、こちらを選ぶほうがマシだろう。シブがき隊が解散してからの本木雅弘はなかなかいい役者になっているし、薬丸裕英は何を聞かれても見事に当たり障りのない答えを返す、テレビ番組のレギュラーコメンテーターとしてうってつけの存在となっている。少年隊は、正式には解散していない。東山紀之は俳優として実績を残しているが、残りの錦織一清も植草克秀も少年隊としての新譜が出なくなってから、あまりにも地味だ。かと言って、アイドル時代に圧倒的な人気があったとか、記録的な売上枚数の出たヒット曲があるわけでもない。

やっぱり日本は、益荒男《ますらお》ぶりではなく、手弱女《たおやめ》ぶりの国だ。

1971年は世界政治経済の激動元年

政治経済の世界でも、べた凪《な》ぎに近かった日本をのぞけば、1971年にはいろいろ大事件が起きていた。まるでその後の世界経済の混乱を予期していたかのように、1月初めに世界経済フォーラムが設立され、第1回総会がスイスのダヴォスで開かれ、その後もこの総会はダヴォス会議と呼ばれるようになる。同じく1月には巨大開発プロジェクトであり、同時に巨大な文化遺産の破壊と深刻な公害につながる事例の先駆ともいうべきアスワン・ハイダムが開業し、数千年の歴史を持つ古代エジプトの遺跡が水没した。

2月には南ベトナム軍のラオス侵攻によって、ベトナム戦争がいっそう激化した。そして3月にはインドをはさんで東西2つの領土に分かれていたパキスタンのうち、東パキスタンの住民に対する政府軍による弾圧、虐殺が激化し、東パキスタン側は地下ラジオでバングラデシュ建国を宣言する。

4～6月にやや落ち着いた感があった国際情勢は、7～8月にふたたび激動する。7月にアメリカのキッシンジャー大統領補佐官が極秘で中国を訪問し、8月15日にはニクソン大統領が突然「米ドルの金《ゴールド》兌換一時停止」を宣言する。のちにニクソンショックともドルショックとも呼ばれるようになった、ブレトンウッズ体制からの離脱宣言だ。第二次世界大戦後の国際経済の枠組みは、まだ第二次大戦が継続中だった１９４４年に連合国側の45ヵ国によって調印されたブレトンウッズ体制と呼ばれる通貨取引に関する国際協定に定められていた。

どういう仕組みかというと、世界中で米ドルだけが、どこから請求されても、アメリカの中央銀行である連邦準備制度が米ドル札で35ドルに対して金1トロイオンス（約31グラム）を払い出すことによって、米ドルの価値がインフレなどで目減りしないことを保証するものだった。そして米ドル以外の世界各国の通貨は、米ドルに対して固定された為替レートで交換できることによって価値を保証されるという二段構えの構造になっていた。

ニクソンの「金兌換停止宣言」は言葉の上では一時停止だったが、実際にはその後約半世紀を通じて、二度と米ドルが金と交換できるようになったことはない。つまり不可逆的な金兌換制度の廃止だった。この非常に重要な宣言が行われたのが、アメリカにとって大日本帝国に対する戦勝記念日だったことは、決して偶然ではない。

9月にはおそらくアメリカとの国交回復に反対していた林彪《りんぴょう》がクーデターに失敗し、ソ連亡命を図った搭乗機がモンゴル山中に墜落して死亡した。10月には中国が国連に加盟し、台湾は事実上国連から追放された。11月には、のちに政権を取ってから知識人、都市、通貨を絶滅させるという暴挙を実行に移すことになるクメール・ルージュが、カンボジアの首都プノンペンを砲撃し、44名の犠牲者を出した。

12月には、インド軍が東パキスタンに侵攻して、独立運動を弾圧してきたパキスタン政府軍は降伏した。その結果、東パキスタンのバングラデシュとしての独立が国際社会で認められた。

これも12月のことだが、ブレトンウッズ体制崩壊のあとを受けて、先進10ヵ国（アメリカ、イギリス、フランス、ドイツ、日本、イタリア、カナダ、オランダ、ベルギー、スウェーデン）の代表がアメリカのスミソニアン博物館に集まって、それまで延々と固定され続けてきた為替レートをなんとか実勢に合わせて調整しながら、それでも市場の需給には任せず、各国間協議で固定相場を維持しようとする会議が開催された。

このその場しのぎ丸見えで継ぎはぎだらけの通貨協定が、スミソニアン体制と呼ばれるようになった。だが2年後の１９７３年に起きた第一次オイルショックが巻き起こした為替レート大変動について行けず、丸３年もたたないうちに、スミソニアン体制も崩壊してしまった。そこから先の外国為替市場は、海図なき変動相場の波にもまれ続けて漂流するわけだ。

今もなおアメリカ経済を論ずる人たちの多くが、アメリカ経済は１９７０年代前半に慢性的な不振に陥ったと見なしている。彼らがほぼ異口《いく》同音に原因として挙げるのは、①１９７１年のニクソン大統領による米ドルの金兌換停止宣言であり、②第四次中東戦争にからんだ73年のＯＰＥＣ諸国による先進諸国への原油禁輸措置にともなって、それまでバレル当り２～３ドルだった原油価格が10ドル台に値上がりしたこと、すなわち第一次オイルショックだ。

ドルショックもオイルショックもアメリカ経済凋落の原因ではなかった

だが、この２つの要因は、どちらもアメリカ経済が深刻な不況に陥った主因ではありえなかった。②の「第一次オイルショックがアメリカ経済凋落《ちょうらく》の原因となった」という説のほうが簡単に論破できるので、そこから始めよう。

当時はもちろんのこと、今でもアメリカは世界でもっとも有力な産油国の一角を占めている。また、セブン・シスターズと呼ばれた石油大手７社のうち、イギリス系のＢＰとイギリス＝オランダ系のロイヤル・ダッチ・シェル以外の５社は、すべてアメリカ系だった。現在でも国際大手６社中の２社、エクソンモービルとシェヴロンはアメリカ企業だ。当然のことながら、ＯＰＥＣ諸国で生産される原油についても大きな採掘権を持っている。アメリカほど石油などの天然資源を豊富に埋蔵し、多くの資源国で採掘権を確保している先進国がほかにないという事実を考えれば、原油価格の高騰はアメリカ経済にとって不利ではなく有利な現象なのだ。

この事実は、１９３３～２０１５年という長期にわたって石油業界の株がどれほど大きな収益を株主にもたらしたかを示した次ページのグラフに明瞭に表れている。

上場株を30のセクターに分けたうちの石油セクターについて、82年間にわたってこのセクターの株を持ち続け、さらに配当も同じセクターの株に再投資してきたら、いったいどれほどの

米株30セクターの基礎収益*長期上昇率第3位：石油
1933〜2015年

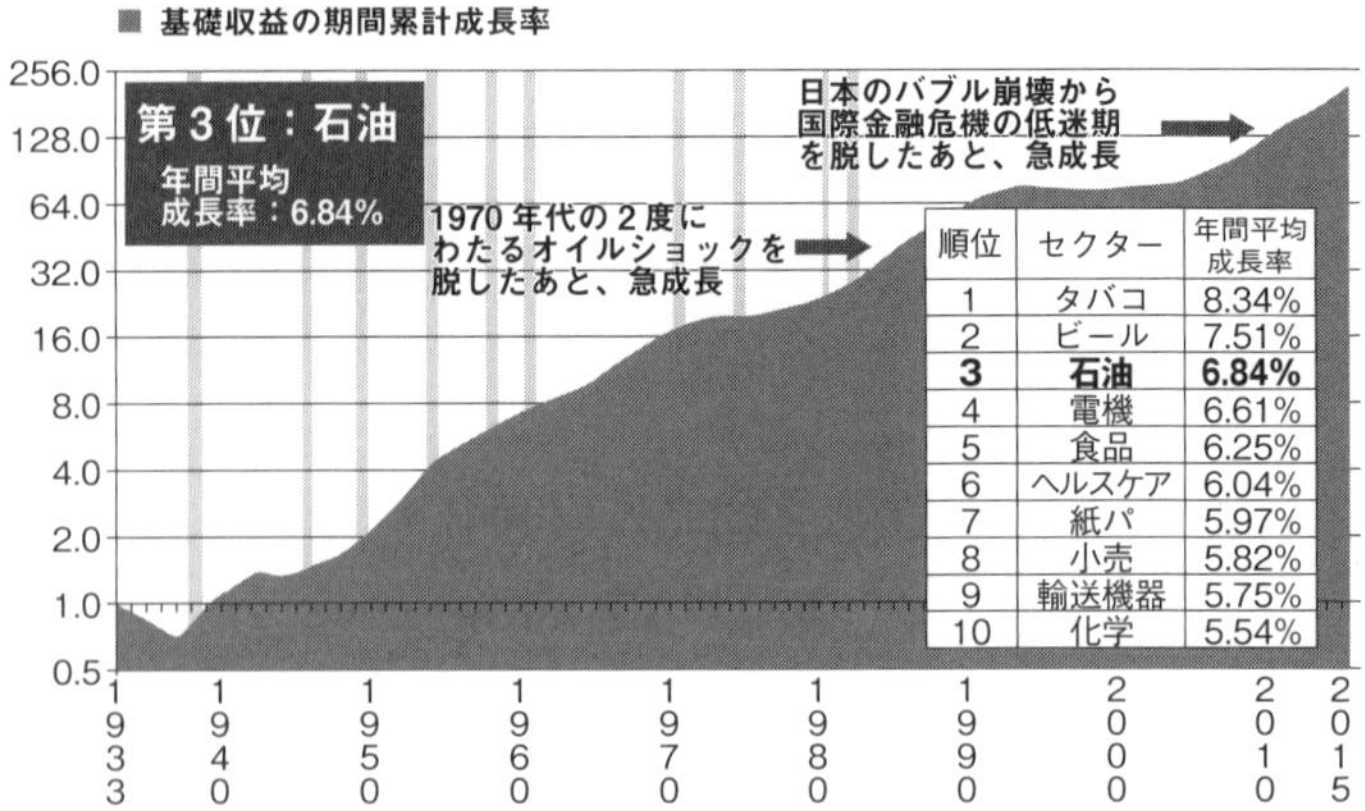

*）基礎収益とは、スムーズアウトした配当を時価で同セクターの株に追加投資した場合の総合利回り
出所：『Philosophical Economics』、2015年9月27日のエントリーより引用出所

収益をあげられたかというグラフだ。石油は第1位タバコ、第2位ビールに次ぐ、堂々の第3位なのだ。

タバコもビールも長年にわたって常用すると依存症を形成し、かなり価格が高くなってもやめられないという、いわば人間の嗜好《しこう》を人質に取った商品だ。この2業界が突出した長期パフォーマンスをしてきたのは、倫理的な観点から問題視する向きもあるだろうが、納得がいく。

石油もまた、完全にクルマ社会化しているのでガソリンがないと日常生活に支障をきたす人が多いアメリカでは、移動手段を人質に取った商品と言えるかもしれない。それにしても、1世代にひとつやふたつは爆発的な売れ行きを示す花形商品を出し続けてきた電機業界を抑えて第3位というのは、なんとも立派な成績ではないだろうか。

もう少し細かく見ると、石油株が低迷していた時期はふたつあって、ひとつ目が１９７３年と１９７９年という2度のオイルショックがあった１９７０年代だった。ふたつ目は１９８０年代末に日本で不動産・株バブルが崩壊してから、２００８年に国際金融危機が勃発するまでの時期だった。そして、このどちらの時期にも共通して、石油株は危機のあと急回復している。つまりオイルショックも、日本のバブル崩壊から国際金融危機にいたる、ふくらんでは潰れるバブルの連発も、石油業界にとって短期的な攪乱《かくらん》要因とはなっても長期的な収益性を損なう現象ではなかったのだ。むしろ他のセクターに比べれば、石油業界はこうした危機をずっと有利に乗り切ってきたのが実情だった。

もう少しやっかいな①の「ニクソンによる金兌換停止宣言がアメリカ経済凋落の原因だった」説に移ろう。１９５９〜２０１４年という長期にわたるアメリカの貿易収支を描いた次ページのグラフをご覧いただきたい。

一見すると、１９７１年にニクソン大統領が米ドルの兌換停止を宣言したことが、まさにその後40年間にわたって悪化する一方のアメリカの貿易赤字体質を定着させたきっかけのように思える。ところが、これは完全に原因と結果を取り違えた議論なのだ。

もう覚えている人も少なくなってきたが、第二次大戦後、日本が国際経済への復帰を許され

貿易赤字はニクソンによる金兌換停止以後の現象
1959〜2014年

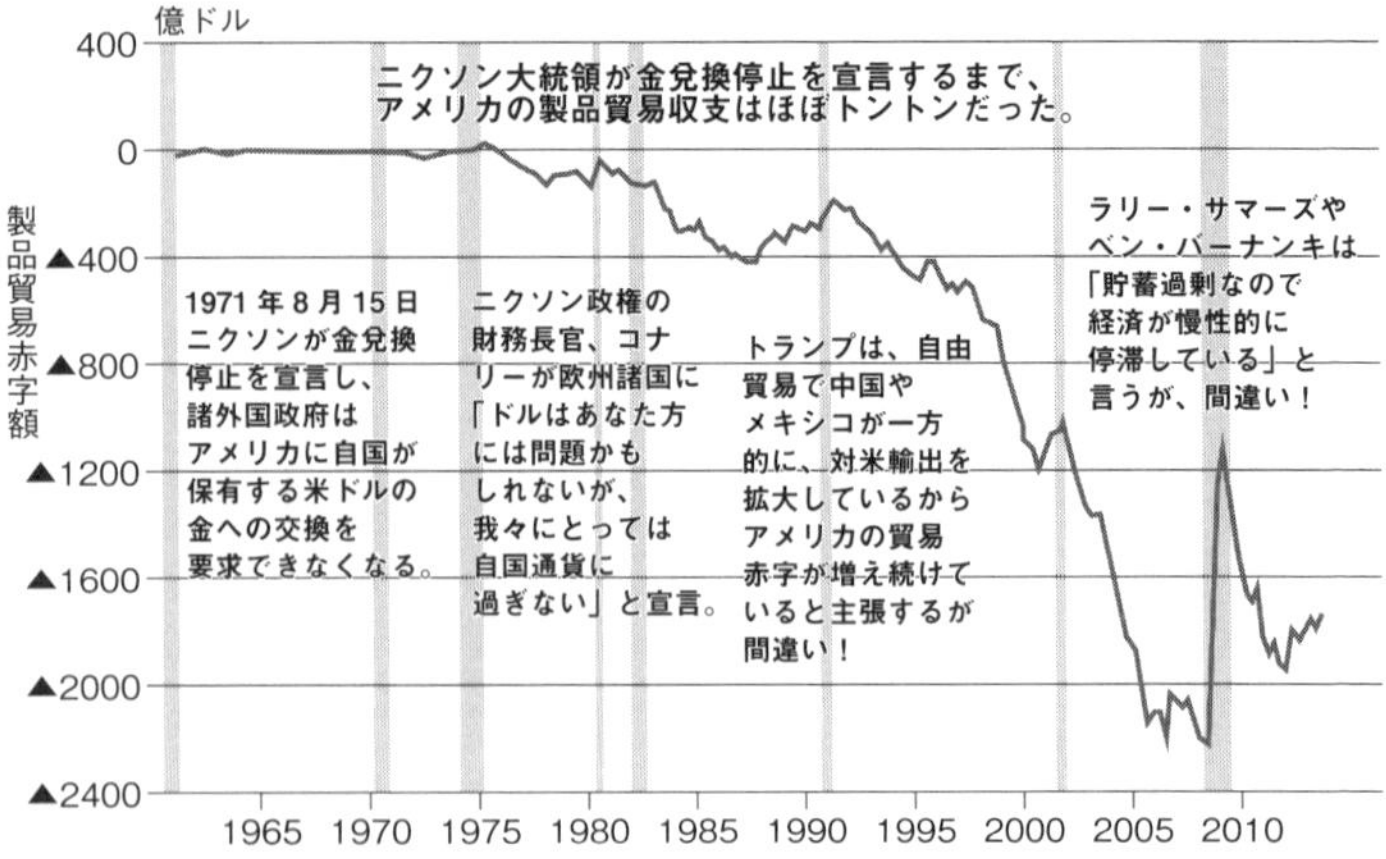
億ドル
製品貿易赤字額
400
0
▲400
▲800
▲1200
▲1600
▲2000
▲2400
1965 1970 1975 1980 1985 1990 1995 2000 2005 2010
ニクソン大統領が金兌換停止を宣言するまで、アメリカの製品貿易収支はほぼトントンだった。

1971年8月15日ニクソンが金兌換停止を宣言し、諸外国政府はアメリカに自国が保有する米ドルの金への交換を要求できなくなる。

ニクソン政権の財務長官、コナリーが欧州諸国に「ドルはあなた方には問題かもしれないが、我々にとっては自国通貨に過ぎない」と宣言。

トランプは、自由貿易で中国やメキシコが一方的に、対米輸出を拡大しているからアメリカの貿易赤字が増え続けていると主張するが間違い！

ラリー・サマーズやベン・バーナンキは「貯蓄過剰なので経済が慢性的に停滞している」と言うが、間違い！

原資料：セントルイス連銀調査部
出所：『Mish Talk』、2019年12月4日のエントリーより

たころの為替レートは、１ドル３６０円で固定されていた。つまり、円で測れば１ドルが現在の価値より３倍以上高かったのだ。しかもこの固定レートは、ニクソン大統領による米ドルの金兌換停止まで延々と続いていた。つまり大都市圏の生産設備はほとんど空襲で焼き尽くされ、食べるものもままならない終戦直後の荒廃期から、そこそこ豊かな生活ができるようになった１９７０年代初めまで、日本人は国際市場で１ドル分のモノやサービスを買うのに、３６０円も払う必要があったのだ。

　ありとあらゆる輸入品が、現在より３倍以上高い値段でしか買えなかった状態を想像していただきたい。これほど円の価値が過小評価されていたら、できる限りモノを輸入せずどんな商品でも国産化しようとするのは、ご

く自然で、経済合理性に満ちた動きではないだろうか。

１９８９年の大納会（その年最後の株式市場営業日）で日経平均が大暴落してからの日本経済の長期低迷について、「日本経済に固有のワンセット主義が原因だ」と主張する経済学者も多い。つまり、「製造業全業種にわたって完成品を造る企業があるだけではなく、機械装置のような資本財も、材料・部品などの中間財も全部造ってしまうから効率が悪く、万年不況に陥ったのだ」という説だ。

だが、これはデーヴィッド・リカードという古典経済学の巨人が唱えた「比較優位説」を、具体的な国際経済の実情を無視して機械的に当てはめただけの議論だ。お互いに得意な分野に特化して、不得意な分野は他国に任せて貿易によって融通し合うほうが何もかも国内で造るより高い生活水準を達成できるという主張だ。この原理を当時の日本経済にも適用して、たとえありとあらゆる分野で割安な製品が造れるにしても、とくに割安なものが造れる分野だけに特化して、その他の製品は海外から輸入したほうが良かったと後講釈をするわけだ。

しかしリカードの時代には、各国通貨がそれぞれの国の経済成長率の差を無視して、20年以上も固定されているなどという事態は想定もできなかった。第二次大戦直後の疲弊しきった状態から、高度成長まっただ中の１９７０年代初めまで円の対ドルレートが固定され、どんどん円の過小評価が深刻になっていた中で、非常に割安な円で非常に割高なドル建ての海外製品を買うのは、まったく非効率な方針だった。

こうしてできる限り輸入をせずに国内で造った製品は、円の評価が極端に低いために、国際市場で急速に欧米先進諸国の製品のシェアを食っていく。ブレトンウッズ体制のもとで円がどんなに過小評価されていたかは、ドルショックの起きた1971年から第二次オイルショックが起きる直前の1978年までのわずか7年間で米ドルの対円レートは360円から180円台に下がったが、それでも日本の貿易黒字は伸び続けたことでわかる。つまり、諸外国から見れば日本製品の価格は2倍になり、日本国民から見れば海外製品の価格は2分の1になったにもかかわらず、日本からの輸出額の伸び方ほど日本の輸入額は伸びなかったのだ。

結果として、この米ドルの価値を金で保証し、各国通貨の価値をドルとの固定レートで保証することによって、世界中で通貨価値が安定するという仕組みは無残な失敗だった。世界中には、当時の日本のように経済が急成長を続けている国もあれば、停滞している国、縮小している国もある。そういう現実を無視して、為替レートさえ固定すれば、通貨価値が安定して貿易も活発に行われるというのは、経済学者がよく見る白昼夢にすぎない。

1959年以降、アメリカの貿易収支均衡は見せかけだった

48ページのグラフでは、アメリカの貿易収支はニクソンの金兌換停止宣言までずっとトントンで推移していたように見える。だが、これはまったく見せかけだけの安定だった。このグラ

フでカバーしている期間の直前である１９５８年まで、アメリカは毎年かなり巨額の貿易黒字を出していた。

日本、ドイツ、イタリアといった敗戦国はもちろん、イギリスやフランスなどの戦勝国も生産設備が深刻に破壊されていた中で、アメリカだけ本土の生産設備がほぼ無傷で残っていた。このため第二次大戦直後のアメリカ経済はひとり勝ち状態で大きな貿易黒字を出し、その一部をヨーロッパ諸国復興のためのマーシャル・プランなどを通じて他の先進諸国に還元するという状態だった。

ところが、アメリカの貿易黒字は１９５９年にゼロ近辺まで縮小し、しかも諸外国から「米ドルを金に換えてくれ」という請求が殺到した。とくにフランスで救国の英雄視されていたシャルル・ドゴール大統領が始めた、自国が手に入れた米ドル紙幣を連邦準備制度に持ちこんで金との交換を迫るという風潮は激化した。さらに１９６９年にドゴールが病死直前に大統領を辞任すると、大統領に就任したジョルジュ・ポンピドゥーは、ドゴールほどカリスマ性がない弱みをカバーするために、この米ドルの金への交換を迫る諸国の急先鋒となっていた。

その結果、第二次大戦直後には世界中の金準備の約75％を持っていた連邦準備制度が、１９６０年にはこのままのペースでは金準備が消滅してしまうと懸念するほど深刻な収縮を余儀なくされていた。そこで、アメリカ政府はヨーロッパ諸国政府に「ソ連東欧圏との冷戦に勝つために」という大義名分で金準備のプールを形成しようと呼びかけるとともに、68年以降は各国中央銀行の米ドルから金への交換請求には応じるが、それ以外の企業や個人からの請求には応じない方針に転換していた。

したがって、主要国通貨の対米ドル為替レートは1971年までブレトンウッズ体制のままで固定されっぱなしだったが、1968年からの米ドル建て金価格は「1トロイオンスが35ドル」という取り決めから離脱した。そして、米ドルの価値が下がっている実勢を反映して、金価格は急上昇に転じていた。

1971年以降アメリカの貿易収支が慢性的に赤字になったのは、この時点をきっかけにアメリカの貿易収支が急速に悪化したわけではない。「金兌換停止宣言」までのアメリカは、諸外国が持っている米ドルを「アメリカの金準備と交換してくれ」という請求が怖くて、いろいろ策を弄して何とか帳尻合わせをしてきた。だが、もう金兌換という重荷から解放されたので、安心して貿易赤字を垂れ流すようになっただけのことなのだ。

これが基軸通貨、ドルを持っている国の強みだ。他の国なら、自国通貨で巨額の借金をすることはできず、大部分米ドル建ての借金になってしまう。そうすると貿易赤字が累積して、自国通貨の価値が下がると、米ドル建ての借金を返すために必要な自国通貨の金額がふくらんで、ますます苦しくなる。

だが、アメリカだけは自国通貨であるドルでいくらでも借金ができる。どんなにその借金が増えても、米ドルの額面どおりに返せばいいので、自国通貨ベースの借金がふくらむわけではない。むしろ、じゃぶじゃぶドル札をばら撒いてインフレが起きれば、そのインフレによってドルの価値が目減りした分だけ、実質返済負担は軽減される。

もう諸外国がいくら米ドル札を溜めこんだところで、連邦準備制度に持ちこまれたら金と交換しなければならない義務はなくなった。製造業の空洞化とともにお粗末な品質になっていったアメリカ製品や、いまだに高い競争力を保っているアメリカ産のサービスや米国債などの金融資産と交換する以外に、諸外国が対米輸出の代金として受け取った米ドルの使い道はない。だとすれば「まじめに経済成長を持続する努力をしなくても、ドル札さえ増刷していれば好況を維持できるじゃないか」という風潮がアメリカ国内に蔓延していった。

基軸通貨国の特権がアメリカを芯まで腐らせた

しかし、人間でも国でも気軽に借金をし続けることができると、どうしても地道な努力がおろそかになる。自国通貨の米ドル建てだから、通貨価値が目減りしても返済負担が増えるわけではないとタカをくくっているうちに、どうにもならないほど経済活動の根本が腐っていく。このとがめが噴出するのは、ほぼ確実に２０２０年代の前半だろう。

アメリカ経済の長期低迷がいかにきびしいものだったか、そしてこの長期低迷がいつから始まったのかを一目瞭然で示しているのが、次ページの2枚組グラフだ。

在庫・資本損耗調整・税引き後企業利益総額の対GDP比率

1960～2019年

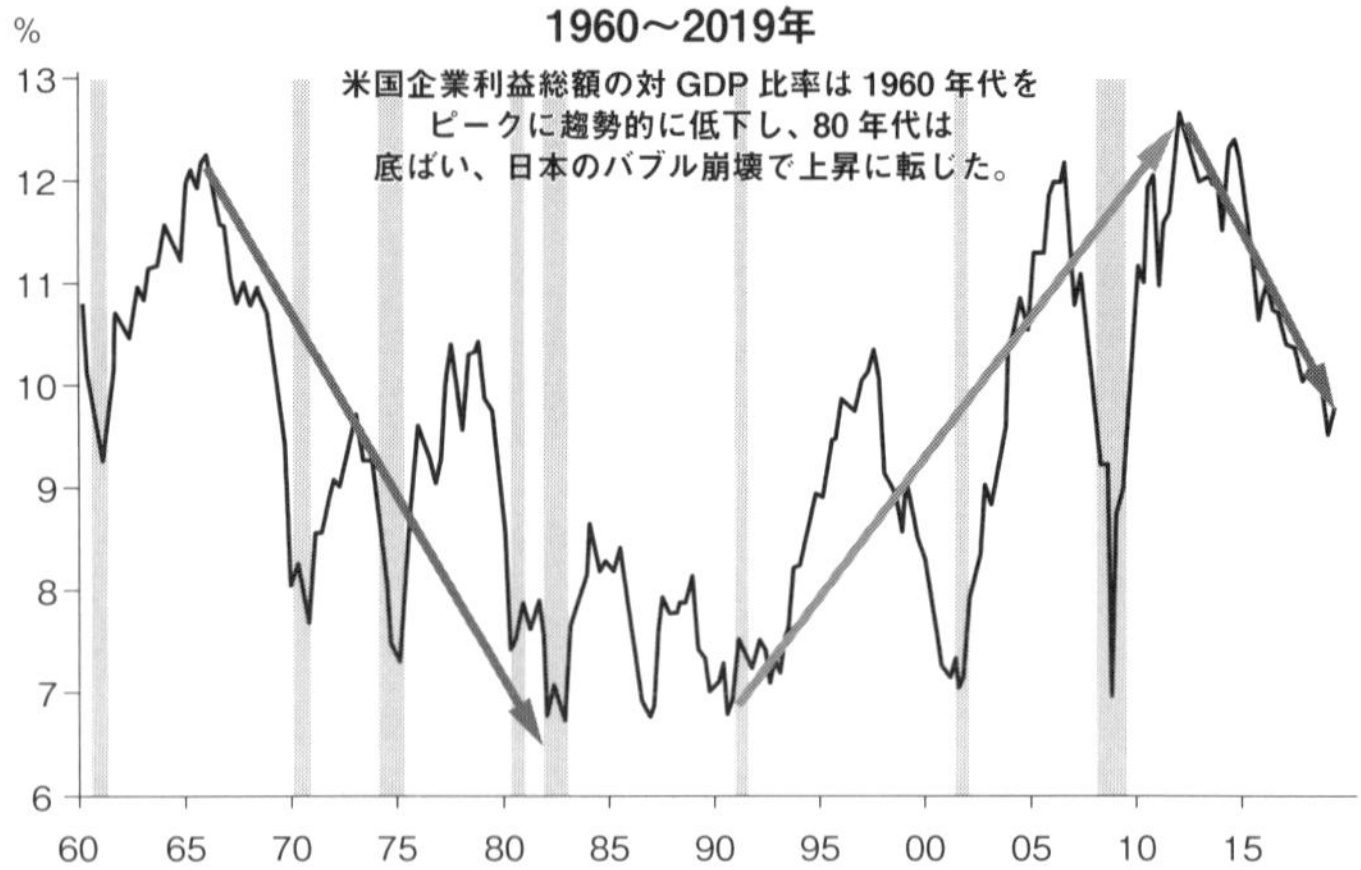

原資料：セントルイス連銀調査部

民間非管理職生産労働者の実質週給推移

1964～2019年

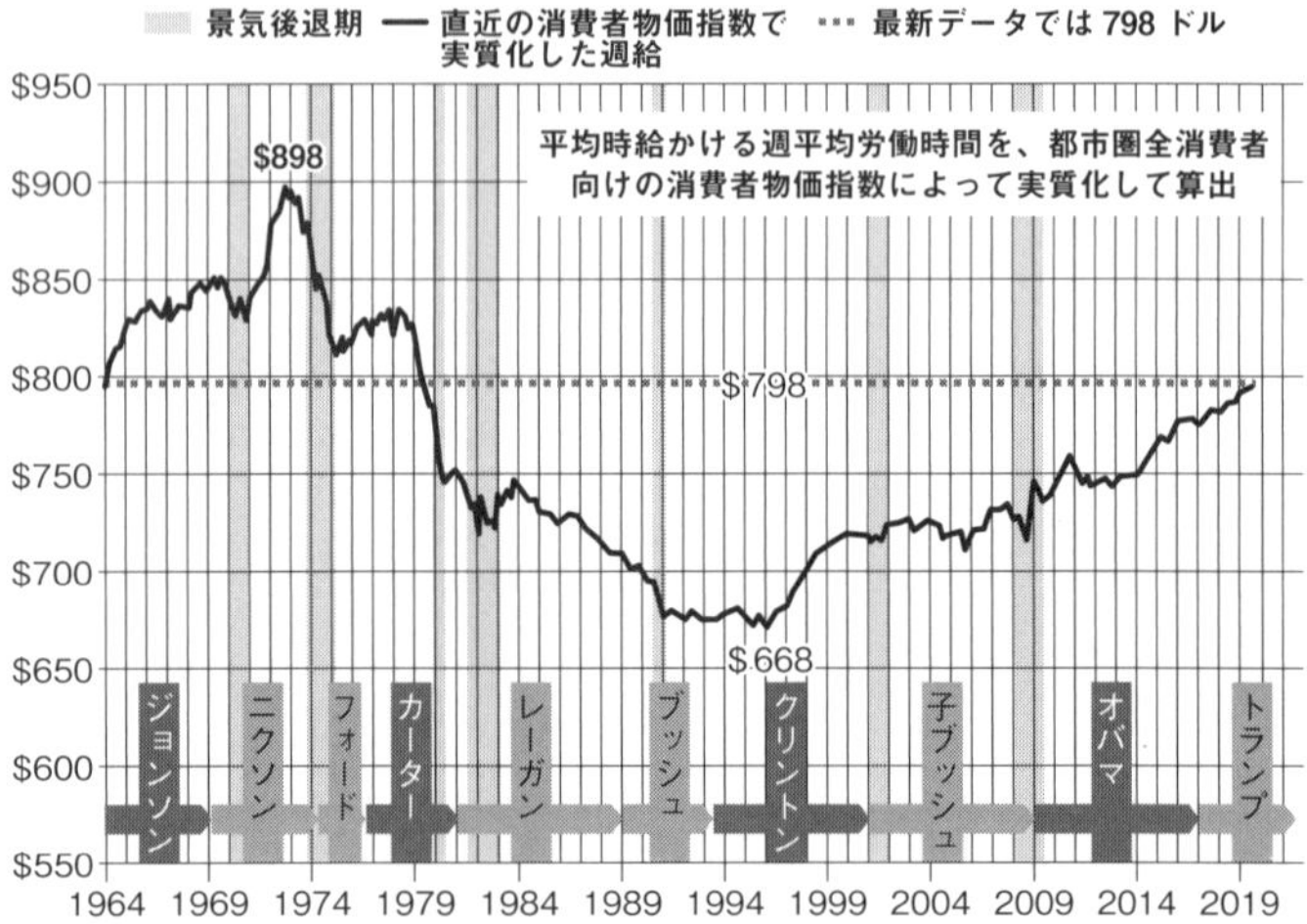

出所：（上）ウェブサイト『Zero Hedge』、2019年11月28日、
（下）『Advisor Perspectives』、2019年12月19日のエントリーより引用

上段は１９６０～２０１９年のアメリカ企業利益総額の対ＧＤＰ比率だ。１９６７年の12％強をピークに、82年の６％台まで下げ続けた。その後、何度か反発はしたものの80年代を通じて安定した上昇基調に入れず、日本でバブルが崩壊した90年以降、やっと本格的な上昇に転じたことがわかる。

下段は賃金労働者の平均週給を実質ベースで描いたものだ。こちらは、ピークがドルショックと第一次オイルショックのはざまの１９７２年の８９８ドルで、直近の２０１９年末現在の数値はちょうど１００ドル低い７９８ドルとなっている。これは、カーター政権末期の79年に下降基調の中で記録した水準であり、その前にはこのグラフの起点であるジョンソン政権下の64年にすでに達成していた水準でもある。

ようするに、企業利益で見れば、アメリカ経済は２０１２～13年に「黄金の60年代」のピーク超えを達成した。だが、一般大衆の生活水準で見れば、やっと64年や79年に達成していた水準まで戻しただけで、72年のピークに比べれば11％も低いところに低迷しているのだ。しかもアメリカのごくふつうの賃金労働者の生活は、この数値が示す以上に窮迫している。というのも、これは正規・定時労働の勤労者と非正規・不定時労働の勤労者の週給を合算して平均値を出したものだが、非正規・不定時の勤労者はかなり週当たりの労働時間が減少していて、実質週給もそれだけ大幅に下がっているからだ。

実質時給では、直近の23ドル83セントは、過去最高だった1973年の23ドル49セントをほんの少し上回っている。だが、週当たり労働時間を見ると、65年の38・8時間から直近の33・5時間までほぼ間断なく低下し続けてきたのだ。アメリカの勤労者の大部分は、「もうカネはこれ以上欲しくない。もっと時間のゆとりがある生活がしたい」と言って自主的に勤務時間を少なくしてきたわけではない。

正規・定時の勤労者と非正規・不定時の勤労者の労働時間を直接比較するデータは探し出せなかった。だが勤労者全体を、平均賃金を上回る収入のある勤労者と平均賃金以下の勤労者に分けてみる。すると前者は直近でも週に38時間働いているのに対して、後者は週に30時間しか働いていなかった。つまり、切実に労働時間を増やして少しでも所得を増やしたい薄給の勤労者ほど長時間働くことがむずかしく、比較的恵まれた賃金を得ている勤労者ほど安定的に長めの労働時間を確保できているのだ。

労働生産性で経済の進展度を比べるのはまちがっている

少々ややこしい議論に見えるかもしれないが、もう一度整理しておこう。アメリカ経済の衰退がはじまったのは、ニクソンが米ドルの金兌換停止を宣言したからではなく、1960年代半ばにはもうアメリカ経済が衰退しはじめていたからこそ、ニクソンは金兌換停止を宣言せざるを得なかったのだ。

この点をデータで裏付けよう。経済がどの程度順調に発展しているのかを見るときにひんぱんに持ち出されるのが、労働生産性という概念だ。だが、一定の労働力投入量に対して生産量がどれくらい拡大したかを示す労働生産性という指標は、さまざまな国の経済効率を測るのに公平な尺度ではない。

各国でさまざまな事業分野で行っている経済活動の成果をまとめるには、それぞれの業種での生産量を金銭に換算して合計している。しかし、この計算法では、地中に埋蔵されている天然資源を売れば、その資源の希少性次第でかなり高額の売上が上がる国と、そういう資源をほとんど持たない国では、まったく競争条件が違ってくる。次ページの２段組の表を、まず上段の表の読み取り方から説明していこう。

上段は１９７０〜２０１３年という期間にわたって、Ｇ７諸国プラス韓国の労働生産性がアメリカに対してどの程度の水準にあったのかを比較した表だ。アメリカを基準としているので、各年次のアメリカの数値はつねに１００となっている。世界各国の産業は農林水産業からなる第一次産業、モノづくりに携わる鉱業、製造業、建設業といった第二次産業、そしてサービスを提供する第三次産業に分かれるのだが、その第二次産業の中でも鉱業が盛んな国は、ほぼ一貫して労働生産性が高く出る。

失われた30年は、ほんとうに失われていたのか？

G7+韓国の対アメリカ労働生産性格差推移、1970～2013年

国名	1970年	1980年	1990年	2000年	2001年	2002年	2003年	2004年	2005年
アメリカ	100.0	100.0	100.0	100.0	100.0	100.0	100.0	100.0	100.0
フランス	68.6	84.8	86.2	82.8	83.7	83.8	80.1	78.8	78.9
イタリア	71.4	89.1	93.1	93.0	93.7	88.3	85.9	81.9	80.3
ドイツ	85.6	101.8	101.6	78.1	78.4	78.5	79.0	78.3	77.1
カナダ	91.2	89.2	84.8	81.0	81.0	78.6	78.1	77.2	78.5
イギリス	60.9	65.4	69.0	76.9	78.3	78.6	77.9	77.5	76.5
日本	46.4	64.3	77.0	68.6	68.6	68.9	68.3	68.0	66.9
韓国	16.7	25.1	41.3	54.2	54.9	56.1	55.8	55.9	55.7

国名	2006年	2007年	2008年	2009年	2010年	2011年	2012年	2013年	ピーク比減少率
アメリカ	100.0	100.0	100.0	100.0	100.0	100.0	100.0	100.0	—
フランス	80.6	81.4	82.4	82.2	80.9	81.6	79.3	81.9	5.0%
イタリア	82.1	83.3	85.0	83.3	81.7	81.4	78.8	79.2	15.5%
ドイツ	78.3	78.3	78.8	75.0	76.0	76.7	74.4	74.7	26.5%
カナダ	78.8	78.0	77.5	75.7	74.6	74.3	73.4	73.9	19.0%
イギリス	78.4	77.4	76.0	73.8	69.8	68.7	66.7	67.5	14.1%
日本	66.9	67.5	66.7	63.3	64.5	63.4	63.6	63.4	17.7%
韓国	56.8	58.9	59.4	58.4	59.3	58.5	57.1	57.4	3.2%

G7－カナダ+韓国の成長会計推移

1980～95年対1995～2007年

	1980～95年			
国名	付加価値成長率	労働投入の寄与率	資本投入の寄与率	全要素生産性上昇率
日本	3.8%	0.4%	1.9%	1.5%
イギリス	2.5%	-0.2%	1.2%	1.5%
フランス	1.8%	-0.1%	0.7%	1.2%
イタリア	1.9%	0.2%	0.9%	0.9%
アメリカ	3.3%	-0.2%	1.2%	0.8%
ドイツ	1.9%	-0.2%	1.2%	0.8%
韓国	9.5%	2.2%	7.1%	0.2%

	1995～2007年			
国名	付加価値成長率	労働投入の寄与率	資本投入の寄与率	全要素生産性上昇率
アメリカ	3.5%	0.8%	1.5%	1.2%
韓国	4.8%	0.6%	3.1%	1.1%
イギリス	3.2%	0.8%	1.4%	1.1%
日本	1.2%	-0.3%	0.5%	1.0%
フランス	2.5%	0.7%	0.9%	0.7%
ドイツ	1.4%	-0.4%	0.9%	0.7%
イタリア	1.5%	0.9%	1.1%	-0.4%

出所：生産性本部『日本の生産性の動向　2014年版』（2014年12月）のデータを再構成して作成

この表で言えば、製造業でもサービス業でもアメリカの支店経済的な存在にすぎないカナダが典型的な例だ。カナダは天然資源が豊富で鉱業生産が活発なので、１９７０年のピークには労働生産性がアメリカの91・2％まで迫っていた。

ドイツは、第二次世界大戦前に海外領土をほとんど持っていなかったので、西欧諸国中では自国内の天然資源の開発に力を注いでいた。その結果、１９８０年のピークでアメリカの１・8％増しという水準まで労働生産性を高めていた。同様に海外領土をほとんど持たなかったイタリアも、あまり豊富とは言えない国内の天然資源を戦前から開発している。それ以上に植民地からの輸入に頼っていたイギリスやフランスよりは、第二次大戦後の植民地独立による安上がりな資源供給地域喪失というマイナスが小さかった。２００１年のピークではアメリカの93・7％にまで労働生産性が接近していた。

一方、第二次世界大戦前は広大な海外植民地を持ち、天然資源の豊富な地域を領有していた英仏両国は、大戦後領土がヨーロッパ本土にほぼ限定されてしまう。すると鉱業の労働生産性が極端に低下し、イギリスがピークの２００２年で78・6％、フランスがピークの１９９０年で86・2％と、独伊に比べて低調な水準にとどまっていた。

日本は、戦前に台湾・朝鮮を植民地として領有していたころから、あまり多くの天然資源を産出していなかった。戦後はさらに天然資源の埋蔵地域の少ない国となり、１９９０年のピークでも労働生産性はアメリカの77・0％と8割にも満たない水準だった。韓国もあまり天然資源に恵まれていない国だ。1970年の労働生産性がアメリカの16・7％だったという出発点の低さもあって、あれだけの高成長を達成しながら、ピークの2008年でも59・4％と、アメリカの6割に到達しなかった。

公平な比較の尺度、全要素生産性

そこで世界各国の経済力を比較する場合に重要になってくるのが、全要素生産性（Total Factor Productivity、TFP）という概念だ。この全要素生産性は、もし労働力の投入量と投入された資本の質と量を全然増やさなかったとしても、どれだけ産出量が増えていたはずかという、仮想にもとづく生産性指標だ。もし投入された労働量も資本の質と量も一定なのに、生産高が増えていたとすれば、それは技術進歩や生産・生活両面におけるインフラの整備度合い、そして社会全体が安全で生産活動に適した環境かどうかなど、全体として経済の進展度を示しているはずだという考えにもとづいている。

58ページ下段の表がまさにその全要素生産性の伸び率を、1980～95年と1995～2007年の2期間に分けて、G7諸国から天然資源の豊富さ以外あまり取り柄のないカナダをのぞく6ヵ国プラス韓国で比較したものだ。両期間とも、左から付加価値成長率（ほぼGDP成長率と考えていい）、労働投入寄与率（投入された労働量の伸び率）、資本寄与率（投下資本の質・量の伸び率）、右端の投入された労働と資本では説明できない残余部分が全要素生産性上昇率となっている。

１９８０〜95年の表でまず気づくのは、ちょうどこの時期に猛スパートをして新興国から先進国へと変貌したように見える韓国の急成長が、じつは投下資本の質と量を年率平均で７・１％も激増させた結果に過ぎないという事実だ。全要素生産性の伸び率はわずか０・２％と先進諸国には遠く及ばなかった。

そして、１９９５〜２００７年では全要素生産性伸び率が１・１％とアメリカの１・２％に次いでイギリスと同率２位まで改善したのだが、投下資本の伸び率は７・１％から３・１％へと半減以下の急低下となってしまった。そのため付加価値成長率も９・５％から４・８％へとほぼ半減した。製造業向け中間財や資本財の主な納入先である中国経済の急減速もあって、いつまで物量作戦頼みの高成長が続くか、大いに疑問だ。

先進諸国でこの両期間のパフォーマンスが最高だったのは、１９８０〜95年で全要素生産性上昇率が日本と同率首位の１・５％、１９９５〜２００７年でも韓国と同率2位の１・１％だったイギリスだ。だが、イギリスは１９７９〜90年に首相を務めていたマーガレット・サッチャーが、主として製造業の不振企業に大ナタを振るって、金融業に１本かぶりの危険な経済構造に再編してしまった。

現在イギリスの銀行業界最大手だが、実際には香港からの収益に依存する度合いが全社収益の約半分と極端に高いＨＳＢＣが、香港の反政府運動の恒常化によってかなり深刻に収益が縮小している。金融業界がこけた場合、イギリスに残された有力製造業企業となると、自動車部門をＢＭＷに売り渡して航空機エンジン製造に特化したロールスロイスが世界第2位の生産実績を上げている以外は、ほとんどめぼしい会社がない。ＥＵ離脱騒ぎとはまったく別に、イギリスの金融業界、とくにＨＳＢＣの動向は要注意だ。

日本の場合、全要素生産性は１９８０～95年で同率首位の１・５％、１９９５～２００７年で4位の１・０％と、決して他の先進国に劣っているわけではない。付加価値成長率が３・８％から１・２％へと急低下したのは、もっぱら労働投入量の伸び率が０・４％からマイナス０・３％へと減少に転じるとともに、投下資本の伸び率も１・９％から０・５％へと大激減したからなのだ。

あらゆる生産要素の価値は、究極ではその生産要素の希少性、つまりどれほど量が少ないかで決まる。労働投入量が減少に転じた一方で、投下資本は伸び率が低下したとはいえ拡大している。だから投入した労働力1単位の価値は上がって、賃金給与はゆるやかながらも上昇し、資本の価値が下がることによって、利益率はやや低下するはずだ。日本経済全体がそういう経済合理性にのっとった方向に動いていたら、国民の大多数を占める勤労者も賃金の安定成長が持続できていて当然なのだ。

ところが現実には労働生産性が伸びているにもかかわらず、労賃が横ばいにとどまっている半面、企業利益総額の対ＧＤＰ比率は大幅に高まっている。これが日本を覆う閉塞感の元凶なのだが、この点については、第5章でもう一度詳述することにしよう。

アメリカ経済の地盤沈下は１９６０年代半ばから始まっていた

さて、本題のアメリカ経済の長期低落傾向がいつごろ始まったのかという問題だ。全要素生産性が１９８０～95年で７ヵ国中5位の０・８％から１９９５～２００７年で首位の１・２％まで躍進したところを見ると、たとえ80年代は低迷傾向が続いていたにしても、90年代半ばからは回復基調に転じたように思える。

ところが、この印象は出発点を１９８０年に取ったことから生じる誤解にすぎない。実際には第二次大戦直後の全要素生産性伸び率が４～７％にも達する驚異的な高成長から、60年代末には長期低落傾向に転じていた。「４～７％成長なんて、後発組の先進国や新興国ならザラにたき出していた数字じゃないか」とおっしゃる方もいるだろう。だが、それはＧＤＰ全体の成長率の話だ。投入した労働も資本も同一だったという仮定のもとで、それでも生産高が年率４～７％というペースで上昇していたはずだというのは、第二次世界大戦直後のアメリカと日本以外ではまったく考えられない、空前絶後の高いパフォーマンスだった。

その後、90年代以降何度か回復の兆しはみせたものの、どうしても年率２％の壁を突破できずに、0～1％台という1960年代までとはかけ離れた低水準にとどまっている。次ページの2枚組グラフをご覧いただきたい。

アメリカの全要素生産性（TFP）の実測値が太い折れ線で、その10年移動平均（その年までの10年間の実測値合計を10で割って、年率に換算したもの）がアミのかかったシェードの上端に示してある。左側の縦軸に目盛りを刻んでいる全要素生産性自体は、1948年の100をわずかに上回る水準から出発して71年に320くらいまで上昇する好調な伸びを示した後、1971年から2018年までの47年をかけて450くらいまでしか上がらず、上昇基調がかなり鈍化したことがわかる。

10年移動平均のほうは右の縦軸に目盛りが取ってあるのだが、1973年までは一貫して少なくとも3％台の高水準を維持していた。それ以降は急落してずっと0～1％台で推移していたことが読み取れる。このグラフの作成者が1971年を高成長から低成長への分岐点と見ているのは、この移動平均の急落が73年ごろに起きていたことに引きずられたものだろう。

だが、移動平均は平均値を取る期間の中でいちばん最後の時点に目盛られるので、変化を確認するのが遅くなる傾向がある。1973年に10年移動平均が急落したということは、1963～72年までの10年間の平均は3％台だったのに、1964～73年の10年間の平均値が2％を割りこんだということだ。成長率の鈍化はもっと前、遅くとも60年代の後半には起きて

アメリカの全要素生産性（TFP）指数の下方屈曲
10年平均TFP成長率、1948〜2018年

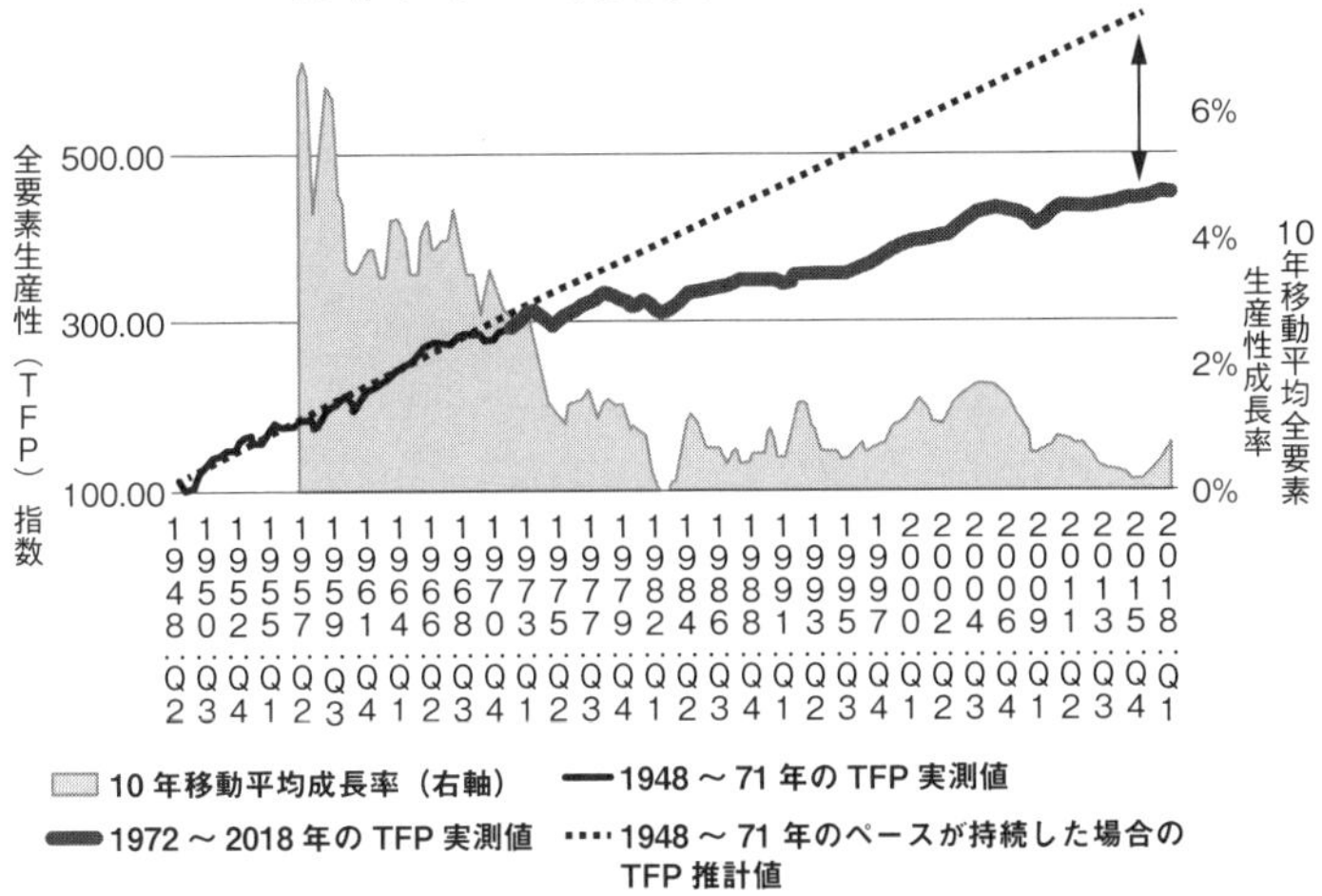

債務の対GDP比率は、生産性の低迷を補うために上方に屈曲した
1951〜2014年

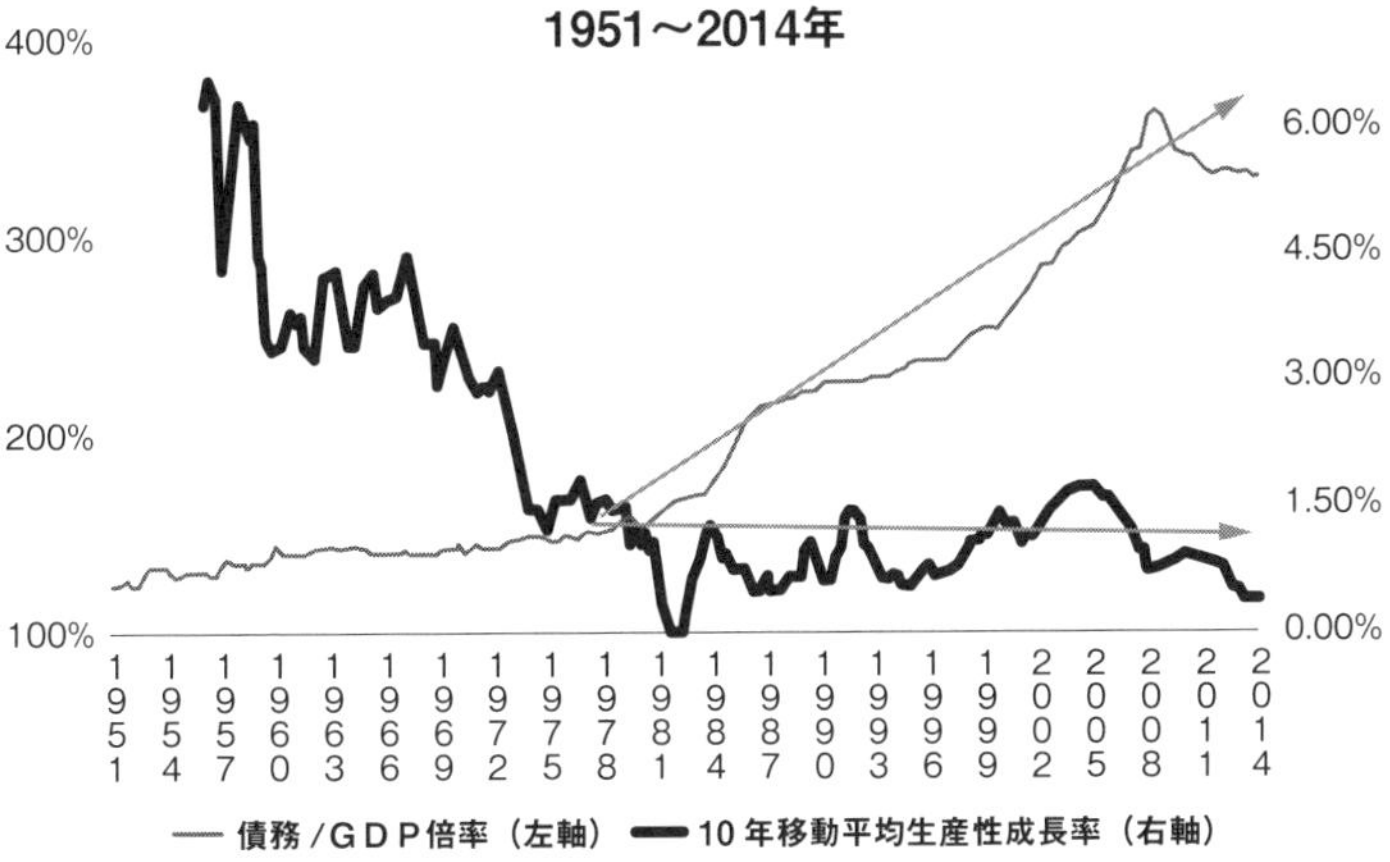

原資料：サンフランシスコ連邦準備銀行
出所：（上）ウェブサイト『See It Market』、2019年1月17日、（下）『Real Investment Advice』、2019年1月16日のエントリーより引用

いた可能性が高い。折れ線グラフのほうをすなおに見れば、65年あたりの小さな山が高成長から低成長への分岐点だったと推定できる。

下段の全要素生産性の実測値と債務の対ＧＤＰ比率を対比したグラフは、この危機的な状況に当時のアメリカ経済で舵取り役を果たしていた人たちが、非常にこそくな対応策をとったことを示している。すなわち、１９７０年代前半に全要素生産性の伸び率が鈍化したことを確認してから、明らかに「借金でＧＤＰ成長を高める」という方向に舵を切ったのだ。

今度のグラフでは、アメリカ全体の借金の総額がＧＤＰの何％に当るかを細い折れ線で示し、左側に目盛りを取っている。一方、上段ではシェードの上端で示していた全要素生産性の10年移動平均は、ここでは太い折れ線で示していて、目盛りは右側に取ってある。２本の細い矢印は債務の激増とゆるやかに鈍化する生産性の対照を描いている。

１９５１～78年の債務の対ＧＤＰ倍率の伸び方は非常にゆるやかで、１・2倍から１・5倍に上がった程度だ。しかし１９７８年からサブプライムローン・バブルが頂点に達した２００８年までだと、１・5倍から3・5倍くらいまで急上昇している。借金をしてでも投下資本を増やせば、それなりにＧＤＰ成長率は上がる。韓国の１９８０～95年の実績が証明しているとおりだ。だが、もしこうして伸びたＧＤＰの実額が増やした借金の額より少なければ、いつか借金を返さなければならなくなったときに、だれの懐にも返済資金は貯まっていなかったという事態に陥る。

アメリカ経済は、借金の返済期限が来るたびに、もっと大きな借金をしてやりくりしてきたが、増えた借金を返すためのGDPの増加額は借金の増加額より少ない。だからこそ、債務の対GDP比率はほぼ一貫して上がっているわけだ。こういう自転車操業を過去40年以上にわたって続けてきたのだから、いったんとがめが噴出したときの個人や企業、金融機関、それに連邦政府から地方自治体までが余儀なくされる破綻は、悲惨なものとなるだろう。

第2章

戦勝国の陰鬱と敗戦国の明るさを象徴する超絶的なスター、エルヴィスとひばり

戦後の流行歌最大の特徴は、底抜けの明るさか？

日本の流行歌、歌謡曲と言えば、「暗い。悲しい。わびしい。じめじめしている。めそめそ泣いてばかりいる」といった印象が通り相場となっている。だが、これはクラシックやジャズならよく知っているが、流行歌なんて歌ったこともなければ、ろくに聴いてもいないという人たちが先入観だけでレッテル貼りをしてきた結果ではないだろうか。

実際には、第二次世界大戦に惨敗したあとの日本を復興に導いたヒット曲の数々は、底抜けに明るいのだ。終戦の翌年、1946年生まれで当人は断固たるロック派の田家秀樹は、焼け跡闇市時代の日本ではやった歌の数々について驚嘆を込めてこう書いている。

昭和二十年代の曲を思い出すたびに思うことがある。何てのびやかなのだろう。何て奔放なのだろう。「憧れのハワイ航路」「東京の花売娘」「桑港《サンフランシスコ》のチャイナ街《タウン》」「アルプスの牧場」「東京シューシャインボーイ」「野球小僧」「上海帰りのリル」、そして美空ひばりの一連の曲……。戦後の暗い、投げやりな世相を歌ったとされる「星の流れに」もどこかに垢ぬけた4ビートの香りがする。（田家、31ページ）

最後の『星の流れに』は、身寄りもなく生きるために体を売らなければならなかった女性の新聞投書に感動した作詞家清水みのるが一気に書き上げたという、戦後日本の世相をきびしく

問い詰める曲だ。当初は『こんな女に誰がした』という結びの一節をタイトルにしていたが、それでは進駐軍総司令部の検閲を通らなかったので、無難な歌い出しの『星の流れに』に変えて、やっとリリースにこぎつけたという。

だいたいにおいて3番までつくる歌謡曲の歌詞は1番をなるべくキャッチーにして、ほんとうに言いたいことは2番、3番で表現することが多い。この歌がまさに、その典型だ。1番は類型的な嘆き節なのだが、2番の2〜3行目は、

あてもない夜の　さすらいに
人は見返る　わが身は細る

そして3番の1〜2行は、

飢えて今頃　妹はどこに
一目逢いたい　お母さん

と具体性を持って迫ってくる。歌詞だけ読んでいると、陰々滅々《いんいんめつめつ》とした歌と思う人が多いだろう。

ところが、メロディーに乗ったこの歌詞を聴いていると、不思議なすがすがしさがある。音階は、歌謡曲の王道を行くヨナ抜き（ファの音とシの音を省いた）5音階だ。だが、この歌詞をイ短調ではなく、ハ長調の4拍子のメロディーに乗せている。しかも4拍子でも4小節×5行、計20小節の各小節の音符の割り振りを、8分音符、4分音符、8分音符、2分音符という構造

にしているので、ゆるやかに流れるワルツに聞こえるのが、この歌のどこかふっきれた明るさの理由だろうか。

昭和20年代からははみ出てしまうが、1956年に大津美子の歌でヒットした『ここに幸あり』も、歌詞を見ただけと歌を聴いたときとでは、まったく印象が違う歌だ。とくに2番の、

誰にも言えぬ　爪のあと
心に受けた　恋の鳥
ないてのがれて　さまよい行けば
夜の巷《ちまた》の　風哀《かな》し

という歌詞は、まさに「めそめそ泣いてばかりいる」という批判にぴったり当てはまる常套句の羅列としか思えない。ところが大津美子の力強いアルトで朗々と歌い上げると、この歌詞でさえ結婚披露宴にふさわしい人生賛歌に聞こえてしまう。この歌は、もともと日本国内よりブラジルやハワイの日系人コミュニティのあいだで火がついて、そこから日本に逆輸入されてヒットしたと言われている。たしかに、あまり歌詞の意味などせんさくせずに堂々と歌ったほうがいい曲だ。ブラジルでは日系かどうかに関係なく、今でも不朽のスタンダードとして歌い継がれているのも、うなずける。

じつは明るい歌が増えたのは戦後の現象ではなく、戦時中でも敗戦の気配を国民の多くが察知した直後からのことだった。戦後最初のヒット曲と言われる『リンゴの唄』は、すでに松竹

歌劇団で舞台は踏んでいた並木路子が最初の主役に抜擢された松竹映画『そよかぜ』の主題歌で、戦時中に吹き込みのためのリハーサルも重ねていた。

並木は終戦の年、１９４５年の3月の大空襲で母を亡くしていて、戦後すぐの撮影や録音のときに「こんなに明るい歌は歌えない」と言ったらしい。作曲者の万城目正に上野のガード下に連れていかれ、「こんなにたくさんの人たちが、苦しい生活をしているんだ。君もなんとかこの人たちを元気づけるような歌を歌ってくれ」と説得されて、収録のマイクに向かったという。映画は終戦直後の１９４５年10月に封切られたが、レコードの発売は翌46年の1月まで待たなければならなかった。それほど何もかも不足していた時代だった。

日本国民が敗戦の気配を察知したのは、もっと昔にさかのぼる。具体的には１９４３（昭和18）年封切りの東宝映画『伊那の勘太郎』の主題歌、『勘太郎月夜唄』だ。この歌もまた、3番がいちばん言いたいことなのだが、大胆にも最初の2行で、

菊は栄える　葵は枯れる
桑を摘むころ　逢おうじゃないか

と歌っている。しかも、「小畑実という人はもう極めつき。ビロードの声というよりは、つやつやした絹物の声といった方がいいくらいの美声で、これがどんな歌でもとんでもなく気持ちよさそうに歌うんですね（橋本、１８２ページ）」と評されるような、柔らかで艶っぽい歌いっぷりで歌うのだ。

アメリカやイギリスの戦意高揚歌の特徴は、戦士は「どこにいても君のことを思っているよ。もう一度会えるまで」と歌い、銃後の妻や恋人は「あなたが帰ってくるまでずっとひとりで待っているわ」と返すところにある。だが日本では「死んで護国の鬼となる」的な公式論ばかりで、自分を待っていてくれる人のところに生きて帰るというモチベーションをはじめから取り上げてしまっているのだ。これでは勝てるわけがない。

その中で、たんに再会を誓うだけではなく、江戸時代に設定された映画の中で現体制（葵）は滅びる、新体制（菊）が栄えると堂々と歌ってしまったのだ。もう検閲官たちもまじめに反軍意識の高まりを抑圧できなくなっていたし、明治維新以来ずっと江戸時代より不自由な生活をさせられてきた日本の我慢強い大衆も、そろそろ堪忍袋の緒が切れたということなのだろう。

憤懣を爆発させた笠置シヅ子と、明るい戦後御三家

戦後の日本を明るくした歌謡曲と言えば『リンゴの唄』とともに、服部良一作曲で笠置シヅ子が歌った一連のブギの名曲を忘れることはできない。とにかく歌い出しからして、

東京ブギウギ　リズムうきうき
心ずきずき　わくわく
海を渡り響くは　東京ブギウギ

である。曲先、詞後で服部良一が作詞を依頼したのが、プロの作詞家ではなく鈴木大拙という著名な仏教哲学者の息子で、戦時中は上海でゴロゴロしていた文学青年、鈴木勝だった。短く刻むリズムに、戦時中アメリカでヒットしていた『B中隊のブギウギ・ビューグル・ボーイ』や『チャタヌガ・チューチュー』にヒントを得て、短いオノマトペのくり返しを使ったことが、絶妙にメロディーにマッチした。

トウーキョッ　ブギウギー　リズムウキウキー
コッコーロズキズキッ　ワクワクー

という歌い出しのインパクトは、一度聴いたら忘れられない。その収録風景も、以下に引用するように終戦直後の日本を象徴するようなものだった。

レコーディングが始まる頃、コロムビアのスタジオに米軍クラブの下士官が缶ビールやコーラを手にぞろぞろやって来た。英語の達者な鈴木が宣伝したのだ。周囲は困惑するが、服部は、日本は今占領下で、進駐軍を邪険に追い出すわけにはいかないと考え、「いいでしょう。かえってムードが盛り上がるかもしれない。このままやっちゃいましょう」と、レコーディングを断行した。心配は無用で、G.Iたちはまっ先に歓声を上げた。
「笠置シヅ子のパンチのある咆哮のような歌唱、ビートのきいたコロムビア・オーケストラ、それを全身で盛り立てている大勢のG.I、最高のライヴ録音のムードだった（砂古口、80ページ）」

と服部良一は回想している。

笠置シヅ子は、自分の歌のカバーで世に出て、どんどん人気が上がってきた美空ひばりに嫉妬して、「服部良一の楽曲はいっさいひばりに歌わせるな」と圧力をかけたことで、ひばり派のあいだではとても評判が悪い。自分で面と向かってひばりに言わずに、ともに専属だったコロムビア・レコードや服部良一に頼んだところが陰険だというわけだ。たしかに、もし服部良一というイマジネーション豊かな作曲家が、どんな歌でも歌いこなす天才、美空ひばりに楽曲を提供していたら、どんなにすばらしい曲になっただろうかと想像すると残念な気がする。

実際には、このあと美空ひばりと服部良一は一度和解していた。そして、いわば手打ちのしるしとして、服部良一は1951年に美空ひばりのために『銀ブラ娘』を書いた。「だが、なぜかひばりはこの歌をほとんど歌うことはなかった。服部もまた、ひばりの歌を二度と作曲することはなかった(砂古口、162ページ)」というのが真相だ。

奔放なエネルギーの爆発するステージ上とちがって、舞台を降りた笠置シヅ子は地味で目立たない小柄な女性だったらしい。上り坂の美空ひばりに、直接冗談っぽく「私の歌を、私よりうまく歌ったりしないでね」と言うのが、怖かっただけなのではないだろうか。盛りを過ぎる前にきっぱり新曲の吹き込みを断念して渋いわき役に徹するようになってからは、懐メロ番組でさえ人前で歌うことはなかったのも潔い感じがする。

戦前の浪曲師から、前後は国民歌謡の担い手として再デビューし、1957年に2枚目のシングル『チャンチキおけさ』を出してから、陽気なにぎやかしにかけては並ぶ人のいなかった三波春夫の明るさはご紹介するまでもないだろう。ただ、この人の場合、世界中どこでも大衆に受ける歌の2大要素、性衝動とお涙頂戴を封印してヒット曲を連発していたことは、特筆されていい。

雌伏期の長かった春日八郎が1952年の『赤いランプの終列車』に続いて1954年にリリースした『お富さん』は125万枚を売り上げ、歌手人生最大のヒット曲となった。歌舞伎の世話物（江戸時代の現代劇）として名高い『与話情浮名横櫛《よはなさけうきなのよこぐし》』を題材に取ったこの曲は、本来じめじめした因縁話だったシチュエーションを完全にパロディ化して、コミックソング仕立てになっている。この曲が流行ったころ、「良識」あるおとなたちは「痴情のもつれからの刃傷沙汰に関する歌を小中学生が歌っているのはけしからん」などと息まいていた。かれらは、この曲を実際に聴いたこともなかったのではないだろうか。それとも、聴いてもパロディだとわからなかったのだろうか。

1962年制作の喜劇映画『雲の上団五郎一座』最大の爆笑シーンは、八波むと志扮する蝙《こう》蝠《もり》安が三木のり平扮する切られの与三にお富さんのゆすり方をコーチする場面だ。春日八郎の歌った底抜けに明るい『お富さん』にインスパイアされなかったら、あの名場面もなかっただろう。

三橋美智也は、歌手としての晩年にＤＪをやって茫洋《ぼうよう》としてとんちんかんな人間性がにじみ出してくるまでは、東海林太郎ばりに直立不動で歌う「まじめ」な歌手という印象が強かった。だが、この人は「まっかな太陽　燃えている」と歌い出す初期のテレビ劇映画『快傑ハリマオ』の主題歌でも、明治製菓の「それでなくてもおやつはカール」のCMソングでも、けっこうおちゃめなところを披露していたのだ。

さらに1962年にリリースした「やや洋風の雰囲気が強い名曲『星屑の町』（一九六二）でドドンパのリズムを取り入れ（輪島、112ページ）」、典型的な望郷演歌を童謡《メルヘン》ふうに歌い上げている。「両手を回して　帰ろう　揺れながら」と歌い出すのだが、これを肩の付け根から両腕をグルグル風車のように回すと考えると、いったいどういう状況なのかと、わけがわからなくなる。これは脇を締めた両腕の肘から先を直角に前に出して、蒸気機関の動力を駆動車輪に伝えるカムのように楕円形にゆるやかに回す、つまり汽車ポッポごっこをしながら、故郷に帰るという曲なのだ。歌っているビデオクリップをよく見ると、たしかに伴奏に「しゅっ**しゅっ**ポッポ、しゅっ**しゅっ**ポッポ」という擬音が入っているような揺れ方をしている。

戦後の明るさを象徴する元祖三人娘

戦後日本の流行歌《ポピュラーソング》を語る限り、何を論じても美空ひばりと出っくわさないことはありえない。戦後日本の解放感を象徴しているのも、まず美空ひばりだ。デビュー後10年以内のヒット曲からベスト3を選べと言われたら、『東京キッド』（じつにデビューの翌年の1950年で、もう7枚目！）、『リンゴ追分』（1952年で29枚目）、そして『港町十三番地』（1957年で、きり良く111枚目）の3曲に異論を唱える人はあまりいないのではないだろうか。

『港町十三番地』は、1番で久しぶりに母港に帰った船乗りが2番で懐かしい町を恋人とともに歩き、3番でまた出港するので、しばしのお別れという他愛のない歌詞だ。だが各コーラスとも3〜4行目で畳みこむようにテンポが速まり、最後の5行目でゆったりしたテンポに戻る感じがする。3〜4行に割り振られた音節がちょっと多くなって、また最後に音節が減るだけのことなのだが、それだけでみごとに躍動感を出している。

『リンゴ追分』は、長いセリフをあいだに挟むとともに、メロディーラインにも後世のラップの流行を予期したような平坦な部分があって、全体としては起伏の大きい難曲だが、もうベテランの余裕でこなしている。これもまた歌詞を読むとセンチメンタルなだけという印象だが、曲がともなうとスケールの大きな風景を描き出している。この曲もそうだが、美空ひばりが作曲家の米山正夫と組むと、日本情緒とフルオーケストラの譜面に堪えるしっかりしたメロディーラインを両立させた名曲になることが多い。

『東京キッド』こそ、終戦直後の驚異的な明るさを象徴する名曲だ。各コーラス3行目と4行目がまったく同じ歌詞で強調されているのだが、3行目の「空をみたけりゃ　ビルの屋根」はいいとして、4行目の「もぐりたくなりゃ　マンホール」という歌詞には違和感を覚えた方も多いのではないだろうか。私もつい最近まで、いったい何が悲しくてあの重い鋳鉄の蓋をこじ開けて悪臭ふんぷんたる下水道に潜らなきゃならないのかと思っていた。

ところが、まったく違うのだ。戦時中も終戦直後も細々とではあれ、下水道配管の取り換え工事はやっていた。だが、人手不足や機材不足で現場まで運ばれた資材がそのまま野ざらしになっていることも多かった。そういう環境で縦に置かれたマンホールで、まだ中にだれも住んでいないのを見つけた人はラッキーだった。上に波形のトタン板をくくりつければ、豪雨でもぬれずにすむし、そうとうな強風にも耐えられる。横積みの土管だと、風雨には弱いし、中で寝ているときに転がりだしたら、大変だ。だが、それでも雨風にさらされっぱなしで寝るよりはずっとマシだ。

終戦直後の日本とは、そこまで荒廃した社会だったのだ。『東京キッド』のこの歌詞が広く支持されたのは、現にマンホールに住んでいる人や、最近までマンホールに住んでいた人がかなり多かったことを意味している。そういう時代に、それだけきびしい現実をあんなに明るく歌いきっていたのだから、ほんとうにすごい。

美空ひばりの芸能人としての人生に、幸運な偶然はほとんどなかった。唯一あったとすれば、それは1937年たった1年、それどころか1月から5月までの5ヵ月のあいだに、ひばりだけでなく、江利チエミも雪村いづみも生まれて、のちに元祖三人娘を形成することだろう。チエミもいづみも幼いころから米軍キャンプ巡りで鍛えられていて、十分おとなの鑑賞に堪える歌を歌っていた。

美空ひばりに比べれば、たいていの歌手が地味に見えてしまうのは仕方がない。それでも三人娘の中でもっとも早く亡くなってしまった江利チエミは、『サザエさん』というなんとも常識的で鋭さのない4コマ漫画の主人公を、東宝の映画版シリーズですばらしい活力の持ち主に造形して見せた。「おさかなくわえたどら猫　追いかけて」で始まるテレビ版『サザエさん』の放映開始は１９６９年。１９８２年に亡くなってしまった江利チエミは、残念ながら主演も主題歌を歌うこともできなかった。

美空ひばりだって、セミプロ時代に3期目のコミックバンド、ダイナブラザーズを率いていた川田晴久（義雄から改名）と帯同して地方巡業をしていたから、コントの間《ま》とかは習得していたはずだ。川田晴久は、美空ひばりの歌手としての偉大な可能性をプロとして最初に認めた人だ。どこの帯同公演でも自分の看板と同じ大きさの字で「天才少女歌手　美空ひばり来たる！」と掲げさせていたそうで、美空ひばりは終生感謝している。だが歌手、そして子役から若衆役の剣劇スターに育ちつつあった美空ひばりには、コメディエンヌとしての才能を開花させるチャンスは巡ってこなかった。

江利チエミはコメディ女優として一流だっただけではなく、黒人ジャズシンガーのフィーリングをいちばん実感としてとらえていた。さらに持ち歌とする曲目の歌詞についても、細やかに神経を使っている。レコードデビューを果たした『テネシーワルツ』の原曲はピー・ウィー・

キングとレッド・スチュワートのコンビが書いたカントリーワルツだった。その後、パティ・ページがクリスマスアルバムの中でカバーしていた。

江利チエミがカバーした『テネシーワルツ』は、たんにパティ・ページ版よりはるかにうまく歌えているだけではない。当初専属契約をしていたキングレコードのディレクター和田寿三から渡された直訳調の歌詞をこれでは歌えないと突き返したそうだ。専属レコード会社のディレクターが書いてくれたデビュー曲の歌詞を突き返すのは、さぞ勇気のいることだっただろう。和田の訳詞は意味を取りちがえているようなところはなかったはずだが、もともとの歌詞があまりにも悪いのだ。

原詩をちょっとはすっぱな現代語に訳してみよう。

I was dancing with my darlin' To the Tennessee Waltz
ねえねえ、ちょっと聞いてよ　テネシーワルツに合わせて彼氏と踊ってたんだ
When an old friend I happened to see ; I introduced her to my loved one
そしたら、偶然むかしの友達に遭ったの　まあ紹介ぐらいするわよね
And while they were dancing My friend stole my sweetheart form me
たった一曲彼氏と踊らせてやったら　あいつに彼氏を盗られちゃったのよ
I remember the night and the Tennessee Waltz Now I know how much I have lost
テネシーワルツ聴くたびに　今でも思い出してムカつくわ

ふつうの日本人なら、「彼は私のことをその程度にしか思ってなかったのかしら」とか、「いつの間にか、彼の存在を当然と思って嫌がられるようになってたのかしら」とか少しは反省するだろう。だが一般論として欧米の人は、自己賛美と自己正当化の傾向が強い。成り上がり国家のアメリカ人には、とくにそういう人が多い。こんな自己チューの見本のようなイヤな女（オリジナル版ではイヤな男だが）を主人公とした日本語歌詞では、せっかくの流麗なメロディーが台無しだ。そこで和田は、曲想にふさわしく格調の高い望郷の歌に変えてチエミに渡した。

それがあの、

さりにし夢　あのテネシーワルツ
なつかしの愛の歌
面影しのんで　今宵《こよい》もうとう（最近の訳詩集ではうたうと書いてあるものが多いが、はっきり「うとう」と発音している）
うるわしテネシーワルツ

という江利チエミバージョンの『テネシーワルツ』になって、日本でも大ヒットしたわけだ。

江戸時代に起源をもつ俗曲をほぼ原曲のメロディーと歌詞で、現代風に歌いこなす『さのさ』や『木槍くずし』などでも本領を発揮した。もともと江利チエミの父親は、戦前に寄席の高座で太鼓持ちのやるお座敷芸を披露して大人気の柳家三亀松専属の三味線弾きだった。それが師匠をしくじって破門され、突然生活が困窮したという人だ。三亀松の若いころは、色っぽい二枚目で、芸者衆に旦那そっちのけでモテでしまって、太鼓持ちとしては商売にならなかったという。そんなわけで血は争えないというか、江利チエミは典型的な美人タイプではないが、日本髪を結った芸者姿で『さのさ』をうたったりすると、これはもう絶対に美空ひばりでもかなわない色気があった。まあ色気は万能選手、美空ひばりが唯一苦手とする分野だったが。

美空ひばりの歌う江戸情緒の名曲が『車屋さん』にしても『関東春雨傘』にしても、曲調は完全に現代歌謡曲なのとは対照的だ。『車屋さん』には都々逸《どどいつ》がそっくり一曲はさんであって、これはまたこれでなかなかのものだ。しかし残念ながら、そそっかしい車屋さんのほうを座興で口説いてしまおうかといった淫蕩なムードは出せていない。

このふたりに比べれば、雪村いづみはちょっとしろうとのお嬢さん芸で、カバー曲もジャズではなく純然たるポップスが多い。この章後半でアメリカの女性アイドルとしてご紹介するティリーザ・ブリューワーの歌った『想い出のワルツ』をカバーしたのが、デビュー盤だったのも、彼女の素質にふさわしい選曲だったと言えるだろう。ジャズヴォーカルではないというのは決してけなしているわけではない。むしろ、ブロードウェイミュージカルで主役を張るには不可欠のベルターとしての素質は、3人の中で突出していた。

ベルターとは「ベルトでしばいたるで」というふうに、力任せに大音量で歌いきるタイプのことだ。まだマイクの収音性能も、スピーカーの拡声機能もなかったり、悪かったりした時代に、大劇場の隅々まで自分の声を通らせることとは、ブロードウェイミュージカルの大役には不可欠の条件だった。

代表的なベルターというと、女性では『アニーよ、銃を取れ』や『ハロー・ドーリー』など数々のロングラン興行で荒稼ぎしたエセル・マーマンや、体調がいいときのジュディ・ガーランド、最近ではキム・クリスウェルというブロードウェイ女優兼歌手がベルターの伝統を引き継いでいる。男性では何と言っても『マイ・マミー』『カリフォルニア・ヒアー・アイ・カム』『エイプルリル・シャワー』などをヒットさせたアル・ジョルソンだろう。『ジークフェルド・フォリーズ』という人気レヴューで、毎年のように『メイキン・ウーピー』とか『もしもスージーを知ってたら』とかのコミックソングのヒット曲を連発させたエディ・キャンターもベルターだった。

音響設備が至れり尽くせりの現代の劇場公演なら、ベルターの存在理由はなくなったのかというと、そんなことはない。大声が出せる人は小声でささやくように歌うこともできるが、声量の小さい人はかなり頑張っても、なかなか声を張り上げて歌うことができないし、無理をすると声帯を痛めてしまう。

日本では大劇場の隅々まで肉声を届けることが重視される場面があまりないので、それほど多くないタイプの歌手だ。だが和田アキ子とか、『また逢う日まで』を歌った尾崎紀世彦とか、『木枯し紋次郎』のテーマ曲『だれかが風の中で』を歌った上條恒彦もベルターだった。そして１９５９年の第10回紅白歌合戦で『スワニー』を歌ったときの雪村いづみは、十分ジュディ・

ガーランドに張り合えるベルターぶりを発揮していた。元祖三人娘の中で、20世紀末から21世紀初頭にかけてのしろうと芸がくろうと芸を凌駕する風潮をもっとも早くから体現していたのは、雪村いづみだった。

プレスリーからどんどん暗くなっていったアメリカの男性アイドルたち

観念としてのアイドル・ポップスは日本にしか定着しなかったが、エルヴィス・プレスリーも、ビートルズもアイドルだった。もっとさかのぼれば、初期の黒人ジャズメンには、あのきびしい人種差別の中でも、国民的アイドルとなったアーティストがふたりいた。次ページの写真の左端をご覧いただきたい。上の「サッチモ」・ルイ・アームストロングと、下のファッツ・ウォーラーだ。

ルイ・アームストロングは、おそらく黒人・白人を問わず、子どもからおとなまでアメリカ国民全体にもっとも愛されたミュージシャンだろう。『セントルイス・ブルース』『オール・オブ・ミー』といったジャズの定番以外にも、晩年には『この素晴らしき世界』というポピュラーソングで大ヒットを飛ばしている。なお彼が「スキャット」という無意味な音をメロディーに乗せる歌い方を発明し、その最初のレコードが1926年録音の『ヒービー・ジービーズ』だというのは、伝説に過ぎない。

アメリカの男性アイドルたち

ルイ・
アームストロング
1919〜71年

ビング・
クロスビー
1926〜77年

ハンク・
ウィリアムズ
1937〜52年

エルヴィス・
プレスリー
1954〜77年

ボブ・ディラン
1959年〜

ファッツ・
ウォーラー
1922〜43年

フランク・
シナトラ
1935〜97年

チャック・ベリー
1955〜2017年

バディ・ホリー
1956〜59年

ブルース・スプリング
スティーン
1972年〜

出所：『Wikipedia』、『Google Chrome』、『Microsoft Edge』、『bing』などの画像ファイルより引用

ライヴで歌詞が完全に飛んでしまうのは、よくあることだ。そんなとき、呆然と突っ立ているわけにもいかない。間を持たせるために楽器の音マネをしたり、こんな歌詞だったんじゃないかという程度の音をあまりはっきり発音せずにごまかして歌うのは、ライヴで歌う連中には必要不可欠のテクニックだった。

1911年にはアル・ジョルソンが『ザット・ホーンティング・メロディー（あの耳にこびりつくメロディー）』という曲でスキャットを交えたレコードを出している。ただ、これをジャズヴォーカルのスタイルとして確立したのが男性でルイ・アームストロング、女性でエラ・フィッツジェラルドだったのは、まちがいのない事実だ。

その下のファッツ・ウォーラーはピアノからパイプオルガンまで鍵盤楽器なら何でも弾

きこなし、コメディでの間の取り方もしろうと芸の域を脱していた。もうひとつルイになくてファッツにあったものが、作曲の才能だ。『エイント・ミスビヘイヴィン（浮気はやめた）』のようなコミカルなラヴソングから、『ブラック・アンド・ブルー』のようなシリアスに人種差別を糾弾するプロテストソング、そして『ジターバグ・ワルツ』のような流麗なインストゥルメンタルと、なんでもござれの万能ぶりだ。ルイ・アームストロングの数多くのレコード中で生前に最多枚数を売上げていたのも、『エイント・ミスビヘイヴィン』だった。

ベルターとは反対に、柔らかな音で聴衆を包みこむような歌い方をするクルーナーの先駆者のひとりが、左から2列目上のビング・クロスビーだ。スタンダードナンバーの中でも最高傑作のひとつ『スターダスト』を長いヴァースから、2コーラスたっぷり歌い上げた1939年録音のデッカ盤はすばらしい。また世界一よく歌われているクリスマスソング『ホワイト・クリスマス』も、ビングの歌でないと気分が出ないという人が多い。

ただポール・ホワイトマン楽団で男性コーラストリオ、リズムボーイズの一員としてスキャットを歌っているところを聴くと、3人とも白人でお世辞にもうまいとは言えないのだが、その中でも最低の出来だ。ようするにジャズのセンスはまったくなかった。

その下のフランク・シナトラは、クルーニングにジャズのセンスを盛りこんだ人と言っていいだろう。ビッグバンドリーダーたちの中でトロンボーン奏者としてはピカ一だったトミー・ドーシー楽団のヴォーカルコーラスから出発したのだが、ドーシーの息継ぎのタイミングから、スタンダードナンバーをジャズとして歌いこなす技術を学んだ。独立して最初のヒット曲が、『アイル・ビー・シーイング・ユー』だった。なおこの曲には『お会いしたい』という間抜けな邦題が付いているが、「どんなに遠く離れていても、僕は君だけを見ているよ」という内容の歌だ。

まん中の列上のテンガロンハットをかぶったやさ男がハンク・ウィリアムズだ。この人、日本で言えば演歌に当たるカントリーの伝統にどっぷり浸ったシンガーソングライターというレッテル貼りのために、あまりにも過小評価されている。シンガーソングライターの難点は、他人にはどうでもいいようなことをずらずら書き綴《つづ》る、ようするにメロディーの付いた私小説みたいなものが多すぎることだ。だがハンク・ウィリアムズは小さなころから、辻音楽師として家計を支えながら鍛えられてきた。客の注文次第でどんなムードの曲でもこなせなければ、文字どおり飯の食い上げになってしまう。だからハンク・ウィリアムズの芸域は、せせこましい私小説の範囲をはるかに超えている。

『ユア・チーティング・ハート』や『コールド・コールド・ハート』のせつせつたるラヴバラードから、『ジャンバラヤ』や『セッティング・ウッズ・オン・ファイア』のにぎやかしの曲、そして『ムーヴ・イット・オン・オーヴァー（そこのけ、そこのけ）』のコミックソングと、あらゆる曲調を独特のちょっと鼻にかかった声で歌いこなした。アメリカのポピュラーソング界で作詞作曲をひとりでこなした人たちの中では、1位がアーヴィング・バーリン、2位がハンク・ウィリアムズで、3位がコール・ポーターというぐらい高く評価してもいいのではないだろうか。

コール・ポーターは母校の応援歌を書いても、カントリーソングを書いても、洒脱な都会人の歌にしかならないところを減点せざるを得ない。

まん中の列下のチャック・ベリーも、私小説ふうの狭苦しさとは無縁のシンガーソングライターだ。しかも片足をほぼ水平に前に出し、もう片足は相撲取りの蹲踞《そんきょ》の姿勢並みにひざを折って深く折り曲げた姿勢で、ぴょんぴょん飛び跳ねながら歌も歌い、ギターの曲弾きもするというサービス満点のステージをくり広げた。のちに世界中のロックグループにいちばん影響を及ぼしたのも、この人かもしれない。何しろ、ビートルズの『ロールオーヴァー・ベートーヴェン』も、ビーチ・ボーイズの『サーフィンUSA』もチャック・ベリーの曲をカバーしたものなのだ。

1950年代半ばのアメリカ国民は1953年に朝鮮戦争を負けに近い引き分けで終え、57年には人類初の人工衛星開発競争でもソ連に負けて意気消沈していた。その巨大帝国の落日を意識しはじめたアメリカ国民の上に降臨したのが、右から2列目上のエルヴィス・プレスリーだ。56年の『ハートブレイク・ホテル』、『ハウンドドッグ』、57年の『監獄ロック』と、レコードデビュー直後からヒット曲を連発した。この曲目を見ても、このころからアメリカのアイドルが歌うのは、暗くトラブルに満ちた社会に対する若者の不満や反抗になっていたことがおわかりいただけるだろう。

単品大量生産にいちばんこだわったアメリカは、エルヴィスという希有の天才アーティスト・

ショーマンが現役で活躍していた限りなんとか保っていた。彼が亡くなったあと、もちろんリッキー・ネルソンやパット・ブーンといった人工的好青年の亜流たちが取って代われるわけもなかった。そして、ポール・アンカやニール・セダカは作曲のほうに傾斜していった。

なかではまあ善戦したと言えるのが、右から2列目下のバディ・ホリーだ。デビューはエルヴィスより2年遅いだけだが、ショートカットの髪に黒縁のメガネ、びしっとスーツを着こなした若い大学助教授のようななりでロックを歌うバディ・ホリーは、『ザトル・ビー・ザ・デイ』や『ペギー・スー』がヒットとなった。惜しいことに、本格的な活動期間は丸2年ぐらいで飛行機事故によって亡くなってしまった。彼が長生きしていれば、アメリカのロックも、もう少し明るくてユーモアのセンスを感じさせるものが出ていたかもしれない。

ただ、そういう軽く明るいロックが爆発的な人気になっていたかというと、それは無理だろう。1950年代半ばにはもう、アメリカの政治経済中枢部が完全に腐食しはじめていたからだ。政治経済の腐敗は抵抗運動を呼ぶ。アメリカの場合、それがエレキギター系のロックと、アコースティックギター系のフォークソングとして出そろったのが、50年代末だった。

ピート・シーガーやウディ・ガスリーの全盛期には、残念ながらプロテストソングがポピュラーミュージックの主流となることはなかった。1930年代大不況のさなかでさえ、アメリカの政治経済中枢部は第二次世界大戦後ほど腐っていなかったから、まだいかにもアメリカのポピュラーソングという、軽く明るい曲のほうが好まれていたからだろう。

右端上のボブ・ディランがまだ無名でさまざまなジャンルの音楽に挑戦していたころ、プロテストソングが音楽の主流を占める機が熟していた。さらにボブ・ディランには、時代の潮流を読む能力があった。歌もギターもそれほどうまいわけではない。だが、とにかくヒット曲を出して有名になってカネも儲けたいと思っている時期に、たまたま反体制的なフォークソングの世界に、ソロで活躍しているアーティストがいなかった。

自分の名前をタイトルとした1962年の初アルバムには、これも自作の『ウディ・ガスリーに捧げる歌』が入っている。その中の第2コーラスは、こうなっている。

ヘイヘイ、ウディ・ガスリー、君に捧げる歌を書いたよ
みょうちくりんに年老いていく世界の歌だ
病気で、飢えていて、疲れ切って、引き裂かれている
まだ生まれ切ってもいないのに、もう死にそうな世界さ

ウディ・ガスリーの作品を代表とするフォークソングが具体的に反戦や、労働者の悲惨な生活や、巨大開発によって追い立てられる貧しい人々を歌ったのに対して、みごとなまでに抽象的な不安、不満をぶちまけている。自分たちの生活がさし迫って苦しいわけではないが、世の中はまちがっているという確信だけは持っている、比較的富裕な大学生などに受けた理由だろう。

ボブ・ディランが歌手として実績を積みはじめていたころ、すでにジョーン・バエズは「フォークソングの女王」として知られていた。メキシコ生まれだったが、スタンフォード大学で

数学・物理学で博士号を取った父親のもと、サンフランシスコ近郊のパロアルトという富裕層の多い町で厳格なクエーカー教徒として育てられた。まだ中学生のころから、反戦思想に反するから学校でやらされる空襲避難訓練には参加しないという筋金入りの活動家になっていた。ジョーン・バエズは反戦活動と歌手としての営業活動が明らかに両立しないと悟ったとき、アルバムやシングルでチャート入りを目指すような歌手であり続けるより、自分の政治的な信念に抵触しない歌を歌い続けることを選んだ。それは正解だった。

営業反体制時代にはアイドルでいられたボブ・ディランはアーティストとして、そして思想家として成長するにしたがって、詩もメロディーもつまらなくなっていった。ノーベル文学賞まで取って功成り名を遂げた今と、「カネが欲しい、名声が欲しい、女にモテたい」の一心でプロテストソングを歌っていたころと、当人にとってどちらが幸せかはわからない。

結局、男性アイドル歌手と呼べる存在は、右下のブルース・スプリングスティーンを最後に消滅する。1973年に『ニュージャージー州アシュベリーパークからの挨拶』というデビューアルバムを出したブルースは、その後かなり長いあいだ他のアーティストがカバーした曲はヒットするけど、自分で歌ったレコードは売れない状態にとどまっていた。

ブルースが本格的にブレークするのは、ベトナムに出征した元兵士の復員後があまりにもみじめなことを糾弾した『ボーン・イン・ザ・USA』と『ダンシング・イン・ザ・ダーク』というヒット2曲が入った『ボーン・イン・ザ・USA』アルバムが1984年に出たころのことだった。このブレークをもたらした要因のひとつが81年から放映を開始した、レコード会社のプロモーション用ビデオクリップを24時間放映し続ける、なんとも安上がりなテレビ局MTVが全米で注目の的となっていたことだろう。

とくに『ダンシング・イン・ザ・ダーク』のクリップは、ブルースのコンサートの最前列で、手拍子を取りながら踊っていた女の子ばかり数人のグループから、当時まだ新米モデルだったコートニー・コックス扮する女の子がブルースに手招きされてステージに上がって、ふたりで一緒に踊るという古風なシンデレラストーリー仕立てになっていた。これが受けて、少なくともその後20年間はアメリカ人の脳裏に焼き付いたイメージとなったのだ。「なぜ20年間と断定できるのか」とお尋ねだろうか?

2013年2月のスーパーボウル、つまりプロアメリカンフットボールの優勝決定戦で試合会場が停電して、35分間ゲームが中断するという珍事があった。そのときアメリカの定番クッキー、オレオがツィッターの公式アカウントで、万一の事態に備えて用意していたこういう短い宣伝クリップを流したら、当日だけで1万2000回以上リツィートされ、オレオの売上もその後激増したという。

「停電だって? 問題ないね(Power out? No problem.)」とつぶやいたのです。

リンクされている画像を見ると、暗闇にスポットライトに照らされ浮かび上がるオレオのクッキーの写真。そして以下のキャッチコピーが書かれていました。

真っ暗でもダンクすることはできるさ
YOU CAN STILL DUNK IN THE DARK（川上、43～44ページ）

オレオは黒に近い焦げ茶色のチョコレート味のクッキーで、なぜかアメリカ人はこれを牛乳に浸《ダンク》して食べるのが好きだ。それだけではなく、この広告コピーがダンス・イン・ザ・ダークと完璧に韻を踏んでいるからこそ、年に一度のお祭り騒ぎでもあり、真剣勝負でもあるスーパーボウルが中断したとんでもない事態へのいら立ちを緩和する効果があったのだ。

ただ、この曲の歌詞は、低賃金の若い労働者が毎日仕事でくたびれ切って家に帰るとくたくただが、それでも暗闇の中で踊りたいというもので、あんまりいらいらをなごませる内容ではない。もしアデールとフレッドのアステア姉弟が１９２１年のブロードウェイミュージカル『バンドワゴン』で歌い踊り、スーパーボウル停電事件のちょうど60年前である１９５３年に封切られた映画『バンドワゴン』の中でアステアがシド・チャリース相手に踊った『ダンシング・イン・ザ・ダーク』というエレガントな曲だったら、もっと鎮静効果はあったはずだ。だが、さすがにそれはあまりにも昔のことで、覚えている人はほとんどいなかっただろう。

日本とちがって、アメリカの女性アイドルたちは線が細い

女性歌手でアイドルになったのは、まず97ページの写真左端のビッグバンドの女性ヴォーカ

リストたちだった。第二次世界大戦ごろのビッグバンドは列車に乗って、あの広い大陸のあちこちを巡業していたのだが、バンドマンの中には奥さんと一緒に移動する人もあり、総勢30～40人で旅から旅の生活を続けるのはきつい。狭いところで一緒に暮らしているうちに、ややこしい人間関係のもつれも生じる。

左端中段の賢いドリス・デイは早々に、この過酷な旅回りに見切りをつけて、ハリウッドを代表するロマンチック・コメディの主演女優になった。劇中歌として『ティー・フォー・トゥー（ふたりでお茶を）』とか『ケセラセラ』とかのヒット曲も歌っているが、ハリウッドで安定した興行収入の見こめるスターになると、警備の安全保障も大変だし、とんでもない損害保険料抜きではライヴのステージにも立てない。ということで、文字どおり雲の上の人になってしまった。晩年は動物愛護というより、かなり戦闘的な動物虐待阻止活動に没頭していた。ほんとうにタフな人で、2019年に97歳で天寿をまっとうしている。

そのすぐ上のアニタ・オデイは、結局白人女性のジャズヴォーカリストとしては最高と言える人だ。たしか深刻なアルコール中毒から復帰した直後の1970年にベルリンでやったジャズ・フェスティヴァルで歌った『スウィート・ジョージア・ブラウン』は、とくに聴きものだ。あの軽快な曲を目いっぱいスローテンポで演奏しているうえに、それ以上遅れたら演奏は見切り発車しちゃうと心配になるぐらい、音符ひとつひとつをゆっくり歌っていた。しかし自伝にはバンド付き歌手だったころからすごく自己評価が低く、ヘロイン中毒、アルコール中毒も経

アメリカの女性アイドルたち

アニタ・オデイ
1941～2006年

ケイ・スター
1939～2016年

コニー・
フランシス
1943年～

マドンナ
1979年～

レディー・ガガ
2005年～

ドリス・デイ
1939～86年

ティリーザ・
ブリューワー
1949～99年

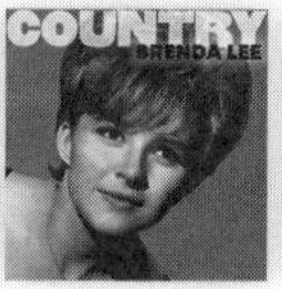

ブレンダ・リー
1955年～

ブリトニー・
スピアーズ
1996年～

テイラー・
スウィフト
2006年～

ローズマリー・
クルーニー
1946～2001年

出所：『Wikipedia』、『Google Chrome』、『Microsoft Edge』、『bing』などの画像ファイルより引用

験し、そして楽屋で妊娠中絶をせざるをえなかったことなどが書かれている。

左端下のローズマリー・クルーニーも、とくに１９５０年代後半からヒット曲が出なくなってからの私生活はきびしいものだった。かなり長期間にわたって処方薬の依存症になっていたうえに、親しい友人だったロバート・ケネディの大統領選挙遊説で応援演説をしていて、あの暗殺事件に居合わせてしまう。１ヵ月後にステージ上で倒れ、その後約８年間精神安定のための治療を受け続けた。ストレスでドカ食いをするタイプらしく、療養中に激太りしてしまい、２００２年に亡くなるしばらく前には精神的な健康を取り戻したが、体型は昔の彼女を知っている人にはショッキングなほど太ったままだった。

この3人が象徴するように、ビッグバンドの花と呼ばれた女性ソロヴォーカリストの生活は、肉体的にも精神的にもきついものだった。その肉体的なきつさはバンドから独立すれば和らいだが、精神的なきつさはドリス・デイ級のゲルマン魂でも持ち合わせていないと一生後を引くようだ。

左から2列目上のケイ・スターは、どことなく東洋的な顔立ちだが、それもそのはずで父親は先住民のイロコイ族でオクラホマ州のインディアン居留地で生まれている。バンド付きシンガーとしては最終世代に属しているが、15歳ぐらいから歌いはじめているのに、私生活が比較的平穏無事だったのは居留地に生まれ育って、精神的に強靭でなければ生きていけない環境を経験していたからではないだろうか。

ケイ・スター最大のヒット曲は『ウィール・オブ・フォーチューン』、2~3番目にヒットしたのは『ロックンロール・ワルツ』と『フップディドゥー』だろう。徐々にロックの影響がビッグバンドジャズの遺産より、重視されるようになってきた世相を反映している。

その下のティリーザ・ブリューワーは、逆にバンド付き歌手としての経験を経ずにタレントスカウト番組からプロになった最初の世代だ。何と言っても彼女のアメリカンポップスへの最大の貢献は、朝鮮戦争中の出征兵士を待つ歌の中で唯一のヒット曲『想い出のワルツ』を歌ったことだろう。「帰ってきたあなたと一緒にあの想い出のワルツを踊れるようになるまでは、だれとも踊らずに待っているわ」という内容の曲で、雪村いづみのレコードデビュー曲にもなったことでも知られている。

第二次大戦中には何十曲もあった出征兵士を待つヒット曲が、朝鮮戦争ではたった1曲、そしてベトナム戦争ではついにゼロになってしまう。ベトナム戦争も末期にさしかかっていた1973年にドーンの歌でヒットした『幸せの黄色いリボン』は、たぶんベトナムの前線から帰還する兵士のために書かれた歌だと思う。だが、おそらくは反戦活動家などによる抗議や直接行動を防ぐためなのだろうが、3年の刑期を終えて出所した男が故郷で待ってくれているかもしれない昔の恋人に、「まだ僕を受け入れてくれるなら、樫の木に黄色いリボンを結んでくれ」と呼びかける歌詞になっている。

当時の米軍で徴兵された兵士の標準兵役年限は4年だったから、微妙にずらしてある。ベトナムに出征した兵士たちの帰還に共感してくれる人はそのへんを察してくれ、そうでない人には「これはあくまでも3年の刑期を終えた男が故郷に戻る話ですよ」と言い訳できる。アメリカ国民の戦争への姿勢が、挙国一致から深刻な分断へと変わっていったことを象徴する事実だと思う。

朝鮮戦争の終結からベトナム戦争の激化までの小康状態の中でヒットを飛ばしたのが、まん中の列のコニー・フランシスとブレンダ・リーだ。上のコニー・フランシスはデビューが早かったがなかなかヒットに恵まれず、レコード会社との契約が切れる直前に父親のリクエストで歌った1920年代の曲『フーズ・ソーリー・ナウ』を1958年にカバーしてヒットした。

その後は『ヴァケイション』『ボーイハント』『カラーに口紅』とヒットを連発した。

ある意味で無給のプロデューサーでもあったコニー・フランシスの父親はイタリア系移民で、ほとんど正規教育は受けずに小さいながらも自分の企業を立ち上げた人だった。新聞を一面から最終面までていねいに読んで世界情勢に遅れないように努力を続けるという、現代アメリカの庶民はまったく捨ててしまった習慣を持っていた。コニーが人気歌手になってからも、これからは敗戦国であるドイツや日本と仲良くすることが重要だから、積極的にドイツ語や日本語の歌を歌えと勧めたそうだ。

最初のヒットとなった『フーズ・ソーリー・ナウ』以外は、軽快なテンポの明るい曲が多く、コニー・フランシスはまさにナベプロ所属の若手女性歌手たちがカバーするためにこの世に生まれてきたような、軽く明るいアメリカンポップス歌手の典型だった。そして父親の勧めで歌った外国語の歌の中でも、母語同然のイタリア語の次に歌いやすかったのは、同じように母音の多い日本語の歌詞だったと回想している。

コニー・フランシス自身が、戦前の貧しくても明るかったアメリカ社会の最後の残照のような人生を歩んでいる。軽く明るい歌がヒットしているうちにも、アメリカ社会の荒廃はどんどん進んでいた。1974年には、コニー本人がニューヨーク州ジェリコという小さな町のホテルでレイプ事件の被害者になり、管理のずさんだったホテル経営チェーンを訴えている。

また2歳年下の弟ジョージーは「いつまでたってもコニーの弟というだけの存在ではいられ

ない」と思って自分の道を進んだが、それはほとんど組織暴力団と変わらないような労働組合と、その組合とつるんだ小さな銀行とのあいだの資金の受け渡しという、いかにもヤバい仕事だった。ジョージーは、１９８１年に至近距離から銃弾を食らって暗殺された。ＦＢＩに犯人の心当たりを訊かれたコニーは「ごめんなさい、歌は仕事だけど、今日だけは歌えないわ」と答えている。ギャングたちのあいだで「歌う」とは「たれこむ」の隠語だ。密告したことがばれたら、どんな報復を受けるかわかっていたからだ。

まん中の列下のブレンダ・リーはジョージア州アトランタ出身ということもあって、カントリー系のヒット曲が多い。１９５６年にわずか11歳でレコードデビューをしたのも、ハンク・ウィリアムズ作詞作曲の『ジャンバラヤ』で、最大のヒット曲もやはりカントリーの『アイム・ソーリー』だ。カントリーの歌手は、日本の演歌歌手と似たところがあって一度ヒット曲を出すと延々とレコードを買い続けてくれるファンがつき、あまり過酷な全国公演ツアーをしないでもやっていけることが多い。今も歌手活動を続けている。

１９５０年代から60年代半ばまでは、アメリカにも日本と似た女性アイドル歌手の低年齢化傾向があった。だが第１章で見たように日本では定着したその傾向は、アメリカでは成熟したおとなの女性歌手の人気が高まる方向へと逆転した。一因は、社会問題の深刻さの差だ。

ジャニス・ジョプリンはベトナム反戦運動高揚期の１９６６年にデビューし、反戦側も対立する保守側も暴力化がピークに達した１９７０年に麻薬の大量摂取で亡くなった。たしかテキサスかどこかの田舎町で長髪のバンド仲間数人と食堂に入ったら「うちじゃ、ヒッピーは食わせねえ」と店主に言われて、「良かった。あたしもヒッピーは食べないもの」と即座に言い返したという、いかにもジャニスらしい逸話がある。彼女の短すぎた人生は、1970年代以降の表面的には対立が癒えて平穏無事な中で、アメリカの政治経済がますます腐敗していく傾向の予兆だという気がする。

右から2列目上がマドンナだ。1979年にデビューしたマドンナは「女が男によって翻弄される時代ではなく、女が自らの意志で自己実現を遂げる時代のシンボル（井上、76ページ）」であり続けている。だが彼女以降の時代を象徴する女性歌手を見渡しても、やはりアイドルと呼べるのはマドンナが最後ではないだろうか。

このへんでアメリカのアイドルたちの歴史を見ると、男でブルース・スプリングスティーンが最後、女でマドンナが最後という選択の基準をはっきりさせておきたい。たぶん「お前が自分の趣味で選んでいるだけじゃないか」と思っている方もいるだろうからだ。アメリカにSeatSmartという公演チケットの比較購入サイトがある。そこのデータ部門がいろいろ興味深い資料を公開していて、その中に1980～2014年通算の再生媒体総売上トップ7と、ツアー興行収入トップ6が出ている。どちらにも顔を出しているのは、このふたりだけだ。

ブルース・スプリングスティーンは再生媒体部門で9億3310万ドル（約1008億円）の5位、ツアー収入で12億6270万ドル（約1364億円）の4位だ。マドンナは再生媒体で9

億1800万ドル（約991億円）の6位、ツアー収入で13億7310万ドル（約1483億円）の3位だ。まさに実力伯仲というか甲乙つけがたいというか、再生媒体でもライヴツアーでも、ほぼ均等に巨額収入を稼ぎ出している。男性、女性、グループを問わず、ほかに両方のリストに顔を出しているアーティストはいない。

第6章でくわしく説明するように、このさき再生媒体の売上が20世紀末の水準に達するアーティストは、ほぼ絶対に出てこないだろう。興行収入で現在のトップクラスの2倍稼ぐアーティストが出てくる可能性も低い。だから、このふたりはアメリカ最後のアイドルたちなのだ。おまけにマドンナ以降の女性アイドル候補たちは、あまり人気が広がりそうもない。

かなり日本のアイドルに似た幼さを狙って売り出した形跡のあるブリトニー・スピアーズ（右から2列目下）は、衝動的な結婚離婚をくり返し、無免許運転で事故を起こしたり、ドラッグ依存症で療養生活に入ったりしている。右端上のレディー・ガガは、芸術性を求めるコンセプトばかりが空回りしている。右端下のテイラー・スウィフトは社会派すぎる。

社会派であること自体が悪いわけではない。とくに所属プロダクションが自分の持ち歌のメドレーでさえライヴで歌わせないという愚劣な契約条項を振りかざすことへの反抗は、大いに奨励すべきだ。これからはどんなに著名なアーティストでも、CDやｉチューンズだけで食っていくことはできないので、ライヴで自分らしいステージを務められるかどうかは死活問題だからだ。ただ民主党リベラル系にくっついて反トランプ陣営のマスコットガール化しているのは、あまりプラスにはならないだろう。アメリカの政治経済をここまで腐らせたという点では、民主党リベラル派は少なくとも共和党保守派と同罪、おそらく彼らのほうがトランプよりよっぽどあくどいことをやっているという事実を認識していないからだ。

マドンナはセックスシンボルの先祖返り

アメリカのポピュラーカルチャーの中でセックスシンボルと呼ばれてきた女性たちを並べてみると、いちばん現代的なはずのマドンナがある意味で先祖返りをしていることに気づく。次ページのポートレート集をご覧いただきたい。

左端上のソフィー・タッカーは、ジューイッシュ・レッド・ホット・ママと呼ばれた、20世紀初頭のミュージカル女優だ。左端下のエセル・ウォーターズはさや隠元《いんげん》母ちゃん（ママ・ストリングビーンズ）のあだ名で、黒人たちに熱狂的なファンの多いレヴューのスターだった。左から2列目上のメイ・ウエストは女性スタンダップ・コミック（話術だけで観客を楽しませる芸人）の先駆者だ。その下のセダ・バラはヴァンプと呼ばれる「男を狂わせる魔性の女」をはまり役としていたサイレント時代の映画スターだ。左から3列目上のクララ・ボーはサイレントからトーキーへの転換期にセダ・バラと似たような役柄を演じて、It Girlと呼ばれていた。

マリリン・モンロ―の偉業：セックスシンボルに「美女」なしの定説を打破した

ソフィー・タッカー 1903～65年 ／ メイ・ウエスト 1907～80年 ／ クララ・ボー 1921～33年 ／ マレーネ・ディートリッヒ 1919～84年 ／ キャロル・チャニング 1941～2017年 ／ ソフィア・ローレン 1950年～

エセル・ウォーターズ 1917～77年 ／ セダ・バラ 1908～26年 ／ ヘレン・ケイン 1921～58年 ／ ジーン・ハーロウ 1928～37年 ／ マリリン・モンロー 1947～62年 ／ ブリジット・バルドー 1952～73年

出所：『Wikipedia』、『Google Chrome』、『Microsoft Edge』、『bing』などの画像ファイルより引用、ただしマリリン・モンローは、ウェブサイト『The Automatic Earth』、2010年1月11日のカバーに用いられたミルトン・グリーンが1955年に撮影した「ベッドの中の女優マリリン・モンロー」より引用

クララ・ボーの下のヘレン・ケインは「ブープッピドゥー」というベビートークふうのスキャットの入った『アイ・ワナビー・ラヴド・バイ・ユー』のヒットと、初期アニメの傑作『ベティー・ブープ』シリーズでベティーの声優は彼女の声マネだということで知られている。右から3列目上のマレーネ・ディートリッヒはドイツ時代の『嘆きの天使』で一躍スターとなり、ナチス政権を嫌ってアメリカに移住してからも数多くの映画や舞台で活躍したので、ご記憶の方も多いだろう。その下のジーン・ハーロウは、クラーク・ゲイブルを誘惑する悪女役が印象に残っている。

　右から2列目上のキャロル・チャニングはセックスシンボルではないが、マリリン・モンローの歌手としての力量を再評価するために紛れこませておいた。その下のモンローはまったくちがうふたりの歌い手のヒット曲をカバーして、どちらもオリジナル以上に売れたというめったにない記録を持っている。1曲目はヘレン・ケインの歌った『アイ・ワナビー・ラヴド・バイ・ユー』であり、もう1曲はブロードウェイ版『紳士は金髪がお好き』でキャロル・チャニングが歌った『ダイヤモンドは女の最高の友達』だ。

右端の上下には、イタリアのソフィア・ローレンとフランスのブリジット・バルドーを配置した。マリリン・モンロー以外は全員、典型的な美女というより「男だったら男前」という意志の強そうな顔をしていないだろうか。とくにメイ・ウエストの場合、「あれは女性ではなくて女装をした男性だ」という疑惑がしつこく付きまとっていた。

マリリン・モンロー出現以前のアメリカ男たちは性的魅力で他人を操作したり、性そのものを快楽と感じたりする人間は男か、男っぽい女に違いないという固定観念を持っていた。だから妖婦役には眼つきが鋭く、顎《あご》が張って、意志の強そうな女優を選んでいたのだ。マドンナの容姿は、そういうアメリカ男性がモンロー出現以前に固定観念として持っていたセックスシンボル像にかなり近い。

容姿は生まれつきに左右されるところも多いが、マドンナはそうとう努力して自分の肉体を筋肉質に改造している。それで世の男たちに「あなたたちは頼りなく、か弱い女こそ魅力的だと思っているのだろうけど、私はこういう女が魅力的だと思う」と宣言しているわけだ。その結果が外見的にはモンロー以前のセックスシンボル像にとても似ているのは、ちょっと皮肉な現象ではないだろうか。またマリリン・モンローが逃げなかった人格的、あるいは知的に自分を圧倒しそうな男との関係から、マドンナはどうも逃げているように思える。

なおマドンナは『マテリアル・ガール』のプロモーションビデオで、マリリン・モンローそっくりの衣装で『ダイヤモンドは女の最高の友達』を歌って、男に隷属するセックスシンボルのイメージを再現したとして戦闘的フェミニストたちの反感を買った。これはまったくお門違いな批判だろう。

現金《げんなま》を貯めこんでいる男の子だけが
いざというときには頼りになるのよ（井上、55ページ）

というくだりが、次の『ダイヤモンドは女の最高の友達』の歌詞とそっくりなことからもおわかりいただけるように、この歌は『ダイヤモンド……』の本歌取りなのだ。本歌取りをしたら、元歌にリスペクトを表すのが、ポピュラーソングの世界の仁義だ。

株価が上がっているときはちやほやしてくれるけど
下がればあのネズミ野郎たちは奥さんのとこに帰っちゃう
だから景気のいいうちにしっかりダイヤモンドをもらっておきなさい

しかもマドンナはカネを稼いでくれる男の子を欲しがっているのに、マリリン・モンロー扮する1920年代型翔んでる女ローレライ・リーは、男なんて放っておいてダイヤモンドを欲しがれと女たちにけしかけている。コミックソングだからこそ許されることとは言え、マリリン・モンローのほうが先駆的なフェミニストだったとさえ言えるだろう。

大衆文化の三大潮流は集団化、女性の地位向上、幼児化

20世紀後半の大衆文化を通観すれば、まちがいなく確認できる3つの潮流がある。集団化、女性の地位向上、幼児化だ。このうちどれをとっても、日本は先進諸国でトップを切っている。ここでちょっと注意していただきたいが、最後の幼児化は人口統計で乳幼児の人口に占めるシェアが拡大しているということではない。

むしろ先進諸国どこを取っても、女性の合計特殊出生率が人口を同じ規模に維持できる最低水準である2・07を下回っていて、毎年出生する子どもの数は減り続けている。その中でも日本の新生児の人数はとりわけ減少率が高い。だが、この人数の減少を埋め合わせるように、少年から、青年、壮年、中年、高齢者にいたるまで、子どもっぽい人がどんどん増えている。日本は、この少年以上の人たちが幼児化する傾向において先頭に立っているという意味だ。

ふたつ目の女性の地位向上については、戦闘的フェミニスト諸姉には大いにご不満の点があるかもしれない。だが、ふつうの世帯でだれが財布のヒモを握っているかを考えれば、日本は欧米諸国に比べてもかなり昔から女性の地位が比較的高い国だったことがおわかりいただける

だろう。日本女性たちはその高い出発点から、さらに高みを目指そうと目標設定をしているわけだ。それに戦後の御三家対三人娘の系譜をこまかく論じた中でも触れたように、「好きになってもらうのが仕事」というアイドルの社会的衝撃力の点で、日本では女性軍の圧勝だ。

この三大潮流を貫く特徴があるとすれば、明るさではないだろうか。たいていの場合、人間はひとりぼっちでいるより仲間と一緒にいるときのほうが明るくなれる。そして幼児はおとなより悩みのタネが少ないから、明るいのがふつうだ。ここで、女性化が明るさにつながることには異論があるかもしれない。だが、たとえまったく同じような境遇に置かれていたとしても、「子ども（次世代）を生み育てるのは自分たちだ」という自信が女性たちに明るさをもたらしている気がする。

しかも現状では明らかに男性より女性のほうが低い地位に置かれている。それと同時に、将来もこのまま不利な立場が続くかというと、そんなことはなくて今後は平等化が進むという社会的なコンセンサスができつつある。

これは世界中の自殺率統計が歴然と示していることだが、さまざまなグループの中で「今は低い自分たちの地位が将来は向上する」と信ずることができるグループ、つまり差別から解放されつつある黒人、ヒスパニック、女性などのマイノリティグループが、いちばん自殺率が低い。逆に「今は優位にあるが、将来この有利さは失われていく」と考えているグループ、たとえばアメリカの白人男性は、将来の地位向上に絶望してしまったマイノリティグループと同様か、ときにはそれ以上に自殺率が高い。
次ページの2枚のグラフがその証拠だ。

上のグラフでは、直近で白人世帯の中で保有資産額がちょうどまん中に位置する世帯は、14万4200ドルの資産を持っていること、一方黒人世帯でまん中の資産保有額は1万1200ドルと、白人世帯中央値のわずか13分の1だということを示している。一方、下のグラフは、50~54歳と社会的に重要な地位を占めている人の多い年齢層の白人たちのあいだで、とくに高卒以下の自殺率がじわじわと高まっていることを示している。緩慢な自殺とも言うべき、薬物・アルコール中毒による死亡者数はじわじわどころか急激に上がっている。

だいたいどこの国でも自殺率は青少年と高齢者で高く、壮年から中年の人たちは低いものだ。ところがアメリカの場合、50~54歳といういわゆる分別盛りの白人のあいだで自殺率が急速に高まり、しかも学歴が低いほど急角度で上昇している。ちなみに年齢層を限らず、人種・民族系統別で男性だけを対象にまとめたアメリカにおける1999~2017年の自殺率の変化は、以下のとおりだった。

いずれも人口10万人当たりの自殺者数で表すが、ヒスパニックをのぞく白人は20・2人から28・2人へと顕著に増えている。黒人は10・5人から11・4人へ、そしてヒスパニックは10・3人から11・2人へと、もともと白人の半分程度だったうえに微増でとどまった。しかしアメ

白人世帯は黒人世帯よりはるかに大きな純資産を保有
アメリカの世帯実質純資産中央値推移、1983〜2013年

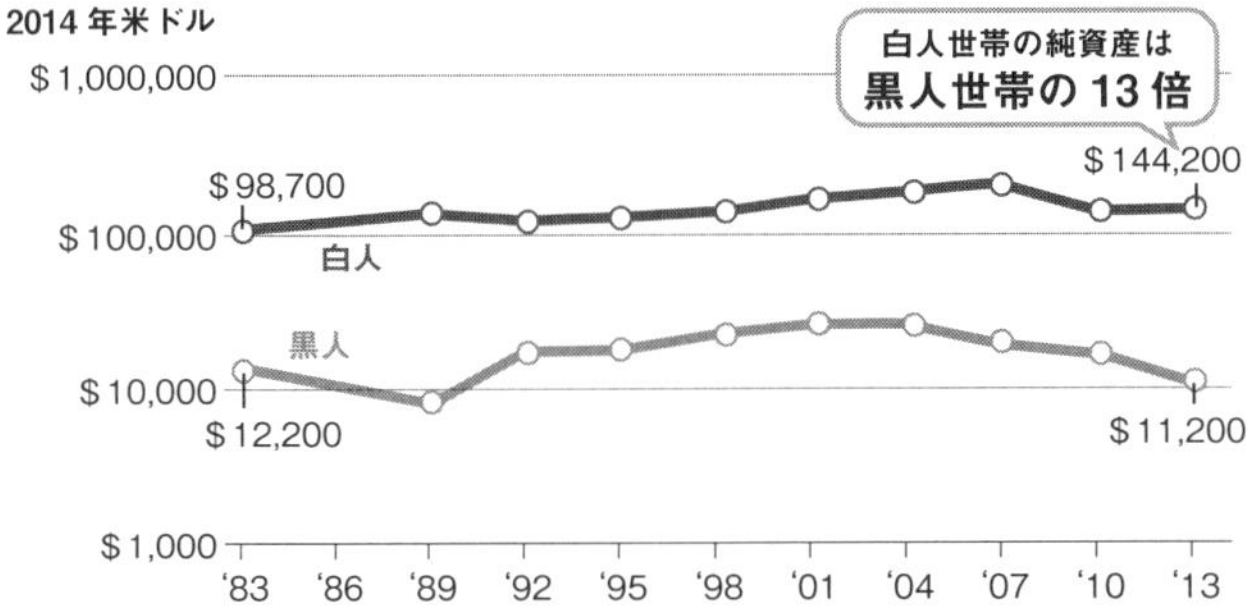

注：人種・民族は世帯主が属する人種・民族で区分。単一の人種・民族を記載した回答のみを集計し、白人、黒人はヒスパニックを除外。縦軸は対数目盛りなので、各水平線はすぐ下の水平線の10倍となっている。
原資料：連邦準備制度『消費者金融調査　公開データベース』データをPew Research Centerが作図。
出所：Pew Research Center、『Social and Demographic Trends』、2016年7月27日のエントリーより引用

50〜54歳の非ヒスパニック白人の死因・学歴別死亡率

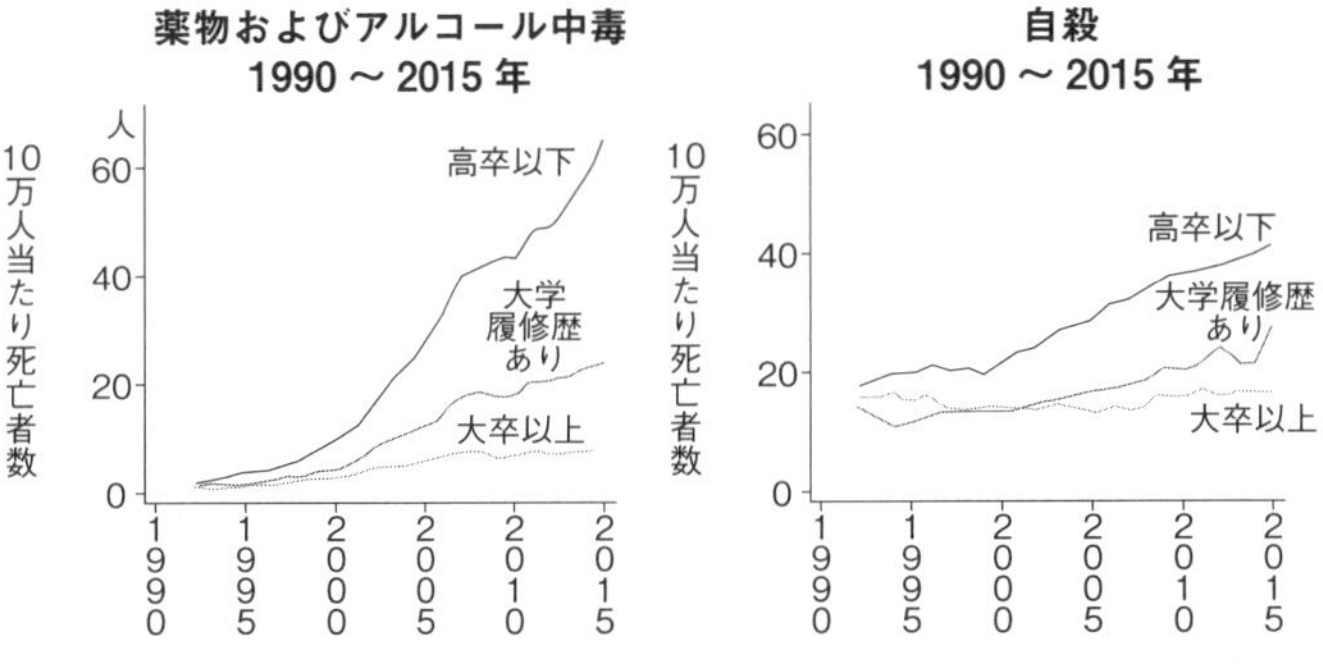

出所：Brookings Papers on Economic Activity、『Mortality and Morbidity in the 21st Century』、ともにプリンストン大学のAnne CaseとAngus Deatonの共著論文（2017年3月23〜24日のカンファレンスにて発表）より引用

ちなみに 2019 年時点での日本の自殺者数は、男性が 1 万 3937 人（人口 10 万人当り 22.7 人）、女性が 6022 人（同 9.3 人）で、合計では 1 万 9959 人（同 15.8 人）だった。つまり、全体としてもすでに 50 〜 54 歳層の白人の自殺率より低くなっている。――2020 年 1 月 17 日付日本経済新聞夕刊記事より。自殺率は、現在は優遇されているが、徐々に優位が低下すると見られる階層・人種・民族・性で高く、現在は冷遇されているが将来は地位が向上すると見られる階層・人種・民族・性で低くなる傾向がある。

リカンインディアンやアラスカ先住民は、まさに将来の地位向上に絶望してしまったマイノリティの典型で、19・8人から33・8人へと激増してしまっている。

女性の自殺率は、どのカテゴリーでも男性の3〜5分の1にとどまっている。だが黒人とヒスパニックの低さと、白人とアメリカンインディアン・アラスカ先住民の激増ぶりが目立つという構図は変わらない(アメリカ国立衛生統計センター『1999〜2013年のアメリカ自殺率統計』、2019年6月刊より)。

2019年の日本の自殺率統計を見ると、全体では人口10万人当たりで16・3人だが、男性は23・0人なのに対して女性は10・0人と、女性の自殺率は男性の半分未満に収まっている。将来に希望の持てる抑圧されたマイノリティの特徴だ。しかも日本の女性たちは、19年12月現在で総勢6475万人もの大勢力を形成している。世界中見渡しても、ほぼ均等に教育が行き渡っていて言葉が通じて、同じような文化・伝統にはぐくまれてきて結束が固い人間集団で、6000万人を超えるグループはめったにいない。

現在、中東情勢をむずかしくしている要因のひとつが、「世界最大の祖国を持たない民族」と呼ばれるクルド人の存在だ。彼らは中東、トルコ、中央アジアにかけて分散して住んでいて、統一国家を作りたいと考えているのだが、そのために自国の領土を割譲してやってもいいという国はない。そのクルド人の推定総人口は3500万人なのだ。もし日本の女性たちが、いつまで待っても自分たちの地位向上がなかなか進まないことに業を煮やしたとしよう。彼女たちが「男は排除して、女性たちだけの大和なでしこ国として独立する」と宣言したら、これを鎮圧できる権力は地上には存在しないだろう。

これだけ大きなグループが「今は地位が低いが、将来は明るい」と考えているのだ。彼女たちの将来への期待が確信に変わり、そして実現していくにつれて日本はもっともっと明るい国になっていくだろう。

アメリカ経済の長期低迷のタネは終戦直後に蒔かれていた

第二次世界大戦終結直後の戦時経済から平時経済への転換点に立っていたアメリカと日本で、その後の日米経済の趨勢を象徴するような正反対の経済法制整備が実施されていた。１９４６年には、アメリカで文言の上では「ロビイング規制法」と称しながら、実態としては贈収賄奨励法としか表現しようのない稀代の悪法が、第二次世界大戦後ほとんど初めての平時の立法措置として連邦議会を通過した。連邦議会に登録し、四半期ごとに財務諸表を開示するロビイスト団体を通じてであれば、企業や産業団体などからの政治家、政府官僚などへの贈賄を正当で合法的な政治活動と規定した法律だ。

日本のマスコミはめったに報道しないが、アメリカ社会の荒廃にはすさまじいものがある。まず民生面から列挙していこう。アルコール関連の死者数が過去20年間で倍増し、史上最高を記録した。薬物過剰摂取の犠牲者数も史上最高となった。自殺者数も史上最高で、とくに若者の自殺率が過去10年間で56％も増えた。全人口の自殺率は1999〜2016年で41％増だった。大量殺人の犠牲者数も2019年に史上最高を記録した。性病感染者数が1億1000万人に達した（アメリカ総人口のほぼ正確に3分の1だ）。性行為の対象とするための人身売買件数が世界各国で最高となった。——以上、ウェブサイト『アメリカン・ドリームの終わり』、2020年1月16日のエントリーより抜粋。

こうした弊害のもとを探っていくとたいていの場合、ロビイング規制法で事実上野放しとなった贈収賄によって有力産業の大手企業や政府自治体と結託した利権団体が、贈収賄を通じて自分たちに都合のいい立法措置や制度を創出させていることに突き当たる。

製薬会社のロビイングで麻薬同様、ときには麻薬より強い依存症形成リスクのある「アヘンもどき」を合法的な処方薬として売れる仕組みになっていることは、その典型だ。しかも製薬会社のために働いているロビイストたちは、献金のほとんどを民主党リベラル派の議員や首長などに集中している。さらに製薬産業とともにメディア産業も圧倒的に民主党リベラル派への大量献金をしているので、マスコミではめったに話題にならない。

民営化された刑務所を運営する私企業が、囚人からまさに搾り取った血液を原価の3〜4倍の利益を上乗せして転売したり、貸し出した囚人の労賃の大部分をピンハネして囚人には小遣い銭程度しか渡さなかったりするのも、ロビイングによって州政府や地方自治体の官僚を手なずけていなければできないはずだ。なかでも悲惨なのは、性行為の対象とするための人身売買だ。非合法移民についてアメリカに入国した乳幼児や、身寄りのない乳幼児を育てるための「里親産業」をアメリカ政府は積極的に支援している。だが人身売買の犠牲となる小さな子どもたちの約40％は、里親産業によって育てられた子どもたちだというのだ。

軍事面に眼を転ずると、すでに大幅に過剰な軍備をさらに拡大して軍需産業を儲けさせる以外には正当化しようがないような諸外国への軍事介入を続けて、テロやゲリラ戦を誘発している。これもまた、製薬・医療業界、電力・石油・ガス業界と並んで、軍需産業がロビイスト団体を通じてたっぷり政治献金をばらまいているからこそできることだ。次ページ上のポスターをご覧いただきたい。

このポスターは整然と区画され、広々としたオープンスペースを取った工場、オフィス、住宅群のあいだの道路を自動車が流れるように走っている情景を、いかにも堅実な生活をしていそうな若いカップルが見守っている。だがその下の第二次世界大戦以降20世紀末までと、21世紀に入ってからアメリカが関与した戦争の表は、この夢が無残に打ち砕かれたことを示している。

このポスターはいつごろ配布されたものだとお考えだろうか。Canという形式的には現在形だが、意味的には近未来を示すことが多い助動詞に引っ張られて、「今は枢軸国との総力戦で大変だが、やがてこの戦争に勝てば、平和で豊かな生活を楽しむことができる」と激励する、戦時下のアメリカ国民に向けたポスターだったと思う方が多いのではないだろうか。私もごく最近

「総力戦のあとには、総力生活が来る……」はずだった

"After total war
can come total living"

20世紀後半に米軍が参入した戦争

1950～53年	**朝鮮戦争**	(国連軍の一部としての)米軍と韓国軍対北朝鮮軍と共産中国人民解放軍
1960～1975年	**ベトナム戦争**	米軍と南ベトナム軍対北ベトナム軍と南ベトナム解放戦線
1961年	**ピッグス湾侵攻**	米軍対キューバ
1983年	グレナダ侵攻	米軍による一方的な侵攻
1989年	米軍のパナマ侵攻	米軍対パナマ
1990～91年	**第1次ペルシャ湾岸戦争**	米軍を中心とする多国籍軍対イラク軍
1995～96年	ボスニア・ヘルツェゴヴィナ内戦への介入	旧ユーゴスラビアから誕生したボスニア・ヘルツェゴヴィナの内戦に、米軍がNATOの一員として平和維持活動に参加

21世紀に米軍が参入した戦争

2001年～現在	**アフガニスタン侵攻**	アフガニスタン内部のタリバン支配下の地域でのテロを鎮圧するために米軍中心の多国籍軍が介入
2003～11年	**イラク侵攻（第2次ペルシャ湾岸戦争）**	米軍中心の有志軍対イラク
2004年～現在	パキスタン北西部戦争	米軍対パキスタン、主としてドローン攻撃
2007年～現在	ソマリアとケニア北東部	米軍中心の有志軍対アルシャバーブ民兵
2009～16年	「インド洋の盾」作戦	NATO軍対ソマリア国籍中心と推定される海賊集団
2011年	リビア侵攻	米軍中心のNATO軍対リビア軍
2011～17年	ロード派反乱軍	米軍中心の有志軍対ウガンダのロード派反乱軍
2014～17年	**米軍中心のイラクへの介入**	米軍中心の有志軍対ISIS(イラクとシリアのイスラム国)
2014年～現在	**米軍中心のシリアへの介入**	米軍中心の有志軍対アルカーイダ、ISIS、シリア政府軍
2015年～現在	**イェメン内戦**	サウジアラビア中心の同盟軍、米軍、英仏軍対フーシ派イェメン軍とその同盟軍
2015年～現在	**米軍中心のリビアへの介入**	米軍とリビア政府軍対ISIS
2020年～？	**イラン軍総司令官暗殺・イラン軍の米軍基地砲撃**	米軍対イラン、イラク・シリア内のシーア派諸勢力、レバノンのヒズボラ

出所：（上）ウェブサイト『The Automatic Earth』、2020年1月9日のエントリー、（下）『Thought Co.』、2019年5月8日改定の「American Involvement in Wars」より引用、最後の1行は著者追加

までそう思っていた。ところが、これは「ソ連による世界共産主義化の陰謀に対抗するためには、アメリカ国民の生活を世界一豊かなものにしなければならない」という冷戦時代の戦意高揚ポスターだったのだ。

思えば第二次世界大戦直後のアメリカの支配階級に属する人たちにとって、アメリカが世界最強、最大で、もっとも豊かな国であり続けることは自明の前提だったのだろう。そして彼らは、アメリカでは下層に属する人たちでさえ、西ヨーロッパや日本や、ましてやソ連の民衆と比べれば、ずっといい暮らしをして行けることも当然と考えていたはずだ。だとすれば、アメリカの政治経済社会をもうちょっと既得権益を持ったエリート層に有利で、一般大衆に不利なものにつくり変えても大した弊害はないということになる。そこで頭のいい彼らは少しずつ、アメリカの政治経済を自分たちにとって都合よく、一般大衆にしわ寄せのいくものに変えていった。

しかも国内の反対派に対しては、「平和裏の経済競争でソ連に負けないためには、多少の不満は我慢しろ」と言っておけばおとなしく引き下がるはずの、おあつらえ向きの悪役もしっかり存在感を示している。第二次世界大戦直後のアメリカのエリート層にとって、あと30年や40年はバラ色の世界が続くと思えたのも無理はなかったのかもしれない。だが世界経済情勢は、アメリカが想定していた対ソ連東欧圏の経済競争とはまったく別の場所で、急激に変化していた。

アメリカの製造業が盛り返しはじめたのは、コンピューター産業のソフト化が進んだ90年代後半になってからのことだ。狭い特定分野でニッチを確立した企業が、その狭い分野での業界スタンダードを自社にとって都合がいいように決定してしまい、後続企業の参入をほぼ完全に阻止できるようになっていたからだ。

これは、世界中の独占禁止法とか公正取引法とかがある国では、当然禁止されている競争阻害行為だ。だが、政治家や官僚への贈賄が正当で合法的な企業活動と認められているアメリカでは、この「一芸ニッチ」のガリバーたちがどんどん独占利潤を吸い上げることによって他企業、他産業全体が衰弱しながら、アップル、グーグル、マイクロソフト、フェイスブック、アマゾンだけが儲け続け、経済全体は悪くても株式市場は活況続きという状態になっている。

正反対に日本は終戦直後から経済躍進のタネを蒔いていた

もう海外の資源埋蔵地帯を武力で占領するという手段は永遠に使えないことを悟った日本では、まったく違う方向に社会全体が動き出していた。終戦直後の1947年に貴重なエネルギー資源をなるべく効率的に利用するための熱管理士（現・エネルギー管理士）という資格制度が創設されたのだ。

天然資源の大部分を購入しなければならない日本が経済の復興と発展を図るには、なるべく資源輸入量を減らしながら少ない資源を有効に利用して、品質の高い製品を造るというかたちで付加価値を高めるしかない。この認識が民間企業の中から、自然に湧き上がっていたからだ。

日本企業は、第二次大戦直後から熱管理責任者制度を創設して、エネルギー効率の改善のために地道な努力を重ねてきた。

「復興期における熱管理運動の成果は、世界最高水準の平炉燃料原単位やコークス比として結実した（小堀、131ページ）」と書かれているように、この熱管理責任者制度制定の成果が50年代前半にはすでに顕在化していたのだ。

取り立てて理論上の画期的なブレークスルーがあったわけではない。だが、1947年の熱管理責任者制度創設以降、第一次オイルショックが起きた73年までに日本中のエネルギー資源を多用する事業所に熱管理責任者が配置されて、約四半世紀にわたって地道な努力が積み重ねられてきた。原油価格の急騰で世界中の輸入国が右往左往していたころ、日本にはすでに実用化した省エネ手法や、まだ実用化はしていなかったが、もっと原油価格が上がれば実用化する意味があると期待されていた省エネ手法の蓄積があったのだ。

1965年に日本が自動車輸入を自由化した当初は、日本の自動車市場がアメリカ車に席巻されるという見方が圧倒的に優勢だった。だが大方の予想に反して、アメリカ市場が日本車の大洪水に見舞われた。その背景には業界横断的な省エネ努力の積み重ねとともに、日本の企業社会にアメリカ人経営学者エドワーズ・デミング博士の提唱する総合品質管理（TQC）が浸透していたという事実もあった。とくにトヨタグループは、日本中の大企業の中でもいち早くTQC思想を生産現場に適用していただけに、アメリカ車と比べてはるかに品質の高い自動車を低価格で提供できる準備が整っていた。

デミング博士は、「故郷に受け入れられない予言者」だった。TQC理論に対するアメリカの企業経営者たちの反応は「そんな当たり前のことを周知徹底させるために費用や時間を投ずるのはムダだ」というそっけないものだった。つまり、「適切で厳正な品質管理をすれば、生産性が上がり、企業利益も拡大するのはだれにでもわかることだ。だから有能な経営者なら、とっくの昔から実践している。いまさら品質管理専任の人間を雇うのは、スポーツで試合に出る選手より、応援するチアリーダーの訓練に注力するようなものだ」というわけだ。

いかにアメリカの経営者が生産現場から遊離した状態でモノを考えていたかがわかる。いたるところでこうした反応に遭遇し続けたデミング博士は、国勢調査の研究官という閑職に追いやられていた。そこに、日本占領軍総司令官ダグラス・マッカーサー元帥から「日本の国勢調査の精度を上げるために、来日して実地指導をしてほしい」という要請があった。

占領政策策定の基盤とすべき国勢調査の資料があまりにも不正確なことを嘆いたマッカーサーに対して、「国勢調査が正確だったら、アメリカに戦争を挑むなどという無謀なマネをしていたはずがない」と当時の日本国首相・吉田茂が言い返したという有名なエピソードがある。これは、どうやら実話らしい。

終戦の年、1945年分の国勢調査については小さなサンプルの抜き取り調査による推計値が1947(昭和22)年分として公表されたが、その内容は平均寿命が「男二十三・九歳、女三十七・五歳（田家、25ページ）」という、いくらなんでもそんなに低いわけがないしろものだった。そこで、吉田首相を通じて日本の官僚たちに国勢調査の重要性を訴える方針ではらちが明かないと思ったマッカーサーが、直接信頼できる統計学の専門家をアメリカから呼び入れることにしたというわけだ。こうして終戦直後の１９４６年から数回にわたって来日したデミング博士は、１９５０年に実施されるはずの国勢調査データの処理と、次回の国勢調査のための担当者たちの統計学的な訓練を進めた。

デミング博士はこの国勢調査の実務指導をするかたわら、年来の持論であるＴＱＣ思想の普及に乗り出した。日本の経営者や中間管理職の反応は、アメリカとは大違いだった。熱狂的と言えるほどの歓迎を受け、自分が考案した具体的なプログラムを一言一句おろそかにせず忠実に実行しようとする企業が続出したのだ。

精神論ではなく、正しい方法での努力が日本経済復興のカギだった

第二次世界大戦前の、台湾、朝鮮を植民地とし、満州国という属国を従えていたころから日本は資源小国だった。こうした植民地や属国を失い、さらに資源貧乏になった日本は、生活インフラも生産インフラも徹底的に破壊された状態だった。しかも欧米諸国からは相変わらず劣等民族と見られ、東アジア諸国からはアジア隆盛の夢を語りながら、欧米列強同様近隣諸国を

侵略した裏切り者と見られながら、焦土からの復興をなし遂げなければならないのだ。そのためには、やみくもな精神論のカラ元気だけでは絶対に不可能だということを、日本国民はよく認識していた。

そのへんの事情を、日米自動車戦争を描いた大著『覇者の驕《おご》り——自動車・男たちの産業史』の著者デイビッド・ハルバースタムがこう描いている。

日本人の経営者たちは、ほとんど病的ともいえるほど正しい事を行うことに熱意を燃やした。デミングは、もし日本人が慎重かつ正しく事を運べば、アメリカ人が五年以内に保護政策を要求せざるを得ないまでになりうるだろうと語った。日本人はそういう彼を信じることはできなかったが、デミングは真剣にそう考えていた。彼が考える限り、全ての条件はそろっていた。中でもとりわけ彼が重要だと感じていたのは、アメリカ人が基礎から離れていくいっぽうで、日本人は進んで基礎をしっかりやろうとしていることだった。（ハルバースタム、448ページ）

また、企業経営者だけではなく一般勤労者も、非常に困難な生活環境の中でこの正しい方法の追求への熱意を共有していた。ハルバースタムは、平均的な日本の勤労者の姿に感銘を受けたドイツ人ビジネスマン、エリック・クレシュタットの回想を、こう紹介している。

日本人のだれもが大変に清潔で、来ている衣服もいつもこざっぱりしていたのが驚きであった……。日本人はいかに貧しく、家族を養うのがどんなに大変なことか、食いつない

でいくためにどれだけ苦労しているかを、彼は知っていた。また衣服もほとんど持っておらず、どんなに苦しい生活をしていたかも、彼にはよく分かっていた。それでいて、混雑した地下鉄の中で体が臭い日本人はだれ一人いないのに、彼は気がついていた。身なりの清潔を保つのに、いかに彼らが努力をしているのだろうかと思いやりながら、クレシュタットは、苦しみを背負いつつも、それを当たり前のこととして受け入れている日本人のストイックな姿を、しっかりと自分の胸に刻み込んだ。（ハルバースタム、４２１〜４２２ページ）

祖国に受け入れられなかった孤独な予言者エドワーズ・デミングの言葉どおり、日米自動車戦争は日本車の圧勝となった。この大番狂わせをもたらしたふたつの要因、熱管理士制度を通じた省エネ技術の蓄積と、ＴＱＣ運動による生産現場工程の効率化を比べると、日米それぞれの社会が基本的に違う成り立ちを持っていることがわかる。

ＴＱＣは当初、なかなか本国で価値を認められなかったが、一流大学できちんと研究者としての素養を積んだ学者が提唱して始まった現場効率の改善努力だった。一方、熱管理士制度は特定の偉大な技術者や経営学者が旗を振って指導した結果でき上ったものではない。ごくふつうの実務家たちがそれぞれ自分の職場で悩んでいたことを持ち寄って、業界横断的な制度へと練り上げていった。日本は知的エリート同士の比較では欧米に勝てないが、一般大衆同士の比較では欧米よりはるかに優れていることを象徴する話ではないだろうか。

資源大量投入による規模の経済で世界を圧倒していたアメリカ経済を、１９５０年代からじりじりと追い詰めていったのは、資源小国であるからこそエネルギー効率の良い省エネ経営をしなければ生き延びる道がなかった日本経済だった。目覚ましい復興を遂げた日本企業、そして戦後誕生した日本の新興企業は、欧米諸国の老舗大企業から着々と市場シェアを奪っていった。

そして1960年代半ばまではひたひたと欧米諸国に浸透する程度だった日本製品が、60年代後半には怒涛の進撃をくり広げる。とくに利権集団化して生産効率を向上させる努力がおろそかになり、日本企業に負けはじめていたアメリカ企業は「日本脅威論」を唱え、政治家や官僚への圧力によって劣勢を挽回しようとする。その意味では、アメリカでも当初は「日本など真剣に競争しなければならない相手ではない」とタカをくくっていたエリートより、早くから日本の繊維製品やトランジスタラジオの不買運動を行っていた大衆のほうが国際経済を突き動かす原動力を理解していた、あるいは理解はできなくても体感していたと言える。

第3章

アイドル不毛の地に現れたグループ、ビートルズ

ボーイズ、ブラザーズ、コミックバンドのアイドルたち

マルクス・ブラザーズ
1905〜49年

スパイク・ジョーンズとシティスリッカーズ
1942〜61年

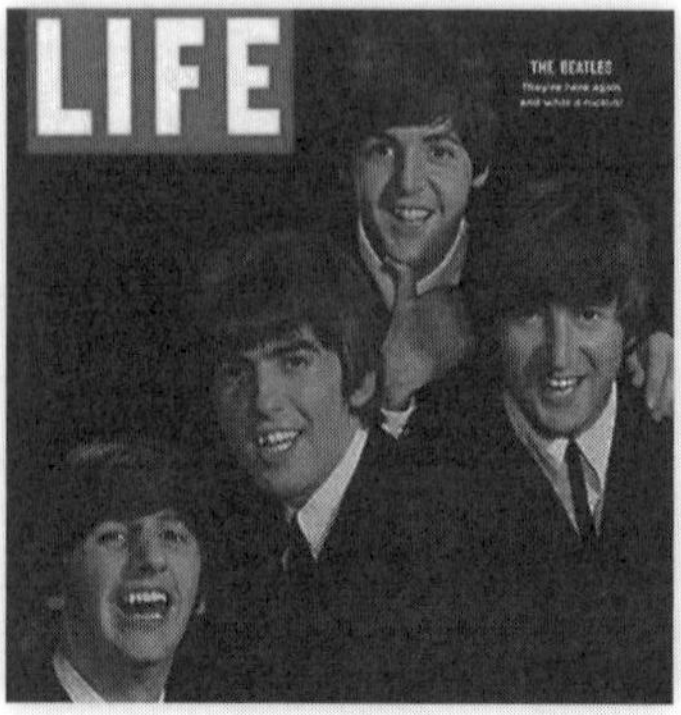

ザ・ビートルズ
1960〜70年

ザ・モンキーズ
1966〜71年

川田晴久とあきれたぼういず
1937〜39年

ハナ肇とクレージーキャッツ
1955〜93年

ザ・ドリフターズ
1956年〜

アメリカ以上にアイドルの生まれにくいヨーロッパ

フランスではシルヴィー・バルタン、フランス・ギャル、イタリアではジリオラ・チンクエッティの活躍した1960年代までに国民的アイドルの時代は終わった。言語圏としてフランス語もイタリア語も、英語圏ほどのファン層を確保できなかったことが最大の理由だろう。

しかしヨーロッパにおけるアイドル歌手の不在は、たんなる言語圏としての市場規模の問題ではない。日本語で言うイギリス、すなわち大英帝国（正確には大ブリテンおよび北アイルランド連合王国）内でソロとして稼げるアイドルが出てきたのは、マーケットとしてはさらに小さいはずのウェールズのトム・ジョーンズやペトゥラ・クラーク、そしてケルト系民謡を歌う姉妹グループから出発したアイルランドのエンヤだけと言える皮肉な事実だ。

イングランドは、日本で言えば本州に当たるブリテン島南半分の大部分を占めている。北半分はスコットランドだ。だが南西の端には上嘴《くちばし》が丸くて厚く、下嘴が細長い鳥の口先のような部分がある。丸っこい上のほうがウェールズで、細くとがった下のほうがコーンウォール地方だ。コーンウォール地方の住民はイングランド人とほとんど変わらない生活習慣や文化を持っているが、ウェールズの住民はイングランドよりアイルランドに近い習慣や文化を持っている。アイルランド人も、ウェールズ人も、非常に歌を歌うことが好きだ。

イングランドに人気歌手や国民が広く口ずさむ歌がなかったかというと、そんなことはない。19世紀末に作詞家ギルバートと作曲家サリヴァンのコンビでつくった1ダース余りのオペレッタは、ほとんど駄作がない。なかでも日本を戯画化した東洋的な君主国を舞台に演じられる『ミカド』は上演回数600回を超える大ヒットとなった。また1920〜50年代には作詞・作曲・脚本・演出をひとりでこなす才人ノエル・カワードがとくにガートルード・ローレンスを相手役にした舞台劇にちりばめた名曲は、長く歌い継がれている。

だが第二次世界大戦後のイギリスには、なぜかトップスターと呼べるような歌手が育たない雰囲気があった。大戦勃発直前にとてもロマンチックな『バークレイ・スクエアでナイチンゲールが歌った』という曲を歌っていた女性歌手のヴェラ・リンは、『ウィール・ミート・アゲイン』『ドーヴァーの白い崖』『世界中にまた灯がともるとき』とかの出征兵士を励ます歌専門の「愛国歌のおばさん」ふうになってしまい、レバノン系の南アフリカ人として育って苦労してロンドンで男性歌手のトップになったアル・ボーリーは、1941年のナチスドイツ空軍によるロンドン空襲で亡くなってしまっていた。

その後は、古き良きスタンダードを歌う歌手たちと、アメリカから入ってきたビッグバンドジャズやロックやフォークやカントリーのコピーをするバンドが細々とライヴシーンを維持してきた感じだった。1958年に『ムーヴ・イット』でクリフ・リチャードがイギリス人初のヒットを飛ばしたロックンローラーとして認知されてから、少しずつ自分たちのオリジナル曲をつくろうとするバンドが増えていたのは事実だが。

沈滞ムードのイギリスに突然スターが続出した

しかしクリフ・リチャードのアメリカ侵攻作戦はみごとにこけ、また停滞感が漂いはじめた1960年代半ばに、突然沈滞ムードを吹き飛ばすようなふたりの歌手とひとつのグループが登場した。ひとつのグループはもちろん、ビートルズだ。1963年1月に2枚目のシングル盤『プリーズ・プリーズ・ミー』がヒットチャートで1位になってから、4月以降は『フロム・ミー・トゥー・ユー』『シー・ラヴズ・ユー』『抱きしめたい』と年末まで1位を独占し続ける快挙をなし遂げた。

イングランド生まれだが母親がウェールズ人の女性歌手ペトゥラ・クラークの歌った『恋のダウンタウン』が、なんと1964年に全米1位になる。ウッディ・アレンが脚本を書き出演もした65年の映画『何かいいことないか子猫チャン』の同名主題歌を歌ったウェールズ人トム・ジョーンズもブレークした。『恋のダウンタウン』はさびしい人間を陽気に励ますポピュラーソングの王道を行く古風な曲だし、トム・ジョーンズは良識派のおとなたちに「腰付きが下品だ」とか批判されたことまでふくめて、やっぱりエルヴィス・プレスリーの亜流でしかなかった。

いま考えると、このふたりの人気歌手誕生より先に、明らかにリズムもハーモニーも斬新なビートルズのヒット曲が速射砲のようにくり出されていたのは、ほんとうに奇跡のような気がする。この4人組が世界中のポピュラーミュージックを、もう絶対に後戻りできない方向に変えてしまったと評価するのは、実際にその後何が起きたかを知っているからこそ言えることだ。当時は、プロデューサーのブライアン・エプスタインや最初のビートルズ映画2本を監督したリチャード・レスターでさえ、この4人をどう扱っていいか、わからなかったのではないだろうか。

そこで、私は読者の皆さんの大半が無理だと思われそうな歴史の読み替えを提唱したい。つまり個人主義が徹底した欧米の中で、ほとんど唯一集団のままで英雄であることが許されたコメディアンやコミックバンドの伝統の中にビートルズを位置づけようというのだ。アイドルとしてのコーラス・グループは、ビートルズが出現するまで欧米には存在しなかった。あえて探せば、第二次世界大戦中のジ・アンドリューズ・シスターズがそれに近い人気歌手グループだっただろう。

世界中の交戦地域にアメリカ兵が進出して、明日まで生き延びるかどうかわからないという切羽詰まった時代だった。この環境下で、ラジオさえ受信できれば母国の雰囲気に浸れるという特殊事情なしに、彼女たちがあれほど熱狂的な人気を獲得できたかどうかには疑問が残る。実際に1939～45年、つまり第二次大戦中はビルボードで首位が少なくとも1枚、トップ10入りした曲が5～6枚というペースだったのが、1946～55年となると、たまに首位をとっても、年間トップ10入りはせいぜい2〜3枚というペースに落ちてしまう。

笑いの世界では集団的ヒーローの存在が許されていた

個人主義の徹底した欧米では、ショービジネスでも分野ごとに一生、だれがいちばんかという競争の中で暮らすことが多い。表面的には優雅に、そして仲良さそうにペアで踊っているダンスの世界でさえ、お互いのパートナーのことを「あいつがいちばんのライバルだ」と思っていたりする。ところがコメディアンあるいはコミックバンドの世界では、欧米にも連綿とみんなが仲良くアイドルだという連中が存在していた。ここで、この章の冒頭に使った写真とアルバムジャケット集をご覧いただきたい。

左上がコメディの世界を画期的に革新したマルクス・ブラザーズだ。いちばん上が長男のチコ、イタリアの片田舎から出てきたチンケなペテン師で、自分ではずる賢く立ち回っているつもりで簡単に騙されてしまう、お人よしというキャラだ。2番目が次男のハーポ、地球人の常識を超えたような立ち居振る舞いでシュールな笑いを巻き起こすが、舞台や映画では一言もセリフを言わない。音を出す必要があるときは指笛を吹いたり、クラクションを鳴らしたり、ハープを弾いたりする。

3番目はだれに対しても相手をけなす辛辣《しんらつ》な嫌味を言わずにはいられない三男のグラウチョ。

そして、いちばん下は四男のゼッポだが、おいしい役どころは全部兄貴たちにとられてしまったので、スポットライトを浴びる世界からは早々に足を洗ってエージェントに転業した。こちらの世界ではけっこう辣腕《らつわん》を揮ったらしい。

しゃべりだけでも、粗野な民衆ふうとお高くとまったエセ知識人ふう、そしてハーポ中心のサイト（身振り）ギャグとが混然一体となって、マルクス・ブラザーズはたしかにコメディの世界を大きく変えた。マルクス＝エンゲルスのデュオよりはるかに巧妙に。「外見はずいぶん違って見えるが、血を分けた兄弟だったから3人全部の気が合ったのだろう」とお考えの方もいるかもしれない。だが一般論としてアメリカのファミリーアクト（家族でのタレント稼業）は、うまくいかないどころかトラウマを生むことが多い。この点については、第5章で考察する。

そもそもコメディが欧米のショービジネスでは、珍しくふたり以上の人間が対等に張り合うことを許す世界だったからこそ、マルクス・ブラザーズの中でもはげしい人格的衝突も起きずに済んだのだろうと思う。ただ、それでも欧米の喜劇の世界では、明らかに集団性にも狭い枠がある。デュオは、アメリカならアボットとコステロ、ビング・クロスビーとボブ・ホープ、ジェリー・ルイスとディーン・マーチン、チーチとチョン、エイモスとアンディ、ブルース・ブラザーズ、英米連合ならローレルとハーディーとたくさんいる。

ところが4人以上となると、ぐっと少なくなる。サイレント時代のドタバタ喜劇映画の代名詞になっているキーストン・コップスぐらいのものだろうか。イギリスの『モンティ・パイソン』

や、アメリカの『サタデイ・ナイト・ライヴ』を挙げる人もいるが、あれは明らかに番組であって、コメディ・チームではない。

キーストン・コップスはガン首だけは大勢取り揃えているが、何をやってもドジで、右往左往するだけの間抜けな警官隊を描いて、サイトギャグしか通用しないサイレント映画の世界では重宝された。だが、大げさな身振りさえできればだれでも日雇いベース《エキストラ》で採用して撮影していたので、役者の芸名どころか、人数さえ不明な集団だった。ようするに現代の非正規・不定時労働の増加を予見したようなグループだったわけだ。

マルクス・ブラザーズと同じ3人組となると、1930年代に撮影された短編映画がテレビ用に編集され、日本でも長期間にわたって放送されていたモー＝ラリー＝カーリー主演の『三ばか大将』シリーズぐらいだろうか。日本で言えばド突き漫才ふうで頭をひっぱたいたり、目玉に指を突っこんだりのまさに「識者」の顰蹙《ひんしゅく》を買うような演技が多かった。だが、じつは歌も、踊りも、演奏もこなすコミックバンドでもあった。

アメリカのコミックバンドの最高峰は、1930～40年代に活躍したスパイク・ジョーンズとシティスリッカーズだ。この章冒頭のポートレート集の写真の右上にある4枚の小さな写真に主要メンバーが写っている。第二次世界大戦さなかの1942年に『総統の顔は相当なツラ』とでも訳すべき曲でヒットラーを徹底的に茶化したり、『ティー・フォー・トゥー』よりはるかにエレガントな名曲『カクテイル・フォー・トゥー』の冗談版がはやりすぎて、この曲の作詞家・

作曲家に死ぬまで恨まれたりと大活躍した。

酔いつぶれる寸前の客とバーテンが乾杯するたびにグラスが砕け散って、酒がこぼれ、このふたりがしゃっくりの応酬をしているうちに、となりの客にしゃっくりがうつってしまう名場面は、ユーチューブなどで公開しているビデオクリップの中でも、かなり再生回数の多いほうだろう。『マイ・オールド・フレイム』という典型的なトーチソングも彼らにかかると、いつの間にか猟奇殺人犯の告白になってしまう。トーチソングとは、報われない恋の炎が燃えつづけるたいまつを、今も心にかざしているというラヴソングのことだ。

元歌をコミックソングに変える編曲の妙といい、それぞれに適切な人材を配した多種多様なヴォーカリストたちといい、非の打ちどころがない。たとえば、4枚の中では左下に写真の出ているドゥードゥルズ・ウィーヴァーのヴォーカルだ。歌っているうちに、なんとなく音は言葉らしく聞こえるが、意味のない音節の羅列になってしまう。のちにタモリと坂田明が磨き上げたハナモゲラ語の元祖と言えるだろう。

問題は1940年代だけの主要メンバーのリストでさえ、数え上げると25人にのぼるという事実だ。べつに、コミックソングのビッグバンドをつくろうという野心があったわけではない。おいしい役どころもスパイクが独占したがるし、彼以外のメンバーのギャラも安いので、不満がたまってグループから離脱してしまうメンバーが多かったのだ。

これは、一般論としても言えることだが、どうしても欧米のバンドリーダーたちはメンバーを自分の手駒として操ろうとしすぎる。だから、バンドとしての寿命が短い。その点で、欧米ではありえない寿命の長いコミックバンドがハナ肇とクレージーキャッツ、ザ・ドリフターズというかたちで存在している。このことは決して偶然ではなく、日本のリーダーの集団主義的で我を張らない良さを象徴している。

日本のコミックバンドの草分けが、いちばん下の左側に写真を配置した川田義雄とあきれたぼういずだ。この第1期は坊屋三郎、益田喜頓、芝利英の豪華メンバーで始まったが、活動期間たった3年でリーダー以外は全部違うプロダクションに引き抜かれてしまって、後年渋い老け役になった山茶花究を加えて再出発した。その後、川田義雄とミルク・ブラザースに改編された。「地球の上に朝が来る　その裏側は夜だろう」という壮大なスケールの歌詞をキャッチコピーとして使いはじめるのは、ミルク・ブラザース時代だ。このフレーズ自体が、戦意高揚のための国策戦時歌謡『日の丸行進曲』を茶化したものだった。

戦後、川田晴久と改名してダイナブラザーズを率いて再々出発するのだが、このバンドの戦後最大の貢献は美空ひばりをプロ歌手として育てたことだろう。つまり、戦後はコミックバンド自体としてはややパンチ不足になっていた。

ほんとうに4人はアイドルだった！

まん中の段左のビートルズに話を戻すと、少なくとも出発点ではコミックバンド界の超絶アイドルだった。最初の2本の映画を監督したリチャード・レスターも、そういうつもりで撮っていた。また、ビートルズがブレークする寸前にプロデューサー役を引き受けたので、まるで平凡な美少女トリルビーを魔性の女に仕立て上げたスヴェンガリのように評価する人さえいる、ブライアン・エプスタインも、じつはビートルズをコミックバンドだと思っていたのではないだろうか。プロデューサー就任前にいちばん強く主張したのは、見た目が地味なドラマー、ピート・ベストをクビにして、天然ボケキャラのリンゴ・スターを入れることだった。

映画や歌の邦題というのは、なんとも珍妙な誤訳が多い。『ストレンジラヴ博士』が『博士の異常な愛情』になったり、『朝日屋と呼ばれる女郎宿』が『朝日の当たる家』になったりがその典型だ。だが、ビートルズの映画デビュー作『ア・ハード・デイズ・ナイト』（1964年）が『ビートルズがやってくる　ヤァ！　ヤァ！　ヤァ！』になり、第2作『ヘルプ！』が『ヘルプ！　4人はアイドル』（1965年）となったのは、大正解だったのではないだろうか。

「エレキギターの伴奏が入った曲なんて、うるさくって聞けたもんじゃない」という古いタイプの音楽ファン、映画ファンの中にも、この2作品のナンセンス活劇ふうのビデオクリップの寄せ集め的な軽いコメディタッチが好きで、いつの間にかビートルズの楽曲も好きになった人はきっといるはずだ。そういう人たちの何人かは、このべたなタイトルだからこそ見に行ったのではないかとも思う。私もそのひとりだ。

のちの彼らの偉大な功績を知ったうえで、「あのつねに新しいことに挑戦しつづけた音楽性豊かなグループを、こともあろうにコミックバンドなどとゴッチャにするのはけしからん」と主張する人は多いだろう。そしてビートルズ以降、まさに雨後のタケノコのごとく出現したロックグループの中には、ポピュラーミュージックの既成概念を根底からぶち壊す革命的な音楽観を持ったグループもいろいろある。

だから、ビートルズの存在理由が音楽革命以外のところにあったなどとは信じられないのも無理はない。だが、同じ時代の空気を吸っている中で我々が感じたのは「ああ、彼らは新しいタイプのヒーローなんだな」ということである。悲壮感だけじゃない、ユーモアのセンスのあるヒーローたちだということだった。

たとえば、初期の大ヒット曲、『プリーズ・プリーズ・ミー』だ。ロックの歌詞には同じ単語を芸もなくくり返す部分が多いので、伝統芸の職人のようなプロの作詞家にはバカにされていた。だが、この「プリーズ」という単語のくり返しは、それと同じに見えてじつは違う。もともとpleaseという単語には、他人を喜ばせるという意味と、「どうぞ」という慣用句のふたつの意味がある。だが、これはたまたま発音と綴りが一致したわけではなくて、どうぞのプリーズは、

「if you please（もしお嫌でなければ）」という慣用句の短縮形なのだ。

つまりPlease, please meのくだりは、「もしもお嫌でなければ、僕を喜ばせてくれよ」という、いかにもイギリス的な婉曲表現をロックの歌詞に使ったところに、ユーモアのセンスを感じさせる楽曲になっている。このへんも、「ああ、うるさいロックか」で食わず嫌いしていたら、ずっと知らずに生きていたという、大きな分岐点だ。

監督リチャード・レスターは、このふたつのビートルズ作品を手がけた実績によって、その後同じ軽妙なタッチで『ナック』とか『ローマで起こった奇妙な出来事』のようないい作品を何本も監督している。だが、そもそも1950年代のアメリカ人としてエンターテイメントの世界を目指しながらテレビディレクターになった時点で、もう二線級の扱いを受けていた人だとわかる。

おまけにイギリスに行ってもなかなか芽が出ず、主な監督作品は短編映画だった。渋いコメディアン、ピーター・セラーズとつくった『とんだりはねたりとまったり』（1959年）が多少注目されたが、浮沈の激しい映画界でそれから5年も経ってからやっと巡ってきたのが、なんだかよくわからん歌を歌っている若造4人組を使って「稼げる」映画をつくれという話だった。アメリカ公開を目指しながらも、失敗作に終わったときのコストを小さくするためにモノクロで撮影したエピソードにも、この映画に対する制作会社側の期待度の低さが出ている。

ダメ押しとして、アメリカでアイドルとしてビートルズに対抗できたのは、テレビ番組用にオーディションを経て結成された純度100％の人工的アイドル・グループ、モンキーズ（まん中の段右）だけだったのは象徴的な事実だ。結局、コーラス・グループとしては『デイドリーム・ビリーヴァー』だけの一発屋で終わったが、テレビドラマシリーズは、リチャード・レスター映画の水割り版のようなかたちでけっこう長続きした。これもまた、アメリカのテレビ界がビートルズの対抗馬を育てようとしたときに、どこを重視したかを示している。

高度経済成長を支えた行進曲はクレージー節だった

結局のところ、下段まん中のハナ肇とクレージーキャッツや下段右のザ・ドリフターズのような長寿の人気コミックバンドが出ているのは、日本だけだ。戦後日本経済史を語るうえで、とくに社会学的な視点から語りたがる人たちのあいだで、非常に大きな誤解が付きまとっている。現代日本人は国際的に同一の設問での世論調査などの集計で「世界一やる気のない国民だ」という評価が出ていることについて、これが低成長・ゼロ成長期固有の現象であって、「モーレツ社員はどこに消えたのか？」という文脈が横行していることだ。

猛烈社員は実在したことのない虚像だ。高度経済成長を支えたメロディは、『スーダラ節』、『五万節』、『ホンダラ行進曲』、『ハイそれまでョ』、『これが男の生きる道』、つまりはハナ肇のカラ元気と、谷啓の脱力感と、植木等のじめじめした内省だった。「なんだか、ぱっとしない応援歌ばかりじゃないか。いや、応援歌のふりをして、ずっこけさせようとしているみたいだ。それではいったい、何があのすばらしい戦後復興から高度成長への活力を生んだというのか?」と思われる方も多いだろう。

ずばり、答えよう。リーダーが出しゃばりすぎず、ある程度部下に自由行動を許しつつ、締めるところは締めて、バランスを失わないことだけを心がけておくからこそ達成できた、息の長いチームワークだ。

実際に、日本の勤労者たちは1973年にNHK放送文化研究所が「現代日本人の意識構造」調査を始めて以来ほぼ一貫して、「仲間と楽しく働ける仕事」と「健康を損なう心配のない仕事」を望ましい仕事のトップ2に選んできた。そして初回(1973年)と第2回(78年)の調査では「健康」が首位だったが、第3回(83年)以降、直近の2013年までずっと「仲間」が首位を占め続けている(NHK放送文化研究所編『現代日本人の意識構造〔第八版〕』、2015年、NHKブックス)。

日本のコメディアン・グループが世界中に類例を見ないほど長寿になる傾向が顕著なのも、戦後の急速な復興と高度成長を支えた優秀な企業が続々と出現したのも、まったく同じ要因が大いに寄与している。すなわち出しゃばりすぎず、往々にして無能とさえ思えるほど頼りないリーダーたちのもとで、安定したチームワークで仕事のできる環境をつくり出してきたことだ。

ヴォーカル・グループでもその傾向はあるが、コメディアンは自我の強烈な人が多い。だから、まったく放任しておくと、舞台に立ち映画を撮りテレビに出るたびに、どっちが多く笑いを取るかの真剣勝負のオーディションみたいになって、ぎすぎすしすぎてチームがもたなくなる。かと言って、決まりきったルーティンをリーダーが押し付けるだけでは、全然笑いを取れなくなる。チームワークが壊れない程度に放任しておくのが、コミックバンドが長期にわたって笑いを取りつづける秘訣だろう。

もうひとつは、いい意味でのアマチュアリズムだ。これも『現代日本人の意識構造』によれば、「専門知識や技術を生かせる仕事」をいちばん重要な選択肢と考えた人は、一度も20％を超えたことがない。2番目の選択肢と考えた人は、ずっと11〜13％で安定している。つまり実際に専門職に就く人の比率とほぼ一致して、日本人の約5人に1人が専門を生かせることがいちばん重要だと考え、10人に1人よりやや多い人が2番目に大事だと考えているのだ。全体として専門性は、いつも3位の「失業の心配のない仕事」に続く4番目の優先順位にとどまっている。

まったくの憶測だが、もしコメディアンのあいだで同じ選択肢を選んでもらったら、初めのうちは「喜劇道に精進する」的な堅苦しい考えの「専門」重視が多かったが、最近では「仲間」重視が多くなっているだろうという気がする。「それではプロ意識が低すぎる」とお嘆きの向きもあるだろう。だが世相全体が、ジャンルを問わずしろうと芸化が進む傾向を歓迎しているのだ。

そしてコミックバンドの利点は、音楽のからまない落語、漫才、トリオ、コント集団と違って、かなり昔から笑いの取り方はしろうと芸でも許されていたことだ。

クレージーキャッツのだれひとりとして、自分たちの本業がコメディだと思ってはいなかったのではないだろうか。みんな本業はジャズコンボと思っていて、コメディはしろうと芸だという自覚があったはずだ。オリジナルメンバーで言えば、犬塚弘のベース、安田伸のサックス、石橋エータローのピアノは一流、ハナ肇のドラムスと植木等のギターはそれに近く、谷啓のトロンボーンにいたっては戦後日本のジャズ・トロンボーンの中で最高だったと思う。

彼らが何を基準にメンバーを選んでいたかがわかるのが、石橋エータローが病気療養のために長期離脱するときのエピソードだ。代わりのピアニストを選ばなければならなくなったハナ肇は、当時モダンジャズピアニスト随一の論客として恐れられていた桜井センリをどうしても引っ張り出したかった。ピアニストとして石橋エータローと同等以上なのは、彼ぐらいしかいないと思っていたからだ。だが自分で口説くのは怖いので、植木等にこのやっかいな仕事を押しつけた。植木等が例によってウジウジ悩んだ末に誘ってみたら、「おもしろそうですね。前からやりたかったんですよ」という答えで、桜井センリの加入が決まった。

楽器演奏こそ本業と思っていなかったら、とうていこんな話はなかっただろう。まだ日本社会全体も混沌としていて、１９７０年代以降のようにかっちり職能分担が分かれていなかった時代だった。そして20世紀末までかなり固定してしまったままだった本業と副業、くろうと芸としろうと芸の区別が、スターのアイドル化、アイドルの大人数化を突破口に徐々に混濁してきているのが21世紀初頭の現状だろう。

安定成長への減速にぴったりだったザ・ドリフターズ

高度成長が安定成長に移行したころに流行っていたのは、ザ・ドリフターズだった。正直なところ、１９５９～64年にフジテレビ系列で放送していた『おとなの漫画』や、61～72年に日テレ系列で放送していた『シャボン玉ホリデー』でのクレージーキャッツを見慣れた眼には、69～85年にＴＢＳ系列で放送された『8時だョ！全員集合』は、ずいぶん垢抜《あか》けないコントばかりやっている感じだった。

しかし、それはテレビでレギュラー番組を獲得する6年前の１９６３年に実質的なリーダーになったいかりや長介が、従来どおりの都会人には受けるが、あまり全国放送では視聴率を稼げない「ミュージシャンのしろうと芸」を脱するための、必死の生き残り策だった。いかりやがリーダーになった1年後に、音楽よりお笑いを重視するとともにアドリブを許さず自分が書いたとおりにコントを演じさせる姿勢に反発した音楽性の高いメンバーがいっせいに辞めて、ライバルとなるドンキーカルテットを旗揚げしていたからだ。

いかりやが想定していたとおり、寄席の演芸をテレビ中継する形式の番組へのゲスト出演中心ではコミックバンドとしての特徴を出せなかったドンキーカルテットは、徐々に人気が低下した。しかし、この身内から出た反乱軍との競争には勝ったものの、『8時だョ！』という安住の地を得るまでのドリフは、なかなか自分たちを中心とした番組が長期化せず、苦労していた。いかりやがあまりにも厳格な台本重視の姿勢を改め、ある程度メンバーたちのアドリブも認め、自前のヒット曲も出せるコミックバンドへの再転換を図る雌伏の時期が4年も続いたのだ。欧米のグループなら解散していてもおかしくない期間だ。

レギュラー番組『8時だョ!全員集合』を確保してからのドリフは、あまり知識人には評価されなかったが、日本の歌謡曲史に非常に重要な貢献をしている。戦意高揚とは無縁でむしろ軍隊生活のみじめさを強調するような替え歌として流行った、しょぼくれ戦時歌謡を掘り起こして歌い継いできたのだ。クレージーキャッツのヒット曲のほとんどを提供した青島幸男・萩原哲晶《ひろあき》のような作詞家・作曲家コンビによるオリジナルの楽曲に恵まれなかったための苦肉の策だったかもしれない。とはいえ1970年代以降、第二次世界大戦中の日本軍を美化するような風潮が徐々に高まる中で、明らかにパロディ化した軍歌や戦時歌謡を歌い続けたのは、なかなか勇気のあるスタンスだった。

2008年にやっとCD版がリリースされた『ドリフの軍歌だよ全員集合!!』に、そのうち12曲が収録されている。この中で純然たる軍歌と呼べるのは『月月火水木金金』と『加藤隼戦闘隊』だけで、あとはどこかもの悲しい戦意を喪失させるような曲が多い。原曲は『海軍小唄』と呼ばれていた『ズンドコ節』と『ツーレロ節』は、永六輔、阿久悠と並んで戦後歌謡曲の3大詩人と言えるなかにし礼が完全に1970年代の現代世相を描く歌に変身させている。

また『ドリフのピンポンパン』という楽曲は、メロディは小林亜星の『ピンポンパン体操』のままだが、３連目の後半の「はな子さん　はな子さん」で始まる４行の直前に阿久悠自身が、

むかし　むかし　トルコの国に
かわいい　かわいい　お姫さまがいました
お鼻はあぐらをかいて　下口唇がビローンチョと
たれさがっていました

の４行を書き加えていた。

ドリフはデューク・エイセスのヒットした『いい湯だな』（永六輔作詞・いずみたく作曲）もカバーして、オリジナル以上のヒットを飛ばしている。戦後歌謡曲の３大詩人すべての楽曲をレコーディングした歌い手は、案外少ないのではないだろうか。このようにドリフのコーラス・グループとしての業績は過小評価されている。ただコミックバンドとしての力量は、ドンキーカルテット組の離脱以降、かなり落ちたままだった。

たとえば、こんなシチュエーションを想像してみよう。荒井注は「体力の限界」を理由に１９７４年にドリフから離脱した。彼がもっと早くドリフからの引退の決意を固めて、志村けんというコメディアンとしての逸材で穴を埋めるのが間に合わなかったとしたら、同じキーボード奏者ということで、桜井センリの一回り年下のモダンジャズピアノ界の理論家、湊孝夫を引っ張ってくることができただろうか。いや、いかりや長介にはもう、演奏家として抜群の能

力がある人をメンバーにしたいという意識さえなかっただろう。高木ブーのウクレレ以外には、一級の演奏ができる人間がいなかったのだから。

1960年代末まではまだ混沌としていた音楽、演劇、演芸のジャンル分けは、70年代半ばにはもうすっかり固まってしまっていた。幸いなことに、現代日本にはミュージシャンとしての技量と、お笑いとをもう一度融合させることのできるグループが存在している。それが桑田佳祐とサザンオールスターズだ。だが、この点については次章で詳論しよう。

アイドル化を拒絶したロックグループに見る戦勝国の悲惨

ビートルズという超ド級のアイドル・グループを生んだイギリス本国（ほぼイングランド）に話を戻そう。のちにビートルズに改名することになるジョン・レノンとポール・マッカトニーを中心とする4人組、クォーリーメンのライヴデビューが1957年、62年にはレコードデビューを果たし、翌63年にはもう2、3枚シングル盤でチャート1位になる曲を出していた。ローリングストーンズのライヴデビューが1962年で、翌年にローリングストーンズが演奏中のクラブに、ビートルズが「敵情視察」に行ったことがある。

ローリングストーンズは、4枚組アルバムジャケット集の左上だ。

アイドルになれなかった／なりたくなかったグループたち

ザ・ローリングストーンズ
1962年〜

レッド・ツェッペリン
1968〜80年

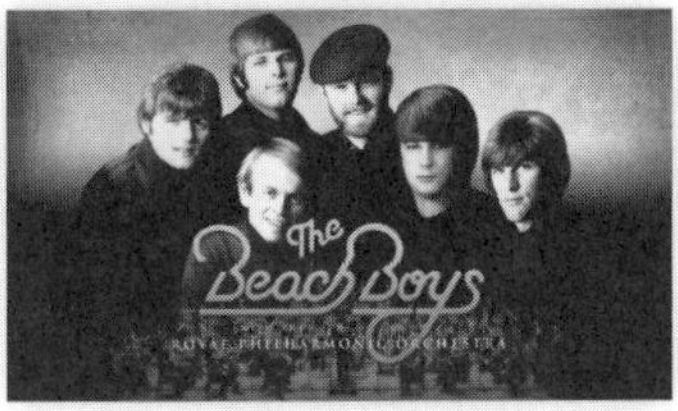

ザ・ビーチ・ボーイズ
1961年〜

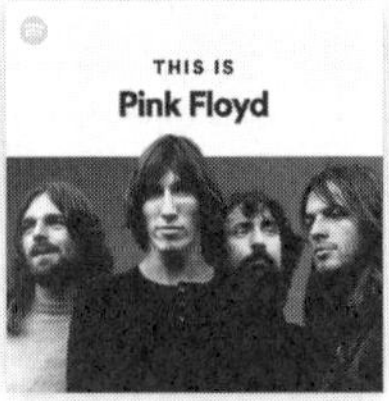

ピンク・フロイド
1965〜2014年

出所：『Wikipedia』、『Google Chrome』、『Microsoft Edge』、『bing』などの画像ファイルより引用

そのころローリングストーンズのリードヴォーカル、ミック・ジャガーは、ビートルズのことを「四つ頭の怪獣」と呼んでいたらしい。制服を着て、髪型までおそろいのマッシュルームカットにしていることを皮肉って「たとえどんなにヒット曲を連発して儲かるとしたって、俺たちにゃそんなことできねえぜ」という意味を込めていたのだろう。

その一方でリーダーのキース・リチャーズはごく最近になって当時のことを回想して、ポールに「あんたたちはリードヴォーカルが4人いたからいいよな。うちには、ずっとひとりしかいないからな」と言ったそうだ。たしかに、それぞれにヴォーカリストとしてソロの取れる人間が同じバンドに4人いるのは有利だ。もう少し枠を広げて言うと、ソロではどうしても「One Size Fits All（サイズの区別はありません）」という無理があるところを、キャラの違う3～7人でファンが仮託する理想像を分散して受け止めることができれば、それだけ大勢のファンに対するアイドルでいられる可能性が高まるわけだ。

しかしビートルズがアイドルになり、ローリングストーンズがアイドルにならなかった、あるいはなれなかった最大の理由は、やはりレコード会社やプロデューサーの「商業主義的な売り込み」にどこまで順応するかというところにありそうだ。そこにはもちろんメンバーの性格だけではなく、ビートルズの前身クォーリーメンがライヴデビューした1957年からローリングストーンズがライヴデビューする1962年までの5年間で、クラブでロックを聴きにいく連中の生活が激変していたという要因もからんでいた。

イギリスはまちがいなく第二次世界大戦戦勝国の中で、生活水準がもっとも低下した国だ。1944年に調印されたブレトンウッズ協定でイギリスの1ポンドは、なんと米ドルでは4.03ドルと評価されていた。戦後この協定に参加した日本の円が1ドル360円に固定されたので、終戦直後の1ポンドは1451円もしていた。ちなみに直近のポンドの対円レートは、142円。現状に比べて10倍以上割高だったわけだ。

そもそも第二次世界大戦後ほとんどの植民地を失うことになるイギリスに、これほど高い為替レートを維持する経済力はなかった。ポンドが過大評価されているから、イギリス国民にとって輸入品価格はなんでも安く、国産品価格はなんでも高かった。当然、どんどん輸入が増え、輸出は減ることになる。それにともなって国内の製造業各社の収益は低下し、工場労働者の人数も減少し、賃金も下がる。

しかもイギリスの場合、アメリカと違ってその差額を世界中に自国通貨のポンド紙幣をまき散らして埋めようとしても、受け取ってくれる国が少ない。米ドルで借金をすると、将来ポンドの対米ドルレートが下がった場合、返済負担が増える。だからイギリスは、戦後ずっと輸出代金でまかなえる程度の輸入しかしないようにして、貿易収支をトントンに保ってきた。輸入を我慢している分だけ、国民の生活水準が下がることになる。

それでも貿易赤字方向にぶれる基調は変わらず、ポンドの対ドルレートは１９４９年に２・80ドル、67年に２・40ドルへと切り下げが続いた。しかし、これだけ大幅な切り下げがあっても、71年のニクソンショックまで、１ポンドは日本円にすると９３６円（現状の約６・６倍）もしていたわけだ。慢性的なポンドの割高感を反映して、イギリスの輸出総額が世界の貿易総額に占めるシェアは49年の12％弱から、57年には約８％、62年には約５％に落ちこんでいった。製品輸出総額がイギリスのＧＤＰに占めるシェアも、49年の約25％から65年には20％を割りこむまでに下がっていた。

イギリスでロックを聴きに行くのは、主として若い工場労働者たちだ。これだけ輸出不振が続けば生活も苦しくなり、聴きたがる音楽も日常生活の不満をぶちまける激しい曲が増える。

だから、デビューの早かったビートルズには明るい曲調でユーモアの効いた歌詞の曲も多かったが、ローリングストーンズの曲は『何をやっても満足できねえ（I Can't Get No Satisfaction）』であり、『黒く塗れ（Paint It Black）』であり、『悪魔への共感（Sympathy for the Devil）』となるわけだ。

暗い怨念にも営業用と本心がある

以来、イギリスではさまざまなロック系のバンドが生まれてきたが、アイドルになりおおせた、あるいはアイドル視されることを拒絶しなかったのは結局、ビートルズだけだった。アイドルになることを拒絶したタイプのバンドふたつを比べてみよう。147ページ右上のレッド・ツェッペリンと右下のピンク・フロイドだ。

絶対にテレビ出演せず、シングル盤も本国イギリスでは、たった2枚しか出さなかったレッド・ツェッペリンは「ハードロックの世界でビートルズに匹敵する影響を及ぼした」と評価する人もいるバンドだ。だが私はテレビに出ないのも、シングルを出さないのも、アルバムで目いっぱい荒稼ぎする方針からだったと思う。漠然と世間に対する憤懣をぶちまけるような歌詞だって、それがいちばん当時のイギリスの若者たちに受けたという理由でやったことで、完璧な商業主義バンドとしての営業方針という印象はぬぐえない。

シングル盤でリリースしたのは『胸いっぱいの愛を（Whole Lotta Love）』と『トランプルド・アンダーフット』の2曲だが、そのうち『胸いっぱいの愛を』は1969年の発売からほんのちょっとあとで、日本語版ウィキペディアによれば「さしたる理由もなく回収された」となっている。だが、理由はちゃんとあったのだ。

この曲は、ウィリー・ディクソンというアメリカのブルースシンガーが書いて、ブルース界の大物マディー・ウォーターズが1962年にカバーしていた『You Need Love』のパクリだったからだ。その証拠に、あとからウィリー・ディクソンに訴訟を起こされて、ツェッペリン側が和解金を払って解決している。

1975年に出した『トランプルド・アンダーフット』のほうも、1936年に初期ブルース最大の巨匠と言ってもいいロバート・ジョンソンが書いた『テラプレイン・ブルース』のパクリだった。だが、こちらは原曲も古くて版権も消滅しているし、だれも騒がなかったので、そのままシングル盤で売られ続けた。

民間伝承的な要素もあるブルースは、日本で言えば和歌と同じようなもので、ひんぱんにさまざまなアーティストによって「本歌取り」されて、歌い継がれていく。だからパクったこと自体が悪いというわけではない。それなりに独自色を出していれば、「だれのどの曲にインスパイアされて書いた」とひとこと断るだけでいい。あまりにもそっくりな部分が長ければ、きちんと著作権料を払って演奏すべきだ。だがツェッペリンのリードヴォーカル、ロバート・プラントが、作詞者ということになっているドラムスのジョン・ボーナムを代弁したウィリー・ディクソンとの訴訟事件に対するコメントには聞き捨てならないものがある。意訳すればこんな感じだ。

いいかい。スタジオでもライヴでもいい。もうジミー・ペイジのギターリフ（メロディの断片の反復）は始まっている。あいつのリフは最高だ。さて、何を歌いはじめようか。ふっと頭に浮かんだ歌詞を歌ってしまったら、前に聴いたことのある曲だった。そんなことだってあるさ。それに今回はちゃんとカネも払って解決したからね。成功すれば、みんなに注目されるからばれるけど、この業界じゃだれでもやっていることだよ。

ここまで確信犯でやっているとなると、アイドルになりたがらなかったのは、みんなに注目されるとまずかったからなのかもしれない。例えば、アルバム収録曲の中にもあっちこっちから、「あれは俺の曲のパクリだ」という苦情や訴訟が殺到する心配をしなきゃならない曲が多いとか。実際に、『胸いっぱいの愛を』と『You Need Love』の歌詞を並べてみると、これはもう弁解の余地のない盗作だ。

逆にピンク・フロイドは、第二次世界大戦後のイギリスの苦悩を象徴するような絶望感の中から生まれ、メンバー間の不和が続いて何度も解散と再結成をくり返しながら徐々に衰退していった。バンド名の由来は、創設メンバーのひとりシド・バレットがたまたま持っていた2枚の古いSPレコードのブルースミュージシャンが、ピンク・アンダーソンとフロイド・カウンシルだったので、ふたりのファーストネームをつなげてピンク・フロイドにしたということになっている。だが、どちらもめったに手に入らない音源なので、これは伝説にすぎないだろう。

そのピンク・フロイドの妄想と葛藤に満ちた歴史は、まず1965年のデビュー以来、バンドを引っ張っていてグループ全体の核をなしていると言われたシド・バレットが2年ほどで強度のLSD依存症になったことから始まる。公演で裏にシンガーを配置して口パクをやらせても呆然とつっ立っているだけ。インタビューでも虚空を見つめたままどんな質問にも無反応になって、68年には離脱させるほかなかった。その後、一、二度カムバックは試みたが、ほとんど家に閉じこもったまま2006年に亡くなる。いったい、どんな心境で40年近い月日を過ごしたのだろうか。

シドのあとを受けてリーダーになったロジャー・ウォーターズは完璧主義者で、しかも非常に気むずかしい人間だった。彼は、まだ1歳にもなっていなかった1944年に出征していた父親がすさまじい激戦で悪名高いイタリアのアンツィオ攻防戦で戦死したことを、生涯トラウマとして抱えていた。ロジャーは他の3人、デイヴ・ギルモア、ニック・メイスン、リチャード・ライトとたびたび衝突し、メンバーを個別に解雇したり、一方的にバンドの解散を宣言したりしながら「世界は権力がはびこり、戦争の絶えない希望のない空間だ」という自分自身の信念に合わせた曲づくり、アルバムづくりを強引に推し進める。

結局は、他の3人がロジャーを排除した新生ピンク・フロイドを結成するが、ロジャーはこ

ことはあったが、持続的なバンドとしての活動はなかった。
日本では『狂気』というタイトルで1973年にリリースされたアルバム『Dark Side of the Moon（月の裏側）』に収録された『Brain Damage（脳機能損傷）』という曲には、ロジャーの頭の中の心象風景が、とても率直に語られている。

もしも雲がお前の頭の中で雷になって爆発し
お前の叫びは、だれにも聞こえず
お前がメンバーになっているバンドは、違う曲を演奏しはじめたら
月の裏側で逢おうぜ

同じアルバムには『カネ』という曲も入っている。

儲かるいい仕事にありつきさえすりゃあOKさ
カネは、こたえられないおいしい話さ
両手でわしづかみにして、札束の山をつくるんだ
新車、キャヴィア、四つ星の白昼夢、
それに、サッカーチームでも買おうか

おそらく、当時のイギリス国民のやり場のない暗さをいちばん正直に表現していたのが、ピンク・フロイドだろう。

ビートルズが生まれたイギリスでも、クイーンのリードヴォーカル、フレディ・マーキュリーのカリスマ的人気以外にはアイドルとしてポップス界に君臨するグループは出ていない。日本人が考えるとＵ２がまだライヴ公演を続けているじゃないかということになりそうだが、イギリス人にとってＵ２は自国のアイドルではなく、そこはかとなくどころか、濃厚にケルトの香りが漂う異国、アイルランドのグループだ。

アメリカは明るいアイドル不毛の地になった

ベンチャーズの本籍はアメリカだが、勤務先は日本と言えるほど、ＬＰ売上でもライヴでも日本市場への依存度が高かった。じつは『スター誕生！』という番組そのものをスターにした阿久悠は、その7年前に同じようなタレントスカウト番組で失敗していた。その理由は、ベンチャーズが巻き起こしたエレキギターブームを読み違えて、『世界へ飛び出せ！　ニュー・エレキ・サウンド』という番組を、しかも結果的には他局の同種の番組の後追いのかたちで始めてしまったところにあった。阿久はこう回想している。

この番組の、エレキ・バンドのコンテストに登場してくるグループも、いわゆるエレキ・インスツルメンタルで、歌はなかった。……

彼らが、何故、ザ・ビートルズを選ばず、ＰＰＭを認めず、ザ・ベンチャーズを信仰し

――たのか、今になってもわからない。(阿久1、276～277ページ)

阿久は魔法のように言葉を使いこなしていたからわからなかったのだろうが、当時のエレキおたくたちには、おそらく言葉は重荷でしかなかったはずだ。日本語の歌はハナからバカにしているが、英語の歌などむずかしいし、訳してまで理解しようとも思わない。ベンチャーズのようなインストゥルメンタルなら、気分で乗れるからありがたいということだったのだろう。ちなみにPPMとは公害物質の量を測る単位ではなく、当時の人気フォークグループ、ピーター、ポール&マリーのことだ。

言葉なんかわからなくても、かっこいい演奏をマネたい日本のエレキ少年たちの熱烈な支持は、ついにベンチャーズをアメリカでの持続的成功にも導いた。アメリカの興行界には「インストゥルメンタルだけでヴォーカルの入らない小編成のバンドは、絶対にヒットしない」という定説があって、「伝説の4人」と呼ばれたモダンジャズカルテットでさえ、この壁はなかなか破れなかった。だがベンチャーズは1960年に出した『ウォーク・ドント・ラン』がアルバムチャートの2位まで上がっただけの一発屋に終わらず、同じ曲のリメイク『ウォーク・ドント・ラン'64』も8位まで上昇し、息の長いインストゥルメンタル・グループの地位を確立した。これは大変な功績と言っていいだろう。

ただエレキ少年たちは、「歌は英語じゃなきゃカッコよくない」と思いこんでいたので、日本国内で自分たちの言葉を発見するまで時間がかかった。そのあいだ日本のポピュラーミュージックシーンは、四畳半フォークのような曲付き私小説の書き手たちや、プロの歌謡曲詩人たちにまかせっきりにしていた。功罪相半ばするというよりは、なぜもっと早くから「自分たちがふだん話している言葉でカッコいいことを歌おう」と思わなかったのか、残念でならない。

「音楽の質」的にビートルズに対抗できるようになったと自負していたビーチ・ボーイズ（ジャケット集左下）は、どんどん電子的な装飾音を駆使して2～3年スタジオにこもって「独自のサウンドを創る」という、結局アイドル的ポップス・ヴォーカルグループとしては自滅への道に先鞭《せんべん》をつけてしまった。とくにリーダーで作曲の大半を手がけていたブライアン・ウィルソンは「カリフォルニアに生まれ育ったからといって、陽に焼けてサーフィンしているだけの中身のない人間じゃないぜ」という意識が強かった。

彼はアルバム『ペット・サウンズ』とシングル『グッド・ヴァイブレーション』をリリースした1966年以降、ますます技巧と幻想にふけり、精神状態も不安定になって、結局はビーチ・ボーイズを離脱することになる。離脱後の1988年にブライアンが出したあまりにも自意識過剰な『ブライアン・ウィルソン』というタイトルのアルバムはヒットしなかった。ブライアンが抜けたビーチ・ボーイズが映画の挿入歌として軽いノリでつくった『ココモ』というシングルが久しぶりのヒットになったのは、皮肉と言えば皮肉だが、当然の結果でもあった。

大英帝国没落期の1970年代初頭、アメリカ経済も停滞に転じた

自国通貨の下落がイギリスの大衆をどんなに暗くしたかを見てきたが、アメリカは没落というほどではないにしても、1970年代初頭に完全に停滞期に入っていた。次ページの3枚組グラフが、そのへんの事情を鮮明に表している。

上段はアメリカの労働生産性と時給の伸び率を、1948～73年、1973～2013年の2つの時期に分けて比較したグラフだ。73年以降、労働生産性は伸び率こそ鈍化したが伸びつづけているのに、時給はほぼ完全に横ばいになってしまったことが一目瞭然だ。労働生産性はさまざまな国の経済発展の程度や、成長率を比較するには向いていない。だが、労賃がどの程度変化すべきかをチェックするには適している。一定量の労働力を投入したとき、どのくらい生産物が増えたかを測っているのだから、時給は労働生産性とほぼ並行して伸びて当然なのだ。

なぜ当然伸びるべき時給が1973年以降伸びなくなってしまったかを示しているのが、左下のグラフだ。ようするに、もともと所得水準が高くて、株や債券や保有資産の評価益で稼いでいる年収で上から0・1%とか、1%とかの人間の所得ばかりが順調に伸びている。彼らのところに、労働生産性の伸びで増加した生産額の大半が行ってしまったのだ。そして所得が毎

労働生産性は上がっているのに、賃金は伸びない
広がりつづける生産性と平均時給の乖離、1948〜2013年

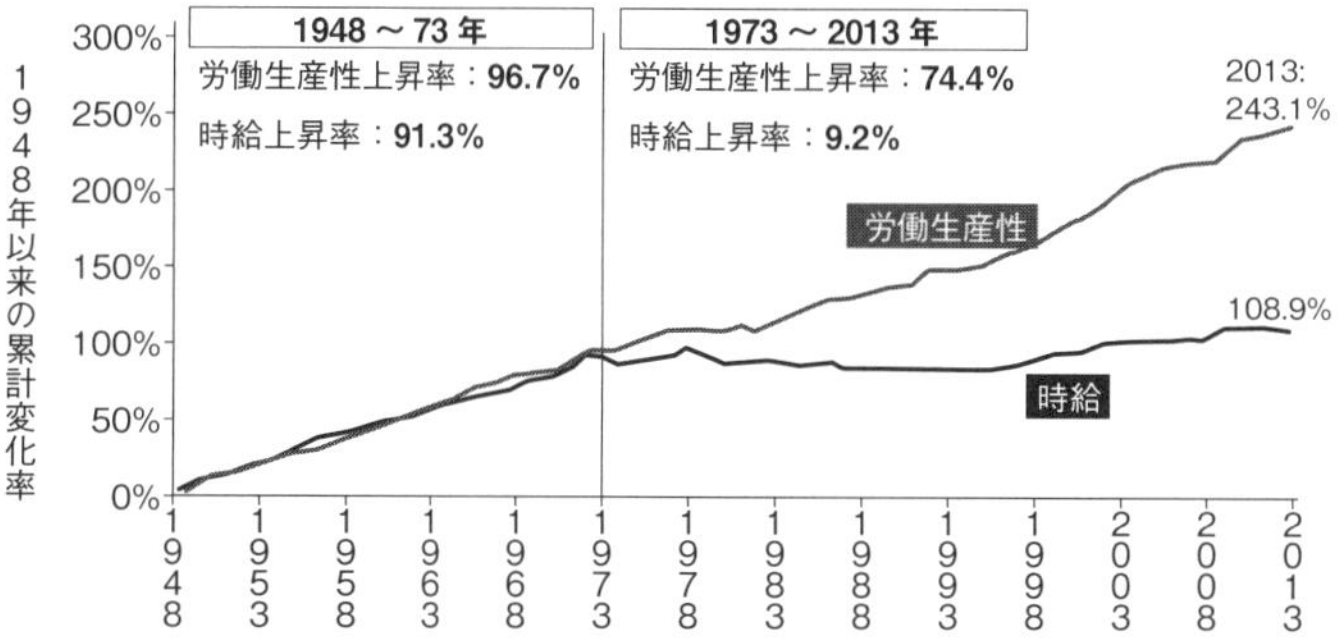

注：平均時給は、民間部門非管理職生産労働者の賃金プラス諸手当、労働生産性は投入労働時間当たりで生産された製品またはサービスマイナス減価償却費、つまり純ベースで計測している。

トップ0.1%の所得成長率はボトム90%の15倍
1979〜2017年

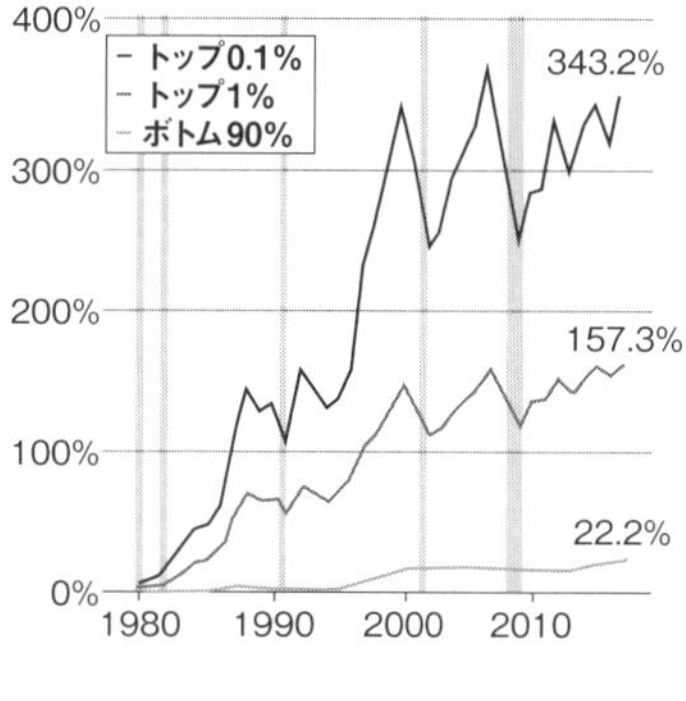

トップ1%とボトム50%総資産
1989年対2018年

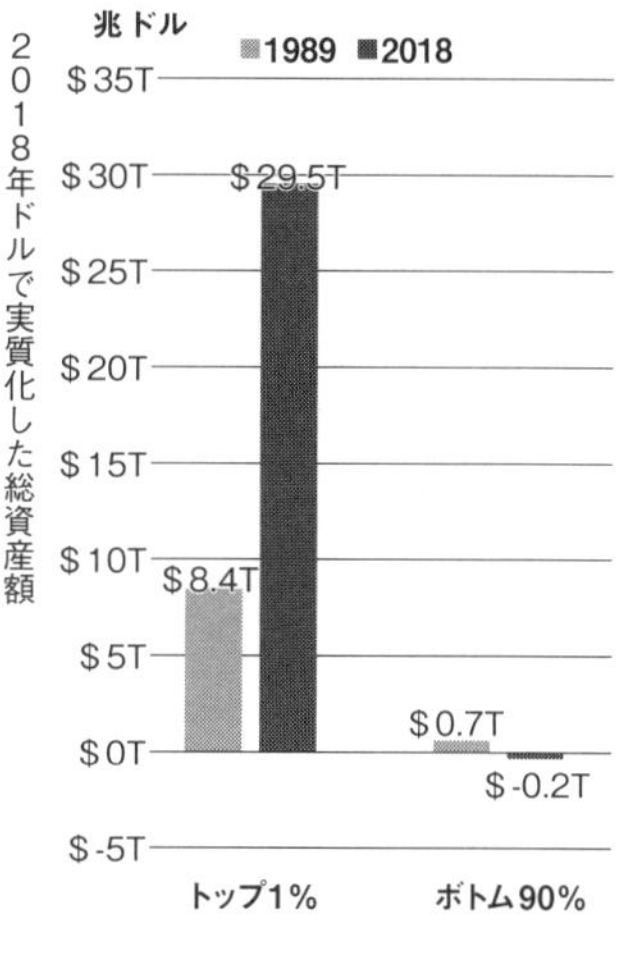

原資料：米連邦労働省労働統計局、商務省経済分析局、経済政策研究所、Awaraグループ
出所：ウェブサイト『The Saker Blog』、2020年1月16日のエントリーより引用

年勤労者に不利で資産保有者に有利に変わっていくということは、その所得を貯蓄や投資に回して積み上げる資産の保有高で言えば、この伸び率の不均衡さがもっと拡大して現れるはずだ。

右下のグラフはアメリカの1990年代以降が、まさにそういう状態になっていたことを示している。1989年には8兆4000億ドルだったトップ1％の保有資産合計額は、2018年にはじつに3・5倍の29兆5000億ドルへと増加している。一方、89年にはわずかながらも7000億ドルとプラスだった下半分の保有資産合計額は、18年には2000億ドルのマイナス、つまり債務超過に転落している。現代アメリカでは下から半分の世帯の資産合計額がマイナスなのだ！

どうしてここまで貧富の格差が拡大してしまったのだろうか。ひとつの理由は、アメリカでは競争力の高い大企業ほど、アメリカ国内より海外で稼ぐことに注力するようになったことだ。次ページの2段組グラフをご覧いただきたい。

上段は、ちょっと意味がわかりにくいタイトルになっている。だが内容はアメリカ企業が海外で稼いできた利益と、海外企業がアメリカ国内で稼いだ利益の差額のことだ。ほぼ一貫してプラスになっているということは、アメリカ企業が海外市場で儲けた金額のほうが、外国企業がアメリカ市場で儲けた金額より多いことを示している。

ただ1970年までは、この差は取るに足らないほど小さな金額だった。そして80年には

アメリカ企業の海外収益と海外企業のアメリカ国内収益の差額推移
1948〜2012年

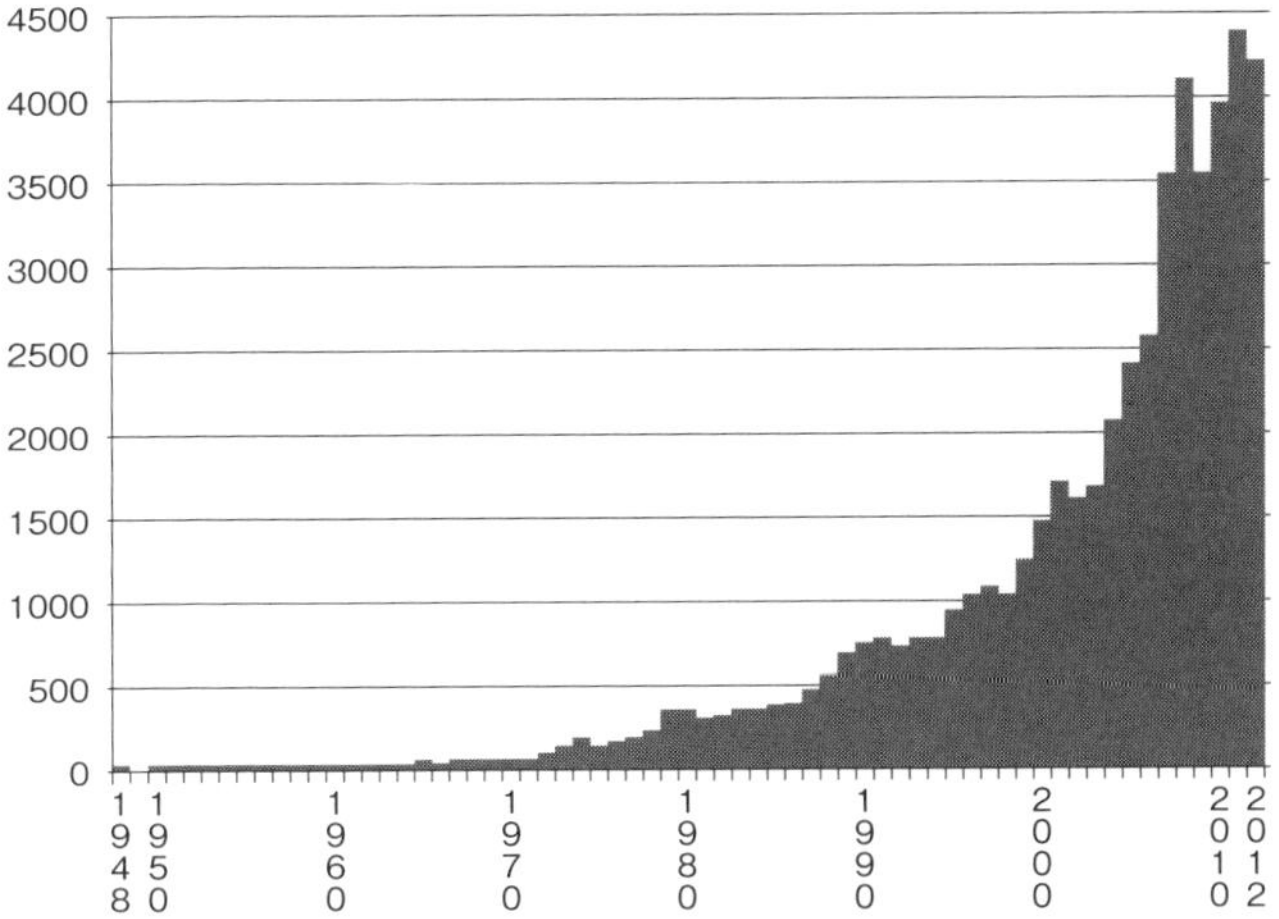

アメリカ国内企業と国民企業の利益率推移
1947〜2013年

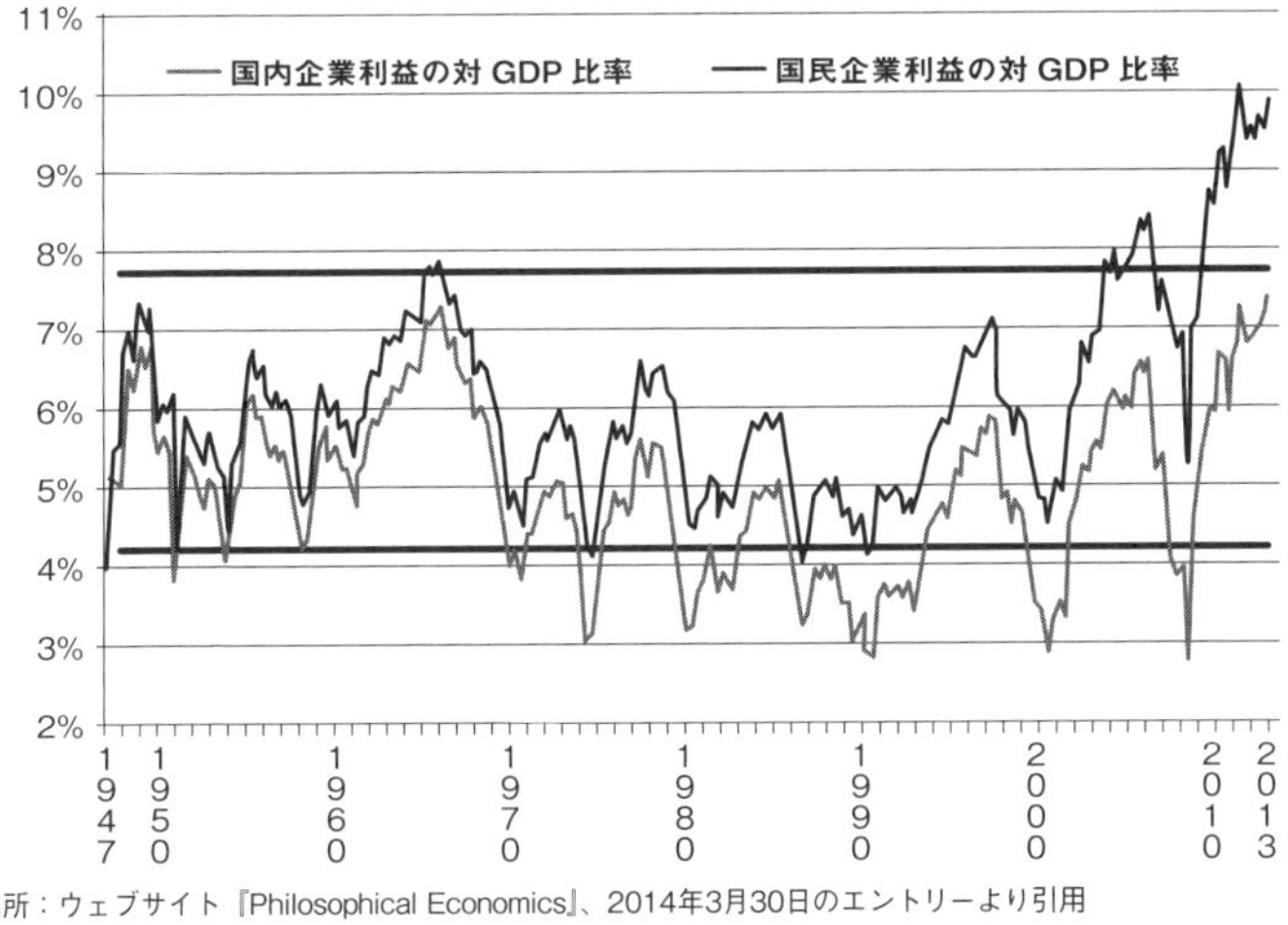

出所：ウェブサイト『Philosophical Economics』、2014年3月30日のエントリーより引用

300億ドル強、90年には約800億ドル、そして2000年には1500億ドル弱と、ここまではゆるやかな伸びだった。ところが21世紀に入ってからは伸びが急加速し、国際金融危機以降は最低でも3500億ドル、最高では4400億ドルに迫る勢いになっている。

下段は、同じことを利益総額のアメリカGDPに対する比率で示したグラフだ。国内企業というのは、アメリカ国籍だろうと外国籍だろうと、アメリカで営業活動をしている企業全体を指している。逆に国民企業というのは世界中どこで営業活動をしていても、国籍がアメリカの企業の合計を示している。国内企業も国民企業も大部分はアメリカ国籍であって、アメリカ国内だけで営業している企業が占めている。だから、このふたつのくくり方の差は、ほんの一握りの海外で営業しているアメリカ企業の海外収益分（これは国民企業利益に算入される）とアメリカ国内で営業している外国企業のアメリカ国内での収益分（これは国内企業利益に算入される）に尽きる。

そこで両者を比べると、ほぼ一貫して国民企業利益率のほうが高い。だが日本企業が破竹の快進撃で欧米市場に進出していた80年代末までは、その差がほぼ1パーセンテージポイント以内に収まっていた。しかし日本企業の海外進出の勢いが衰え、韓国、台湾、そして中国を本拠地とする企業のアメリカ進出が顕著になった90年代以降は、この差がどんどん拡大していった。具体的には、このグラフで最新の2013年にはアメリカ市場で営業している企業全体の利益率は約7・7％なのに、アメリカ企業が世界中で稼ぎ出している利益率は10％にのぼっていた。

企業利益総額は2012年以降横ばい

税引後・在庫資本損耗調整前企業総利益、1973〜2018年

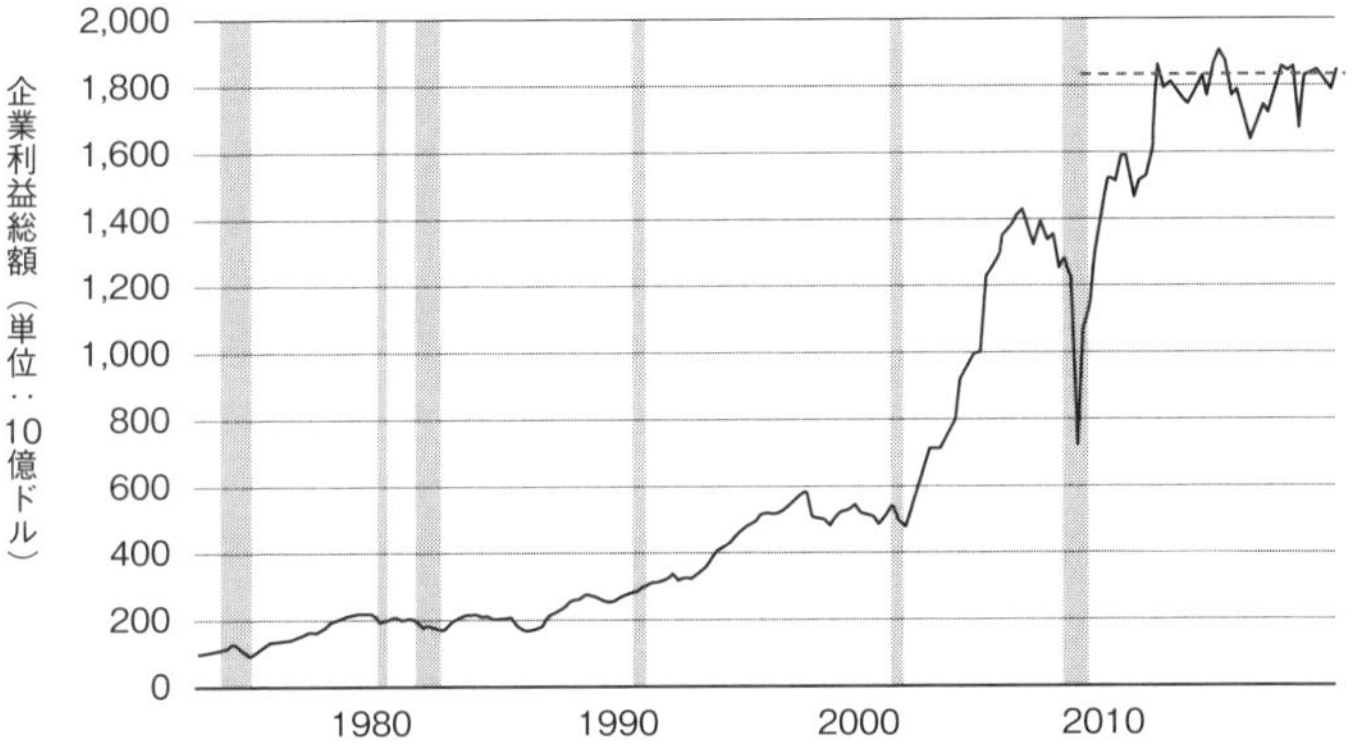

原資料：セントルイス連銀調査部
出所：ウェブサイト『Mish Talk』、2019年12月20日のエントリーより引用

つまり日本企業の欧米市場への進出は、ほとんど利益率を犠牲にしていない。その後、日本企業のアメリカ市場でのシェアがあまり伸びなくなってからアメリカ市場でのシェアを拡大した韓国・台湾・中国企業は、かなり利益率を犠牲にしてシェアを伸ばしていたのだ。そして世界市場相手に勝負できるアメリカ企業は自国内で利益率をすり減らしながら、東アジア新興諸国の企業とシェア争いをするよりは、もっと高い利益率の見こめる海外市場の比重を高めていった。当然のことながら、これはアメリカ国内の勤労者には所得や雇用の減少を意味する方向転換だった。

しかし、この方向転換による利益率拡大は、161ページのグラフの右端の2013年ごろにはもうほぼ増益効果を出し尽くしていた可能性が高い。上のグラフがそれを指し示している。

２０１１年ごろまでは急拡大していたアメリカ国内企業の利益総額が、12年から年間１兆８０００億ドル前後でほぼ横ばい状態になってしまったのだ。この時点で突然アメリカ企業の利益総額が足踏み状態になってしまった理由は、おそらくアメリカ企業にとって非常に収益性の高い国境を越えた分業システムにある。中国に重要な素材や部品を送りこんで、中国の低い労賃で組み立てや梱包をさせて、アメリカに逆輸入するという仕組みが、このころすでに需要の限界に達してしまっていたということだろう。そう考える根拠は次ページの２枚組グラフにある。

上下とも、製造業の貿易総額を製造業総産出高で割った数値を示している。上段は１９００年という19世紀最後の年から２０００年という20世紀最後の年までの推移を、１９９１年を１００とする指数表示で示してある。下段は、指数表示ではなく貿易総額の総産出高に対する比率で、直近の１９９０～２０１９年の推移を追ったものだ。貿易総額のほうが総産出高を上回っている時期があるのはおかしいとお思いの方もいるかもしれない。だが総産出高は消費者が買う製品にしろ、企業が設備投資の対象として買う製品にしろ、最終製品だけを数えている。一方、貿易総額は材料や部品の貿易もすべて足し合わせていて二重、三重の勘定となっているので、貿易総額が総産出高を上回るのは、ありえないことではない。

ただ上段を見ると、やはり日本の製造業輸出の伸びが鈍化した90年以降、貿易総額の製造業

製造業貿易総額の製造業世界総産出高に対する比率
（1991年を100とする指数表示）1971～2010年

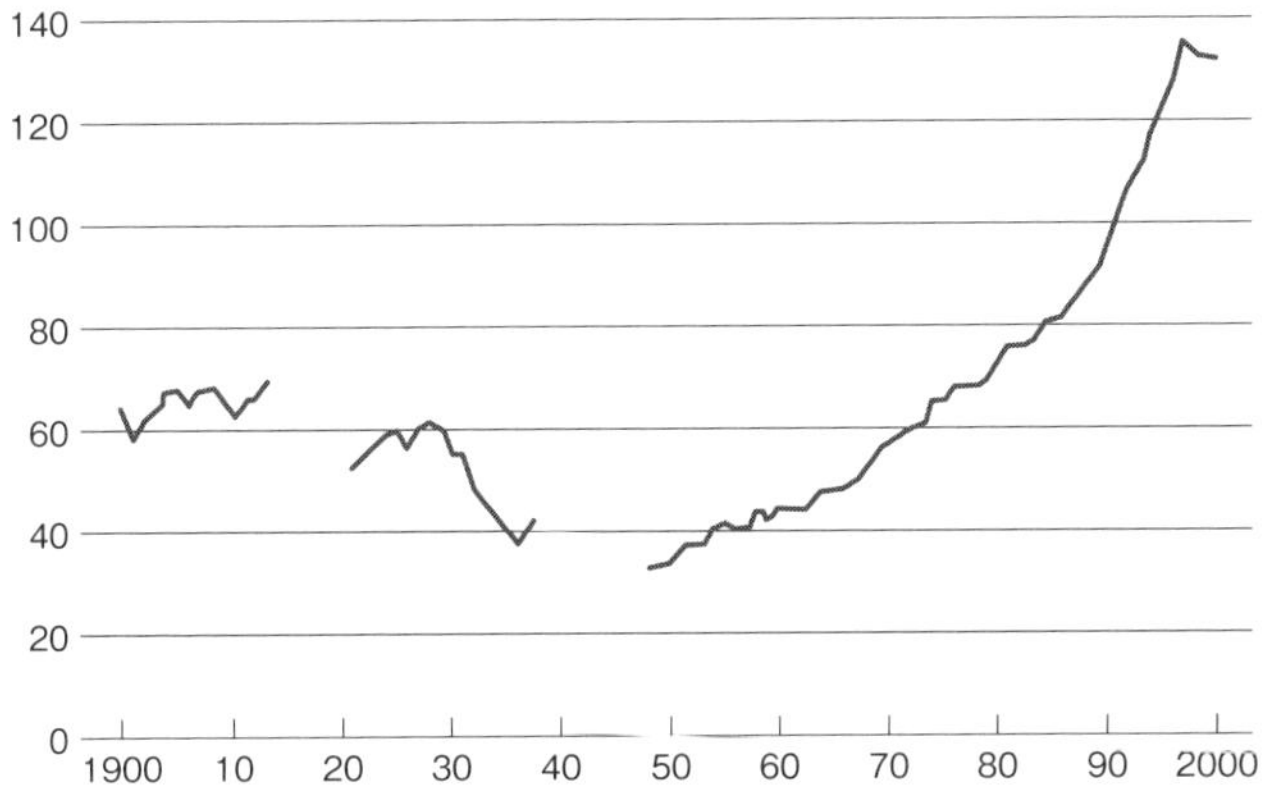

製造業貿易額／総産出高比率
（実数表示）、1990～2019年

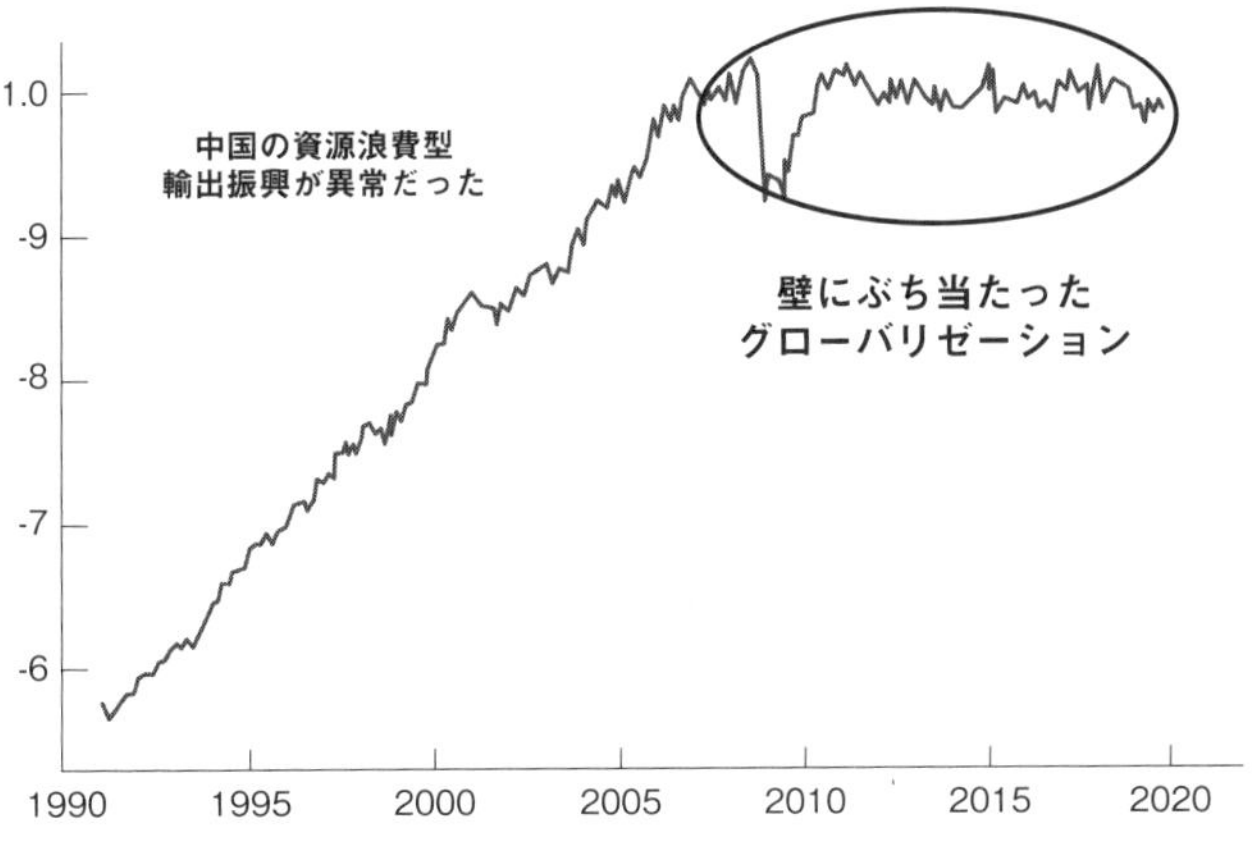

原資料：国連『統計月報』、BCOTリサーチ、ウォールストリート・ジャーナル、2019年12月16日付記事
出所：（上）イングランド銀行マーク・ディーン＝マリア・セバスティア・バリエル共著論文『なぜ世界貿易は世界製造業産出高より増えているのか？』（2004年9月24日刊）、（下）ウェブサイト『Real Investment Advice』、2020年1月8日のエントリーより引用

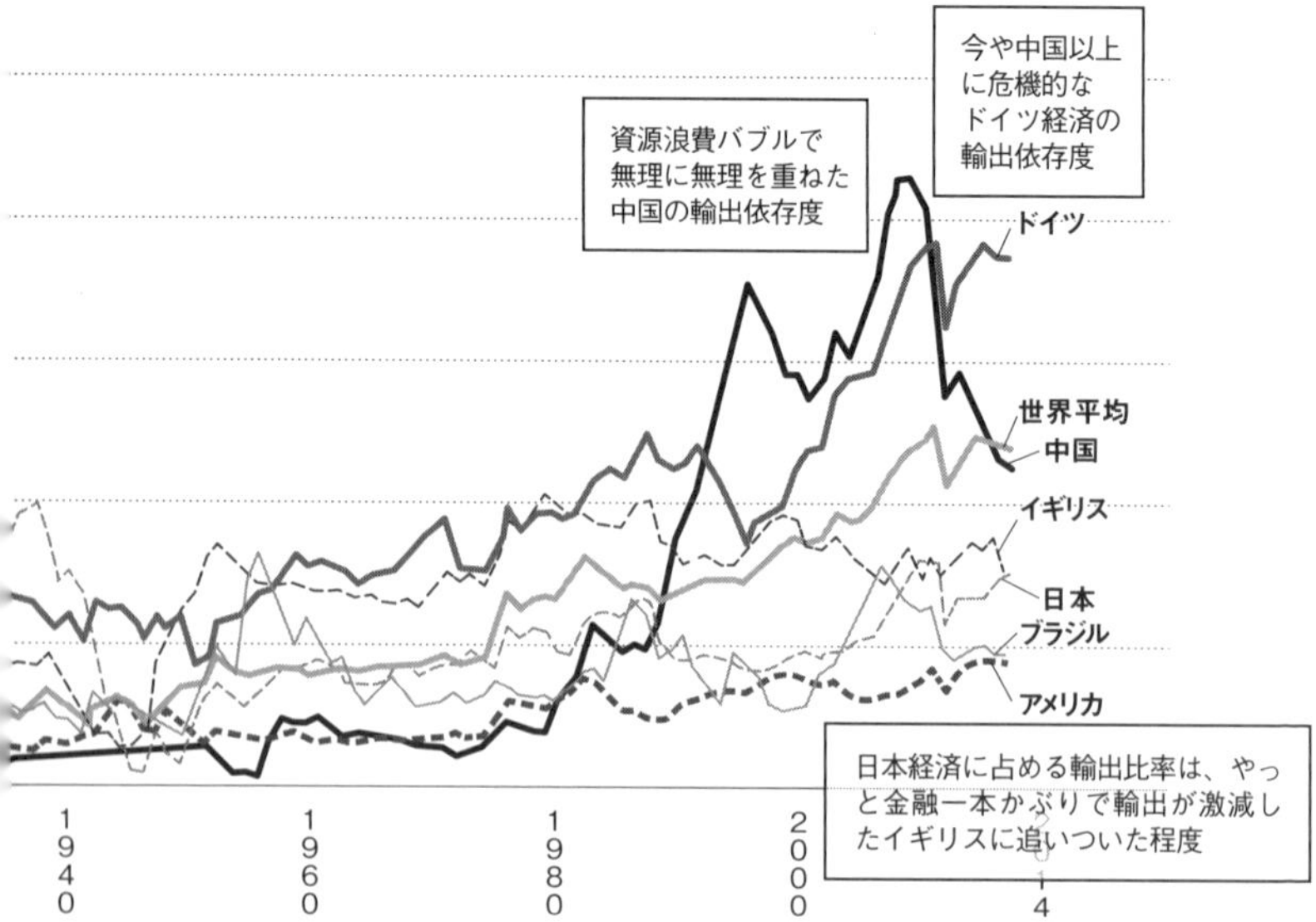
今や中国以上に危機的なドイツ経済の輸出依存度
資源浪費バブルで無理に無理を重ねた中国の輸出依存度
ドイツ
世界平均
中国
イギリス
日本
ブラジル
アメリカ
日本経済に占める輸出比率は、やっと金融一本かぶりで輸出が激減したイギリスに追いついた程度
1940
1960
1980
2000

総産出高に対する比率が急上昇していることが確認できる。つまり韓国、台湾、中国の輸出が急増した時期には、材料や部品を輸入して組み立て梱包だけをしてまた輸出するので、自国に付加価値として残るのは加工の手間賃だけという商売をする企業が増えたのだ。

また1999〜2000年ごろピークを打って2001〜03年ごろ崩壊した、いわゆるハイテクバブルが頂点に達していたころには、この比率が低下傾向を示していたことも出ている。つまり20世紀末のアメリカ経済が経験した好況は、ハイテク産業が伸びていたことによる利益拡大よりも、アメリカの

主要6ヵ国と世界平均に見る輸出総額の対GDP比率
1827～2014年

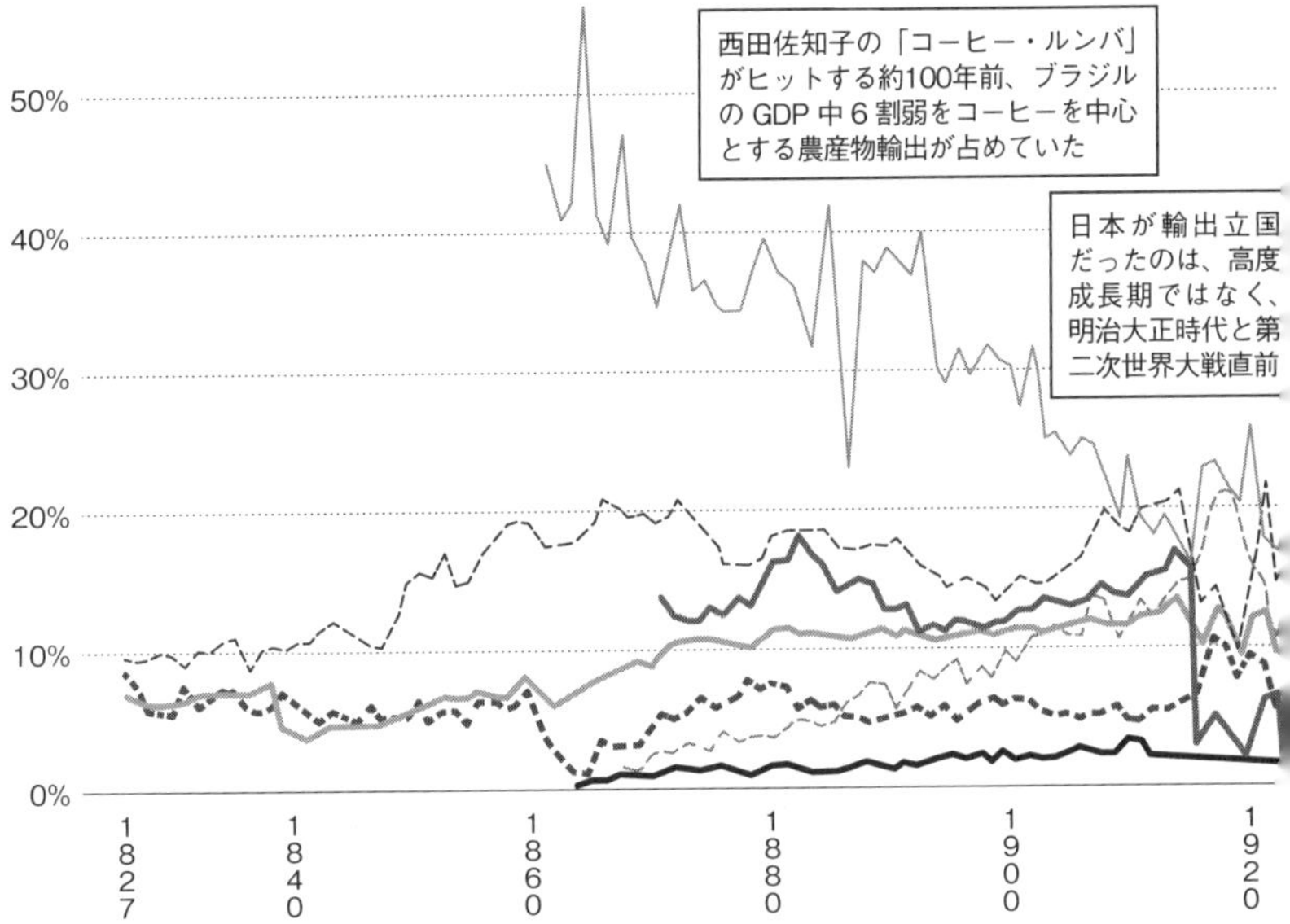
西田佐知子の「コーヒー・ルンバ」がヒットする約100年前、ブラジルのGDP中6割弱をコーヒーを中心とする農産物輸出が占めていた
日本が輸出立国だったのは、高度成長期ではなく、明治大正時代と第二次世界大戦直前
50%
40%
30%
20%
10%
0%
1827
1840
1860
1880
1900
1920

出所：『Our World in Data』、2018年11月1日付「Value of Exported Goods Share in GDP」のエントリーより

製造業が東アジア新興国にあまりうま味のない最終工程だけを委託する構造に変わったことによる利益増だった。が、それがもう飽和状態に達したのが、2001年以降のハイテクバブル崩壊だった。

さらに下段を見ると2006年ごろに製造業貿易総額が製造業総産出高を上回ってからあとは、この数値がゆるやかな下降基調に入ったことがわかる。低賃金を武器にした中国の加工組み立て型製造業の急成長が、このへんで限界に達したということだろう。上のグラフからも、この推論がほぼ正しいと確認できる。

これは1827〜2014年という長期にわたって、国民経済に大きな特徴を持った6ヵ国と世界全体の輸出総額がGDPに占めるシェアを比較したグラフだ。まず確認できるのは、輸出依存度が40％を超えるのは、商品作物のモノカルチャーに依存した農業国以外では異常事態ということだ。たとえば19世紀後半のコーヒー豆輸出依存度の高かったブラジルは、1860〜70年代に輸出総額がGDPの60％に迫ったことがある。

そして2010年前後の中国は明らかにこの異常な高水準に達していたが、アメリカの企業総利益が横ばいに転じた2012年前後から、輸出依存度が急落に転じていたことがわかる。

ご注意いただきたいのは、ドイツの輸出依存度が40％に迫っているという事実だ。他には先進諸国で輸出依存度が安定して30％台を維持してきた国はないので、ドイツ経済崩壊の予兆ではないだろうか。1970年代末の輸出依存度が20％を超えていたイギリスは当時のサッチャー政権が情け容赦なく製造業を切り捨て、金融業に特化する経済政策をとったため、輸出依存度が趨勢的に低下して、直近では15％程度に下がっている。

そして先進諸国中で輸出依存度がもっとも低い部類に入るのが、アメリカと日本だ。アメリカは第一次世界大戦中だった1910年代半ば以外には輸出依存度が10％を超えたことがない。また、「輸出立国」などという根拠のないスローガンを真に受けていた方々には驚きだろうが、日本も第一次世界大戦中と第二次世界大戦直前の時期以外には輸出依存度が20％に達したことがない、内需主導の国なのだ。とくに1950〜70年代の高度成長期の大部分では、日本の輸出依存度は5～10%の範囲内で推移していた。

日本はエネルギーや金属などの天然資源の大半を輸入に頼らざるをえない。だから、ある程度の輸出依存度を保って必要不可欠な天然資源の輸入代金を確保しておく必要はある。だが、それ以上の輸出をしなくても、国内需要の伸びによって十分高成長を維持できる国なのだ。そして輸出で荒稼ぎをする必要がないというゆとりのある経済構造が、日本の輸出を非常に健全なものにしているのだ。

世界でも類例を見ないほど輸出依存度の低い高成長を達成した日本

すでに第二次世界大戦後のイギリスポンドの為替レート下落が、どんなにイギリス国民の精神状態を暗くし、その結果暗い楽曲ばかりが流行る国にしてしまったかを見てきた。逆に「日本の流行歌や歌謡曲は暗く悲しい曲調のものばかりだ」というステレオタイプにもかかわらず、戦後の急速な復興以降、実際に日本で流行っている歌は明るい曲調のものが多い。それは日本経済全体が健全で、あまり輸出に頼らなくても高い成長率を維持できていることと密接に関連している。

また、どうしても輸出を拡大しなければ国民経済全体の成長がおぼつかないという切羽詰まった事情がないから、日本企業はほとんど安売りで輸出を拡大する方針をとらなかった。もし

米ドルベースで見た日米貿易収支と円の為替レート
1981～2002年

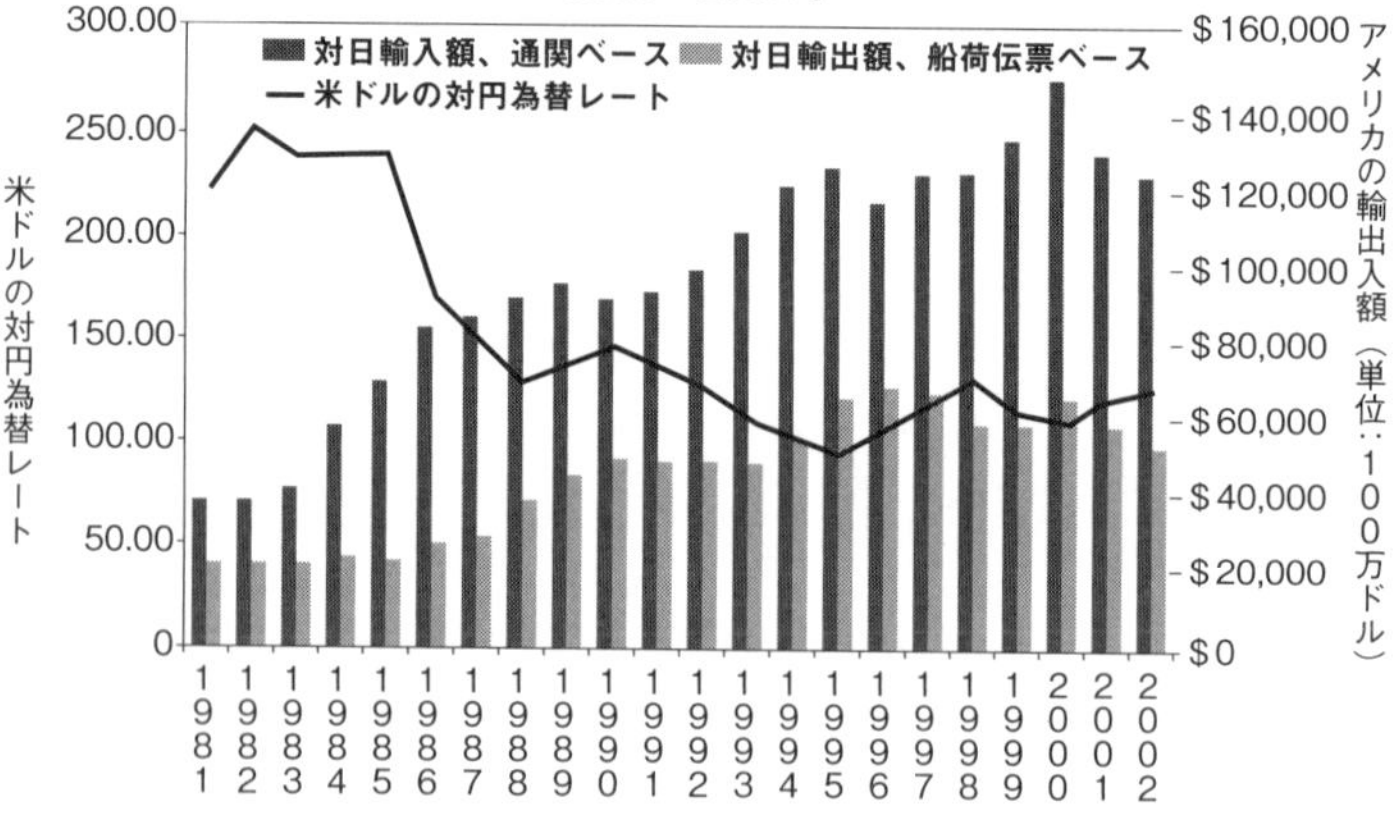

原資料：輸出入額は米連邦商務省国勢調査局、同経済分析局、為替レートは連邦準備制度理事会
出所：デトロイト・マーシー大学経済学部ドナルド・バーン教授「貿易収支」ファイルより引用

高い市場シェアを取るために、輸出品は意図的に国内需要向けより低価格にする方針があったとしたら、上のグラフに出ている事態は絶対に起きなかっただろう。

まず折れ線グラフをご覧いただきたい。米ドルの対円レートだ。1980年代前半はほぼ一貫して240円前後で推移していた。大ざっぱに言えば、日本人がアメリカから買うものはすべて現在より約2・5倍高かったし、アメリカ人から見れば日本から買うものは、今の価格の約40%で買えていたわけだ。ところが80年代後半から90年代前半にかけて、米ドルの対円レートは大幅に下落し、95年の大底では1ドルたった80円まで下がっていた。この時点で、日本人にとっては、アメリカから買うものはすべて10年前の約3分の1の価格で買えるようになったし、アメリカ人にとって日本から買うものは10年前より3倍高くなっていたのだ。

今度は、各年2本ずつ書きこまれている棒グラフに目を転じよう。どちらもアメリカから見た対日貿易額で、左側の暗い色が日本からの輸入額、右側の明るい色が日本への輸出額だ。ふつう、これだけ日本製品は高く、アメリカ製品は安くなれば、貿易収支がアメリカは赤字から黒字に、日本は黒字から赤字に転換してもおかしくない。ところが実際には、アメリカの貿易赤字が縮小する程度の影響さえ出ていない。円が急上昇したあとの1～2年は日本の対米輸出額が横ばいになったり微減になったりするが、すぐ回復して増加基調に戻っている。

当時、日本からの輸出で伸びていたのは、電機、電子機器、自動車といった製品群である。いずれもアメリカにも「競合」品はあった。だが、それぞれの企業が圧倒的な市場シェアを持つ寡占企業であることにあぐらを掻いて、お粗末な製品しか造れなかったからこそ、アメリカの消費者にとっては3倍の価格になっても日本製品を買いたいから買っていたのだ。もちろん日本の消費者にとって、アメリカ製品は価格が3分の1になっても買う気になれないようなものばかりだった。

だから、アメリカの対日貿易赤字は拡大しつづけたのだ。それを「日本は非関税障壁などのこそくな手を使ってアメリカ製品の日本市場進出を妨害している」などと主張するのはまったく見当違いな批判だった。暴力団がまじめに堅実な商売をしているかたぎの商人に因縁をつけてカネを脅し取ろうとするのと同然の行為だ。国全体の世論がそんな方向になびくような国では、自然に流行っている歌も暗く衝動的な曲が多くなる。

アメリカの企業経営者に有利だった中国の対米黒字拡大

日本の貿易政策に対するアメリカの批判がいかに的外れかは、次ページの2枚組グラフの上段で一目瞭然だ。

上段のグラフは日本の世界に対する総輸出額、総輸入額、そしてその差額である貿易収支の推移を示している。ここで円の価値が米ドルに対して3倍になった1985〜95年の10年間を見ると、対世界貿易黒字額は10兆円台の前半あたりでほぼ安定している。つまりアメリカ以外の全世界に対する貿易黒字額はやや減少している。きちんと競争力のある製品を造っていた諸外国からの製品輸入額は増えていたわけだ。大幅な米ドルの対円為替レート下落にもかかわらず、アメリカが対日輸出額を増やせなかったのは、魅力的な製品を造れなかったからであって、自業自得となる。

だがアメリカはこの間に、日本に対米自動車輸出台数についての「自主」規制をさせている。これはアメリカの消費者がどんなに高くても買いたいと思っていた日本車の輸入数量を限定したのだから、明らかにアメリカ国民全体にとって損になる選択だった。

製造業貿易総額の製造業世界総産出高に対する比率
（1991年を100とする指数表示）1971～2010年

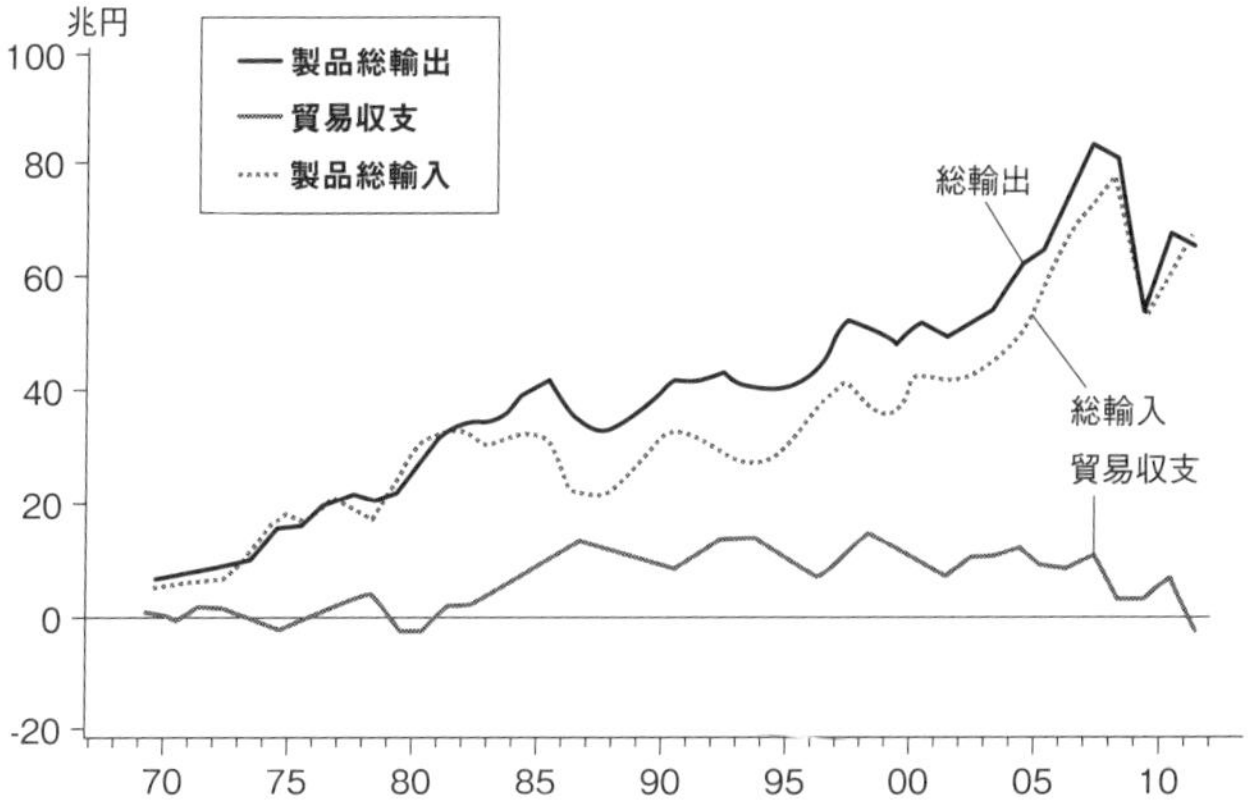

原資料：日本国財務省（旧大蔵省）『貿易統計』データをHaver Analyticsが作図

アメリカ貿易赤字総額への日中両国の貢献分推移
1978～2016年

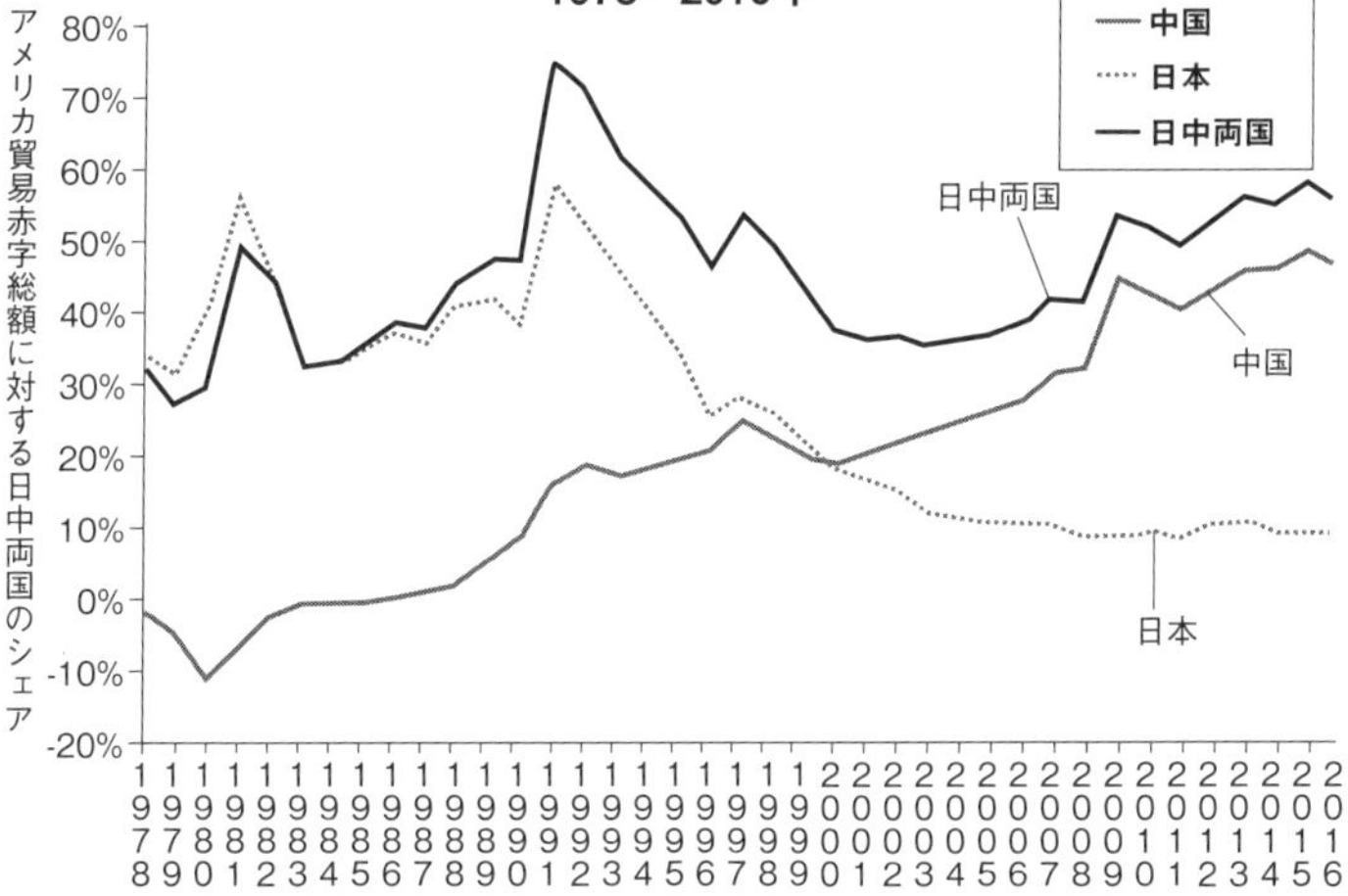

原資料：米連邦商務省経済分析局、具体的な数値計算はジョンズ・ホプキンス大学スティーブ・ハンキ教授
出所：（上）ウェブサイト『Haver Analytics』、2013年1月、（下）『Zero Hedge』、2017年5月11日のエントリーより引用

しかしアメリカの政治経済を牛耳っていた連中は、そんなことはまったく気にしていなかった。アメリカの貿易赤字の中で最大の金額を占める相手国が日本から中国に変わることによって、アメリカの企業経営者にとっては楽に儲かる産業構造が確立できたからだ。下段のグラフをご覧いただきたい。

1995年にはアメリカの貿易赤字相手国の中で、中国のシェアが日本に急接近していた。最大の理由は、中国の輸出ドライブ加速というより日本に対米自動車輸出を自主規制させることによって、日本からアメリカへの自動車輸出台数が87年の350万台弱から96年には100万台をかろうじて確保するまでに縮小したことだった。そして2000年以降は、日本に代わって中国がアメリカ最大の貿易赤字相手国となる。これはアメリカの消費者にとってはマイナスでも、アメリカ企業にとって非常に都合のいい変化だった。

日本からの輸出品は、天然資源以外の付加価値はほとんど日本企業が生み出したものだから、アメリカ企業の関与する余地は小さい。ところが中国からの輸出品は、あちこちの先進国から材料や部品を輸入して付加価値の低い組み立て、梱包といった最終工程だけの小さな付加価値が自国に生ずるものが多い。当然のことながら、その材料や部品、そして加工に要する技術のライセンス収入などで付加価値の大部分をアメリカ企業が取るかたちでの「貿易赤字」にできるからだ。

日本の輸出品は、材料や部品にいたるまで付加価値の多い工程全体をできる限り日本国内で完結させている。この事実を、非常に具体的に示している表がある。次ページの表がそうだ。

タイトルの「製造業企業同士の貿易の製品貿易総額に占める比率」を、わかりやすく言い換えれば、完成品を造るメーカーが原材料や部品などの中間財をどの程度、外国企業から輸入しているかの比率ということだ。OECD諸国の平均では、66・0%から68・7%へとじりじり上がっているが、だいたい3分の2前後の水準だ。カナダのようにアメリカ経済に寄生している小判ザメのような国ではこれが75%、つまり4分の3を超えた水準になる。製造業の基盤が崩壊してしまったフランスでも4分の3を超えている。崩壊しつつあるイギリスやドイツは4分の3に迫っている。

この数字が突出して低いのが日本である。1996〜2000年の平均値では1988〜91年の37・6%から10パーセンテージポイントも上がってしまったが、それでも47・6%とOECD諸国で唯一半分にも満たない水準にとどまっている。つまり日本は直近でも付加価値が外国企業に流出してしまう工程の比率を50%未満で抑えられているのだ。

こういう数字を見ると、何がなんでも日本のことは悪くいわないと気が済まない人たちは「それは貿易の利益を十分に享受できていない証拠だ」と主張したがる。そんなことはない。その証拠が177ページのグラフだ。このグラフは主要先進国で貿易財（つまり輸出入が可能な製品やサービス）の価格と、非貿易財（輸出入の不可能な財——たとえば売り手と買い手が同時に同じ場所に

製造業企業同士の貿易の製品貿易総額に占める比率 1988～2000年

	1988-91	1992-95	1996-2000
ベルギー・ルクセンブルク	77.6	77.7	71.4
カナダ	73.5	74.7	76.2
フランス	75.9	77.6	77.5
ドイツ	67.1	72.0	72.0
イタリア	61.6	64.0	64.7
日本	37.6	40.8	47.6
オランダ	69.2	70.4	68.9
スウェーデン	64.2	64.6	66.6
イギリス	70.1	73.1	73.7
アメリカ	63.5	65.3	68.5
OECD 平均	66.0	68.0	68.7

原資料：OECD『経済展望』 第71号、「製造業内および企業内貿易と製造工程の国際化」

出所：イングランド銀行マーク・ディーン=マリア・セバスティア・バリエル共著論文『なぜ世界貿易は世界製造業産出高より増えているのか？』（2004年9月24日刊）より引用

いなければ成立しないサービス）をふくめたすべての製品とサービスの価格との比率を図示したグラフだ。

関税・非関税の障壁がなければ、貿易財の価格は非貿易財をふくむ全製品・サービスの価格より低い。貿易のできない製品やサービスに比べて、貿易できる製品やサービスは競争が激しく、それだけ価格が下がるからだ。しかし、さまざまな障壁があると、あまり安くなかったり、極端な場合には貿易財の価格のほうが全製品・サービスの価格より高くなったりすることもある。

そこで一定の時点にさまざまな国のこの比率を１００として、その後どう変化したかを見れば、ある国がその後貿易を自由化する方向に変化したか、貿易に対する障壁を増やしたかがわかる。１００を超えたら障壁が増えたことを示し、１００より低ければ障壁が減ったことを示すからだ。

日本の場合、１９７０年代末と１９８０年代半ばに合わせて３～４年、この数値が１００を超えたことがあった。だがそれ以外はほぼ一貫して、貿易障壁を低くする方向に動いていた。

貿易財価格／国内経済総価格

比率推移、1975〜2002年

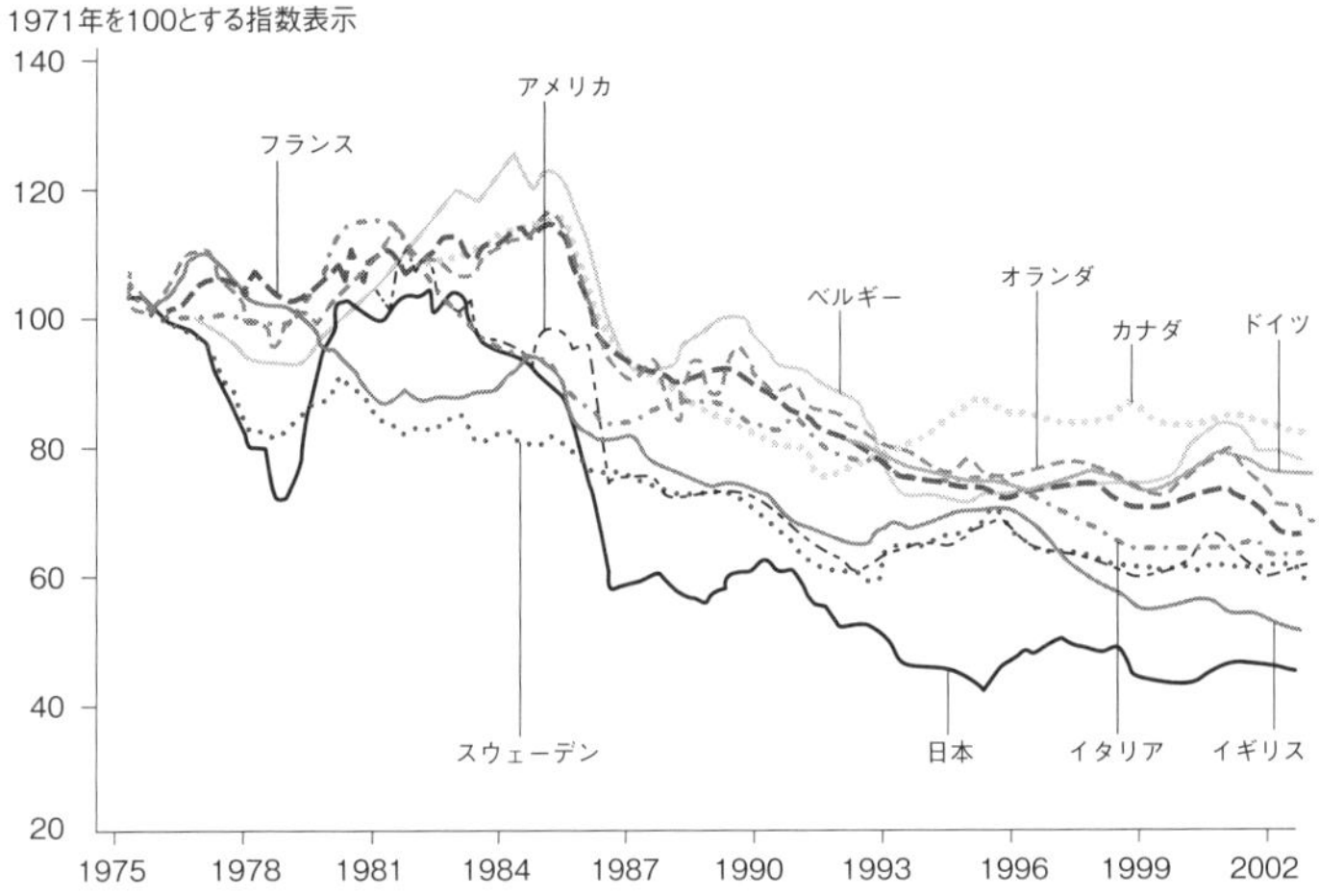

原資料：トムソン・フィナンシャル・データストリーム

出所：イングランド銀行マーク・ディーン=マリア・セバスティア・バリエル共著論文『なぜ世界貿易は世界製造業産出高より増えているのか？』（2004年9月24日刊）より引用

85年以降は一貫して貿易障壁を低くする方向に動き、ここに取り上げた10ヵ国の中でいちばん大幅に貿易障壁を下げた国だということがわかる。日本の輸入総額がGDPに占める比率は非常に低く、10％台の前半にとどまっているが、それは政策当局が輸入を妨害するような政策を推進しているからではない。安い輸入品が入って来ても、国内の同業者がそれ以上に安くする工夫をして輸入品に取って代わるペースが非常に早くて、消費者は安い輸入品を買うのと同じか、もっと安い価格で同じ品質の国産品を買えるからなのだ。

第4章

幼児進行は幼児信仰
恒久平和の明るい江戸時代が
戻ってくる

平岡正明と竹中労と、ふたりの菩薩

平岡正明を覚えている、あるいは彼の著作を読んだことがある人がいったいどれぐらいいるのだろうか。1941年に生まれ、現役の学生活動家としては60年安保闘争時の全学連主流派（いわゆる安保ブント）に属し、その後も特定の党派には属さないまま70年に向けた三派、革マル、民青入り乱れての学生運動に関わりつづけ、革命論、ジャズ評論などで多くの著作をものし、2009年に亡くなった。

没後に再版でも復刻でもない新著が5冊も出版されたことからも、いかに熱狂的なファンがついていた文筆家だったことがわかる。その最後の1冊は遺稿の中から発見された未完の自伝を、亡くなってから3年後に『人之初　ひとのはじめ――平岡正明自伝』（2012年、彩流社）として刊行という、おそらく骨の折れる仕事だった。まだ覚えている人たちにとって、好きでも嫌いでもないニュートラルな存在ではありえない。とにかく独断と偏見に満ちた議論を歯切れよく展開することで、支持と反発とを呼び起こさずにはいない人だった。

はっきり言って、革命論とジャズ評論、それに筒井康隆作品の読書指導、明治維新期からの大衆文学、大衆演芸の再評価という分野に特化したままだったら、筆一本で食べていくのはむずかしかったに違いない。彼を「飯の食える文筆家」にしたのは、当時人気絶頂だった山口百恵が「結婚・引退」の爆弾宣言をする1年前の1979年に講談社から出版した単行本版の『山口百恵は菩薩である』だろう。

その5年前の1974年に音楽之友社から歌謡曲を論じた『歌入り水滸伝』を出したときには「おっ、新境地を開いたな」程度の反響だったはずだ。1年前の78年に冬樹社から『歌の情勢はすばらしい』を出して本格的に歌謡評論を書きはじめていたのだが、その時点では、あまり大きな反響はなかった。

その平岡正明が、おそらく人生でただ一度、ひとりのアーティストが世に問うた楽曲全曲を1曲も漏らすことなく聴いて出した結論を、『山口百恵は菩薩である』から拾っていこう。山口百恵は「歌謡曲は日本の現代音楽の中軸であるから、歌謡曲の女王とは日本の音楽全体の女王（平岡2、13ページ）」なのだが、当時女王として君臨している美空ひばりより「空間的に……うわまわる（平岡2、16ページ）」女王として戴冠するであろうと予言している。さらに、あの時点で「山口百恵は先行するだれにも似ていないという点で特異な歌手だ……。語を変えれば山口百恵にはオリジナリティーしかない（平岡2、176ページ）」という激賞ぶりだ。

そして、まだ可能性にすぎないはずの女王の地位が、同じ本の中で「昨年暮れ、山口百恵は歌謡界の女王になった。これは一時的な、ないしは一傾向のトップということではなく、クイーン・オブ・クイーンの誕生ということだ（平岡2、142ページ）」と戴冠式の日程までくり上げてしまった。ダメ押しが「やったぞ、百恵！　あんたは菩薩だ（平岡2、206ページ）」という信仰告白だった。まるで1年後の結婚・引退宣言をきっかけに起きた喧噪がクライマックスとなって、はかなく散る花だったことを予期していたかのような熱狂ぶりだ。

私はきちんと時間関係を整理するまで、この高揚感は、盟友でもあり、ライバルでもあった竹中労描く美空ひばり＝菩薩像のバトンを受け継いで、山口百恵＝菩薩像として描ききるという決意表明だと思っていた。竹中は１９３０年生まれで、皇居前広場を流血で染めた「血のメーデー事件」が起きた52年の5月30日に、「淀橋警察署襲撃事件の首謀者と目されて逮捕され（竹中、２７０ページ）」ている。

竹中の「左翼は（新・旧を問わず）、真に民衆的なるもののエネルギーを叛乱に転化する言霊《ことだま》を持ち得なかった。新・旧右翼もまたしかり、美空ひばりに学ぶのには遅すぎるのだ。TV《テレビ》という目瞞ましからくり、〝大衆操作の箱〟がなかった時代、菩薩は衆生とともにあれ野にいましたのである（竹中、２７７～２７８ページ）」という一節が執筆されたのは１９６５年だと勘違いしていたからだ。

ところが今回資料として読み返して、竹中がこの文章を書いたのは１９８０年、つまり『山口百恵は菩薩である』刊行の1年後だったことに気づいた。平岡はバトンを引き継いだ側ではなかった。逆に、もし竹中のほうが「いや、平岡、お前はそう言うけど、やっぱり美空ひばりのほうが菩薩だぜ」と言いたかったのなら、実際にそう書いていただろう。物書き同士のあいさつとしても。だから、どちらが先でもなく、お互いに相手の表現を知らずに戦後最大最強と確信している歌手のことを菩薩に喩《たと》えたに違いない。

父親の代からの左翼・労働運動の闘士であり、かなり長期にわたって新左翼の暴力性を支持する共産党員という不思議な立場にあった竹中労が、加藤喜美枝・美空ひばり（本名加藤和枝）の一卵性母娘に惚れこんで、日本最大の暴力団の組長までたんなる好々爺《こうこうや》として描いてしまった心境はわからないでもない。だが、あの百恵熱《マニア》から40年の歳月を経ると、平岡正明はいったい山口百恵のどこにそれほどの偉大さを見たのかがどうも釈然としない。

阿久悠にとっても平岡正明にとっても、少女の時代は脅威だった

最近になって、1970年代末から80年代初頭を生きた男たちが、どんなにスターがアイドルになる時代、すなわちスターの低年齢化の時代を怖がっていたかがわかってきた。たとえば、あたま数ではおニャン子クラブを生み、さらにAKB48以降の多人数アイドルグループを量産している秋元康に負けるが、固有名詞でひんぱんに名指しされるソロやデュオのアイドルは確実にもっとも大勢生み出した阿久悠は、その恐怖をこう表現していた。

無気力・無関心・無責任だけではなく、さらにそれに無感動が加わり、「四無主義」ともなった。ということは、明らかに青年の時代と少年の時代の終りを指し、世の中が少女の時代に突入したことを意味していた。（阿久1、63ページ）

正直、ぼくは新鮮さということが新時代の歌手のキイ・ワードだと思い、下手さと若さで選ぶなどといいながら、息を呑む新鮮さというのを求めていたが、応募者の極端な低年齢化に、別のところで怯《おび》えていた。責任を感じていたと言ってもいい。（阿久1、99ページ）

平岡正明は、いかにもスローガン先行の新左翼理論家らしく、この恐怖をまずこう図式化する。

百恵——娘から女への歩一歩の確実な成熟

ピンク・レディー——娘からアンドロイドへの歩一歩の確実な幼児退行（平岡2、142ページ）

そして、なぜ山口百恵こそが衆生をこの恐怖から救ってくれる菩薩なのかを、こう解説する。

彼女における純情は、やがて偉大なる幼児性に転化するであろう、という結論を得たのが昨年の暮れであった。偉大なる個性は、かならず、どこか幼児性をのこしている。この幼児性こそが、常人ではとうていしのげないほどの困難にやすやすとたえさせたり、弱者へのいたわりの根源になったりするのであるが、まかりまちがうと、すなわち未消化の青春のまま激発するとこの力はたとえば〝十七歳のテロリスト〟というのと同様に破壊的である。（平岡2、235ページ）

どうしても破壊してはいけない秩序があると主張したいときに、平岡がくり出したたとえは大江健三郎並みに〝十七歳のテロリスト〟と意外に小市民的だ。それはともかく不思議なのは阿久悠にしても、平岡正明にしても、幼児性は成熟したおとなの持つ個性の一部ならいいが、全面開花させると危険なしろものだという固定観念を持っていたことだ。

ふたりとも、１９３７年生まれのひばり・チエミ・いづみがデビューした１９４８～52年ごろにはもう十分ものごころついていて、13～15歳がスターになるのに早すぎる年齢ではないことは知っていたはずだ。また、この元祖三人娘よりさらに早い終戦直後にも、少女スター歌手の第一次黄金時代があった。

敗戦後の荒廃の中で、作曲家の海沼實が「みかんの花咲く丘」を作曲し、当時十二歳の川田正子が歌ったのは一九四六年。翌年にレコードが発売され、「みかんの花咲く丘」は大ヒットする。やがて妹の川田孝子や古賀さと子、松島トモ子ら少女歌手が次々と登場してスターになり、童謡ブームになるのが昭和二十年代。（砂古口、１６８ページ）

飯沢匡、サトウハチローなどの「良識」ある知識人たちのように、美空ひばりだけを突然変異として非難するのは、まさにこの時期が「常人ではとうていしのげないほどの困難」に日本国民の大多数が直面していたことを無視した議論だ。日本国民は、いかにも子どもらしい童謡を歌う少女歌手だけではなく、おとなの情感を歌いこなす少女歌手、戦時中は敵性音楽として禁じられていた速いテンポ、激しいリズムで歌う少女歌手の幼児性を持った偉大な個性も必要としていたのだ。

菩薩の山口百恵対幼児退行のピンク・レディーという図式は正しいか？

平岡正明は、ピンク・レディーの「幼児退行」を山口百恵的な菩薩像と真っ向から対立するものとして敵視していた。だが、あれほど多くの少女アイドルを生み、昭和21〜23（1946〜48）年を物質的には貧しくとも精神的には豊かな「子供が大人より偉い時代（阿久3、382ページ）」と輝かしく回想した阿久悠でさえも、スターやアイドルの若年化を心から恐れていた。しかも、その恐怖は、連合国日本占領軍総司令官ダグラス・マッカーサーの日本国民の精神年齢を永遠に12歳に押しとどめようとする陰謀、あるいは呪いに対する恐怖だった。

どうやら戦後文壇史と、戦後思想史の論点整理を表芸としているらしい高澤秀次には、なぜ阿久悠はバブルがふくらみはじめた1980年代後半からヒット曲を書けなくなってしまったのかという問題を真剣に追求した『ヒットメーカーの寿命』という著書がある。その中で核心を衝いた部分を引用しよう。

『昭和おもちゃ箱』に収められたエッセイ、「ピーター・パンダとシンデレランラン」の締め括りに、阿久悠は次のような短歌を詠み込んでいる。

半世紀過ぎて今なおただよいぬ

コーンパイプの魔のうすけむり（高澤、264〜265ページ）

阿久悠にとって、短歌は日常生活の備忘録のようなものだったという。それにしても、これはただひたすら自分の主張を五七五七七に揃えただけの、救いがたい駄作ではないだろうか。たんなる歌詞職人ではなく、歌謡曲の詩人であることを自任していた人間が、しかも自分だけのための心覚えとして書き留めただけでなく、著書の中で公開するには、あまりにも拙劣だ。おまけに曲が付くことを期待せずに書き綴った歌詞集『書き下ろし歌謡曲』（１９９７年、岩波新書）にも、同工異曲どころか同工同曲としか言えないくだりがある。

コーンパイプの魔のけむり
ぼくらを　酔わせて　眠らせた（高澤、２６７ページより引用）

ごていねいにも高澤は、この歌詞を引用するに当ってこう導入している。

おそらく阿久悠は、「日本人は精神年齢十二歳」というマッカーサーの侮辱的メッセージに、だから早く大人になりなさいではなく、だけどお前たちは十二歳のままでいいのだよ、いつまでも子どもでいなさい、という邪悪な意図を読み取ったのではないか。（高澤、２６６ページ）

おそらくもへったくれもない。あまりにもナマの主張が出すぎて、解釈などほどこす余地はない。いくらヒット曲がかれこれ10年間出ていないとはいえ、こんなむき出しの「青年の主張」のような歌詞を著書に残すことが恥ずかしくなかったのだろうか。阿久悠は、それほど真剣にマッカーサーの呪縛から抜け出せていない日本のだらしなさを憤っていたのだろうか。

そして、高澤はこの「戦後日本人＝マッカーサーによって去勢された幼い宦官たちの群れ」という言い古されたステレオタイプにどっぷりと浸る。

「ピーター・パンダ」や「シンデレランラン」がはびこる未曾有の「ガキ帝国」が出現することになった。これは、バブル経済に沸き立つ八〇年代日本の縮図であり、一億総「幼児」化の戦後社会のおぞましい帰結でもあったのだ。（高澤、262ページ）

いったい高澤は、一億総幼児化すると何が不都合だといいたいのだろうか。どうやら、以下の文章が、彼なりの結論のようだ。

ガキデカ両親に育てられ、ガキデカ先生に教えられた子どもたちに、どんな未来があるというのか。蛹《さなぎ》のまま、空を飛ぶ蝶がないように、変態を経ない人間は真の人間ではない！（高澤、264ページ）

高澤にはお気の毒だが、人間の動物界哺乳類という分類の中でのニッチ（独自なポジション）はまさに、蝶にならずにさなぎのままでいられる時間がおそらくあらゆる哺乳類の中でいちばん長いことにある。そして生物学用語では幼形成熟《ネオテニー》というが、成長しきってからも幼児期の特徴をずっと持ちつづけている点が多々ある。

動物界でも、昆虫類は長い幼生期のあと成体に変化する。変態という形容どおりに、まったく違う姿かたちに変わることが多い。蝶やセミがその典型だ。だが彼らにとって成体になってからの命は、ただひたすら生殖活動をして次世代を生み出すだけに捧げられ、この使命を果たすやいなや個体としては死滅する。一方、人間は幼い状態でいる期間が長く、成体になっても幼い特徴を残し、そして老境に入るとまた幼児帰りしたまま、べんべんと生きつづける。つまり、ひとつの個体の誕生からかなり長いあいだ、そして死滅までのかなり長いあいだに、幼児期を2度体験する。これが他の動物と比べたとき、くっきりと浮かび上がってくる人間の顕著な特徴だ。

人類の本性、幼児化を体現した日本人こそ人類の希望

この世に生を享《う》けた人間はすべて、脳が十分に発育した状態では母胎から出ることができないので、脳の中身も、それを保護する頭蓋骨もふにゃふにゃのまま未熟児として誕生する。そして長い授乳期間、それよりはるかに長い学習期間を経て、やっと成熟する。成熟してからも趣味とか、娯楽とか、生物として自分の遺伝子を子孫に伝えるためにはなんの得もないようなことに膨大な時間を費やす。

もし生物の個体がリチャード・ドーキンスの言う「利己的な遺伝子」の運び屋に過ぎないとすれば、およそ無意味なことに延々と熱中し没頭したあと、息を引き取るのだ。ことに生殖機能を失ってからも生きつづけるなどは、遺伝子運搬用エネルギーの膨大な浪費だ。だが生殖機能を持った成体である期間の両側に長い学習期間と、遺伝子伝達機能を卒業したという意味で

の「余生」を持っているからこそ、人間はこの長いヒマを潰すために、文化や文明、趣味や娯楽を発明し、今もなお発展させ続けているのだ。

おとなになっても幼児的なままでいる人間の何が不都合かというと、戦争にはまったく向かないだろう。だが幸い、近代国民国家の正規軍同士の総力戦（敵を滅ぼすか、全面降伏させるまで戦う戦争）は、イランイラク戦争を最後に消滅した。その後の戦争はすべて、敵の絶滅や全面降伏ではなく、なんらかのアピールを狙った戦争もどきだ。

戦後の復興を象徴する元祖三人娘の活躍から、日本経済減速期に活を入れつづけた、三人娘と言っては失礼になる矢野顕子、松任谷（荒井）由実、中島みゆきが切り開いた新しい世界まで、およそ男性アイドルあるいはアーティストで似たような業績を上げた人物を探し出すことさえむずかしい。世論調査のたびに「幸福度」も「将来への希望」も女性のほうがはるかに男性を上回っている事実も、明治時代から第二次世界大戦での敗戦までの日本の歴史では異常だった男尊女卑という状態が、ようやく本来の姿に戻りつつあることを示唆している。

そもそも幼形成熟をニッチとしてきた人類の幼児化と平和な世界の到来は、手に手を取って進む。世界中で中世末期とか近世とか呼ばれる時代区分に生きた人たちの中で、江戸時代約250年間の平和を享受した日本人がいちばん子どもっぽい国民と言われたのは、決して偶然ではない。

渡辺京二は名著『逝きし世の面影』で、幕末・明治期に日本を訪れた外国人たちの目に映った日本国民の子どもらしさを、「第二章　陽気な人びと」「第十章　子どもの楽園」と２章を捧げて紹介している。なお、以下の引用文冒頭のアンベールとは、幕末期１８６３年に対日修好条約締結のためにスイス全権使節として来日し、10ヵ月の滞日期間中に日本に関するさまざまな写真、絵画、木版画を収集して、のちに『幕末日本図絵』として出版したエメ・アンベールのことだ。

アンベールは「江戸庶民の特徴」として、「社交好きな本能、上機嫌な素質、当意即妙の才」をあげ、さらには「日本人の働く階級の人たちの著しい特徴」として、「陽気なこと、気質がさっぱりとして物に拘泥しないこと、子供のようにいかにも天真爛漫であること」と数え上げる。実際、彼らはある意味で子どものような人びとだった。狐拳を初めとして、外国人の後期のまなざしにとらえられた大人の遊戯は、その無邪気さにおいて、ほとんどばかばかしいほどのものである。……

……日本がまさに「子どもの天国」の観を呈していることについては、観察者の数々の言及がある。だが実は、日本人自体が欧米人から見れば大きな子どもだったのである。若者たちが、いや若者どころかいい大人たちが、小さな子どもたちに交って、凧をあげたり独楽を回したり羽根をついたりするのは、彼らの眼にはまことに異様な光景に映った。（渡辺1、86～87ページ）

世界中たいていの国々、とくに20世紀半ばに第二次世界大戦が終わるまで戦乱に明け暮れていた欧米諸国では幼児化を、戦争を生き延びるには不適切な歓迎されざる特徴と考えていた。だからこそ生物学的に言えば、人類の本性とも思える幼児化を「幼児退行」と表現したのだ。

しかし1万2000〜1万4000年にわたる縄文時代の平和、平安中期の約350年の平和、そして江戸時代ほぼ全期間をおおう250年の平和を享受してきた日本人が、自分たちの本性が顕れるだけの幼児化を幼児退行として忌《い》み嫌う理由はない。日本人は幼児に退行せず、幼児に進行するのだ。さらに人気商売では、幼児進行を持続できるかぎりアイドルでいられるが、幼児進行が止まると、アイドルではいられなくなる。これはけっこう至難の業だ。とくに男性にはむずかしい。

人類幼児進行の先頭に立つ日本人の最前線を担うアイドル

美空ひばりがエルヴィスよりはるかに充実した歌手人生を送れた理由は、ずばりふたつあると思う。どちらも日本文明に固有の特徴だが、①幼児性が徐々に開花した、つまり幼児進行を続けた人生だったこと、そして②日本にはたったひとりではなく大勢の英雄が同時に存在しうる伝統が存在することだ。②の集団的英雄としての元祖三人娘が、敗北にうちひしがれた日本国民をいかに勇気づけたかは第3章でくわしく述べたので、ここでは「良識」派から不気味なほどマセた子どもだと恐れられた美空ひばりの幼児進行について語ろう。

美空ひばりが最初に挑戦したNHKのど自慢では「こんな小さな少女がおとなの女の情感をみごとに歌いこなすのは気味が悪い」との理由で鐘ひとつ鳴らない落選という屈辱を味わった。だが、ひばりはローティーンのころからプロの歌手・女優として稼ぎ続けた。しかも自分の吹き込んだレコード、出演した映画は「意欲作、野心作だが興行的には失敗した」という言い訳は絶対にできないものだった。数百、数千世帯の生活が自分のパフォーマンスにかかっている重圧の中で、ヒット作を出し続けた。しかし、その美空ひばりは大スターとしての地位を確立するにつれて、幼児進行していった。

反社会的勢力、ようするにやくざ、暴力団に対する社会的指弾が急激にきびしくなった昭和40年代に、「社会的責任より、自分の家族の味方であり続けることのほうが大事でしょう」と、芸能界から完全に干されることを覚悟で突っ張ったのがひばりだった。そしてついに朝日新聞、岩波書店と並んで、日本の良識に関して独占販売権を握っているような顔をしていたNHKを屈服させた。

私が男であるがゆえの偏見かもしれないが、日本の女性歌手たちはきらびやかなステージ衣装を着て聴衆の前で歌っている限り、着々と幼児進行をつづけている人が大部分だと思う。たとえば美空ひばりが音楽・映画産業何千世帯かの稼ぎ手として、堂々と「文句あるか」という幼児進行を続けたのに対して、島倉千代子はあくまでもあどけなく幼児進行していった。橋本治が美空ひばりとの対比もからめて、島倉千代子をこう評している。

私に言わせれば、島倉千代子というのは、日本で最初の「アイドル歌謡の歌手」なんですね。島倉千代子は歌ってる内に感情が高揚して来て、自然と涙を流してしまう。……こわい先輩歌手は「プロとして失格よ！」なんてことを言った。言われた島倉千代子の方は「だって、涙が出て来てしまうんですもの……」と、困った顔をして言う。（橋本、366ページ）

美空ひばりは「子供のくせに童謡が歌えない天才」だったんですね。でも島倉千代子はそうじゃない。この人は「大人のくせに童謡が歌える天才」なんですね。（橋本、367ページ）

美空ひばり評は完全にまちがっていると思う。もし『東京キッド』を凡庸な歌手が歌って中距離ヒットにとどまっていたら、だれが聴いても社会主義リアリズム童謡の傑作と評価していただろう。ところが美空ひばりが歌ってホームラン級の大ヒットになったから、歌謡曲不朽の名作と分類されてしまったのだ。

だが島倉千代子については、まったく正しい。いや、それ以上かもしれない。どう考えても童謡にはならない、家族の反対を押し切って強行した結婚のみじめな破局や、実印を預けるほど信頼していた人物の裏切りによる巨額の借金までもが、島倉千代子の声を通すと童謡になってしまうのだ。

死んでしまおうなんて　悩んだりしたわ

（2行略）

自分ばかりを責めて　泣いてすごしたわ
ねぇおかしいでしょ　若いころ
ねぇ滑稽でしょ　若いころ
笑いばなしに　涙がいっぱい
涙の中に　若さがいっぱい
人生いろいろ　男もいろいろ
女だっていろいろ　咲き乱れるの

これが莫大な負債を返し終わったばかりの島倉千代子に、中山大三郎が贈った歌詞だ。「みんな笑いとばしてしまえ」と突き放す歌詞もすごい。

だが付き人にさえ、借金の山をつくった知人についてひとことも恨みがましいことを言わず、「私が稼いで返せばいいんでしょ」と言い放ち、実際に足かけ7年で約20億円の借財を返しきった島倉千代子の、底抜けの明るさはもっとすごい。

その明るさを引き出した浜口庫之助という作曲家もすごい。幼児進行の苦手な日本男児の中でも作詞・作曲と自作曲の歌も披露するシンガーソングライターとしてはさらに珍しく、曲付き私小説のドツボにはまらなかった。この人については、日本男児の貴重な例外として、あとで論ずる。

幼児進行を拒否した女性歌手たち

日本のアイドルは、幼児退行ではなく幼児進行する。幼児進行できなくなった時点では、アイドルからアーティストになるか、引退するしかない。それをかなり理知的にわかっていたのが山口百恵であり、本能的に感じ取っていたのがピンク・レディーだった（アメリカでならアイドルとアーティストを両立させられると思って、そうとう無謀なアメリカ進出に賭けたのだが）。ここで次のページをご覧いただきたい。

まず左下が安保ブントの詩神《ミューズ》と呼ばれた西田佐知子だ。たしかに粘りもうなりもせず、たんたんと歌うところに聡明さは感じる。だが正直なところ、たまたま60年にリリースした『アカシアの雨がやむとき』が、おそらく初めて日本の歌謡曲の歌詞に自分の死骸を登場させた歌だったということ以外に、この人と60年安保闘争を結びつける理由はないのではないだろうか。

深夜、まったくの下戸である平岡正明のところに「西田佐知子の断念の深さを、越路吹雪とふたりこみで一章の中に書くとはけしからん。ふたりにするなら克美しげるとカップリングしろ」という迷惑千万な長電話をかけてきたのが芸能記者ではなく「理論経済学畑の若手として仲間うちでは知られた男（平岡2、56ページ）」だった程度の影響はあったようだが。邪推すれば、この男は新左翼でいたうちは切れていたが、近代経済学者としては小器用な論点整理屋になり

幼児進行を拒否した女性歌手たち

出所：『Wikipedia』、『Google Chrome』、『Microsoft Edge』、『bing』などの画像ファイルより引用

果てた姫岡玲治あたりではなかっただろうか。

まあ、歌謡曲歌手の世界にも、まだまだ活躍できるうちに寿退社をして安定した家庭を築くコースもありだという先例を作ったという点で、西田佐知子はやっぱり賢い人だった。それに比べて、60年代末新左翼運動の詩神に祭り上げられた藤圭子（左上）はかわいそうだった。デビュー曲『新宿の女』がヒットし始めたころの芸能ニュースの映像が残っているが、歌手として有名になりたい、ヒット曲を連発して稼ぎたいという意欲にあふれるすなおで明るい性格の新人歌手だった。放浪の浪曲師である父と三味線で伴奏をする母に連れられて全国各地を巡り歩いたという過去が、あまりにもあざとく売り出されてしまってからは、窮屈そうに暗い女を演じていた。

巨星、三波春夫とほとんど同じ分野を開拓して、歌謡浪曲ジャンルの確立を図った真山一郎という歌手がいた。芸歴は1947～2010年と、戦時中の中断があった三波春夫より長い。その真山一郎がオリジナルを吹き込んだ『番場の忠太郎』は6連あるうち1、3、5連はセリフ、2、4、6連は歌と、どちらもうまくなければ聴けたもんじゃない難曲だ。藤圭子が78年にリリースしたLPアルバム、『歌謡劇場』でカバーしているのだが、ちょっと縮めて1、3、5連を歌、2、4連をセリフにしている。

この歌の中でやっと母親に巡り逢えた三下やくざのセリフを語る藤圭子が、絶妙に自然だ。歌謡曲に挿入されたセリフのうまさで言えば、甲乙つけがたい三波春夫と美空ひばりが同率1位、藤圭子が3位、4～5位がなくて6位に島倉千代子というぐらいうまい。氷川きよしもカバーしているが、身の程をわきまえているようで、2連のセリフで自分の母親だと認めてくれると思いこんでいたのに拒絶された瞬間の、驚きの描写は避けている。

新譜の吹き込みでは半引退状態になってからも、まな娘宇多田ヒカルの音楽教育のためのアメリカ滞在資金を稼いではアメリカに行き、きびしいレッスンを受けさせるステージママになっていたという。そしてヒカルの成功を自分の眼で見、耳で聴いている。だから、ずっと暗いばかりの人生ではなかっただろう。だが最晩年に精神が不安定になった時期に彼女の心に去来したものの中に、ほんのちょっとでも1970年闘争のはずが69年にポシャってしまったことについて、新左翼が彼女に仮託した暗い情念が残っていたとすれば、ほんとうに申し訳ない気がする。

下段まん中のちあきなおみの堂々たる引退ぶりについては、多くを語る必要もなかろう。水原弘には最大のヒット曲『黒い花びら』と同じ１９５９年にリリースされ、同じ永六輔・中村八大コンビの『黄昏《たそがれ》のビギン』という名曲がある。個人的には、こっちのほうがずっと好きだ。「あなたの胸元に散らばった雨のしずくがネックレスになっている」と歌う典型的な男唄なのだが、これを91年にちあきなおみがカバーして、何ひとつ不自然なところなく女唄にしている。

もちろん１９７２年のレコード大賞受賞曲『喝采』を初めとして、オリジナルにも数々の名曲がある。74年（デビューからわずか5年目だ）の中野サンプラザでのリサイタル用に特注で書かれた『ねえあんた』などは、他の歌手が歌ったら鼻をつまむほどくさくて聴けないくらい芝居がかった曲だ。しかし、ちあきなおみはぎりぎりのところで嫌みにならず、さびしい場末の酒場のホステスの哀感を出している。

１９６９年のデビューだが、元祖三人娘、ナベプロ三人娘以降の女性歌手で、アメリカのスタンダードナンバーを歌ってサマになっているのは、この人だけだろう。米軍基地巡りをしたことのあるなしで、やっぱり決定的な差が出るようだ。毅然とした引退生活もいいのだが、もう一度どこかで歌ってくれないものだろうか。

右上は、言わずと知れた都はるみ。『００７は二度死ぬ』が、都はるみは2度引退している。

最初はデビュー20周年の1984年に、キャンディーズの引退会見での「ふつうの女の子になりたい」の向こうを張って「ふつうのおばさんになりたい」と言って。その後の89年に美空ひばりの訃報に接して歌手復帰を決意したのだが、「都はるみは演歌ではなく、演歌のパロディだ」というレッテルを払拭できたのは、この復帰後のことだったのではないだろうか。そして2度目は2015年、「いい詞に出会えばいいけど、なかなか巡り会わない」とコメントしたまま新曲の吹き込みも、ステージでの歌も休止している。

1975年に阿久悠・小林亜星のゴールデン・コンビで『北の宿から』をヒットさせ、レコード大賞も受賞している。だがこの曲は、それまでのはるみ節が『アンコ椿は恋の花』『涙の連絡船』『好きになった人』と歌詞は暗くても歌いっぷりが明るく豪快だったのとバランスを取るように、あまりにも意図的に暗い道具立てを揃えている。その結果、淡谷のり子御大に「着てももらえぬセーターを　涙こらえて編んでます」なんて貧乏くさいと批判されることとなった。

阿久悠にしては珍しく「あれは戦略的な多義性だった」といった強弁をせずに、「編み上がったらだれにでもくれてやってケリをつけるつもりの、そうとうな根性の女性を描いたつもりが、誤解された」という歯切れの悪い釈明をしている。ここは高澤の「阿久悠にとって『北の宿から』は、不本意な作品なのではないか。たとえば、都はるみのレコード大賞狙いをあまりに意識した、らしくない作品だったとか（高澤、98ページ）」という指摘が図星だろう。

それにしても明るくても暗くてもパロディと見られてしまうオリジナル曲を歌う巡り合わせ

になった第1期の都はるみは、あまりにも演歌的すぎてパロディに聞こえてしまう歌ばかり歌っていたぴんからトリオ（のちにぴんから兄弟）や殿さまキングス同然と見られていてかわいそうだった。それに比べて、あまり大ヒットは出なかった第2期のほうが、当人にとっては充実していた時期だったかもしれない。だが、どちらの時期にも幼児進行を拒絶する姿勢は歴然とあって、かなり理の勝った性格の人だという印象は否めない。

右下の相川七瀬を取り上げたのは、結局は唯一のヒット曲となってしまった歌のタイトルが『夢見る少女じゃいられない』というだけの理由でもなく、ましてや好みのタイプの美人だからという理由でもない。ライヴデビューは１９９０年、レコードデビューは95年のロックシンガーということで、ステージ衣装もずいぶん自分の裁量で選べる環境になっていたようだ。「着せ替え人形じゃないんだから、冬に水着は着られない」という中森明菜の発言がツッパリの見本のように取りざたされていたころから考えると、まさに隔世の感がある。

そして幸福な結婚をし、子育てをしながら、絵本も描き、随筆も書き、自分の名前を冠したスペシャルバージョンのパチンコ台まで出現するという多方面での活躍ぶりだ。今も、ときおり女だけのロックフェス『ＮＡＯＮのＹＡＯＮ』で、さすがに首から下はややふくよかになったものの、頬から尖った顎《あご》にかけてのそぎ取ったようなシャープな輪郭はそのままに、スタンドマイクを豪快に振り回すなどの派手なパフォーマンスをくり広げている。

いつ見ても髪型、髪の色と衣装との組み合わせがいいなあと思っていたら、現在もっとも力を注いでいるのは、カラーセラピストという仕事だそうだ。まさに適材適所、さぞ繁盛していることだろう。大阪女の心意気、ここにありという感じだ。

近況報告ついでに言えば、音楽ファンにはドリフより有望に見えたドンキーカルテットのジャイアント吉田はリーダー小野ヤスシのとぼけたツッコミに対し、徹底的に相手を問い詰める罵倒型ツッコミを得意としていた。その吉田が今は芸能界からは半引退状態で、ハワイアンレストランの経営後に、なんと催眠療法のセラピストをしているという。ドンキー時代の怒鳴り散らし方でやっていたら患者はつかないだろうが、長続きしているらしい。これもまた適材適所と言うべきなのかもしれない。

軽々と幼児進行し続けた／続けている日本男児たち

と、久しぶりに男性の話題になったところで、日本男児には珍しい軽々と幼児進行している男たちに目を転じよう。どうも男性どもは大御所化の誘惑に抵抗しきれないところがあるようで、ほとんどの男性歌手は偉くなってしまう。偉そうにしているがセコいうちはなんとか幼児進行の道に回帰できるのだが。

204ページ写真の左端は、本書で唯一2度ご尊顔を拝することになった三波春夫だ。平岡正明はこう書いている。

彼の舞台はじつに豪華である。……
豪華であり、かつどこまでも肯定的である。一九五〇年代の末から六〇年代の初期にかけて、三波春夫と村田英雄がライバル関係にいたった。どちらも頭のいい人で、オトコ、を強調した。浪花節はオトコの世界である。とうぜん、三波対村田の勝負はオトコの磨きっこ、のかたちをとった。「人生劇場」―「王将」と結ぶ線で村田英雄は一歩リードした。しかしいつのまにか三波春夫が逆転し、その後ますますライバルに水をあけて現在にいたっている。この理由はなにか？（平岡1、75～76ページ）

読者諸氏は、もう私の答えがおわかりだろう。なぜ三波春夫が勝ったかと言えば、渋いおとなのオトコは、磨けば磨くほどすり減るが、オトコの子は磨けば磨くほど玉のような赤ちゃんに近づくからだ。

そして、右上はシンガーソングライターでありながら、私小説作家に陥らずに済んだ珍しい日本男児、浜口庫之助だ。１９３５年には旧制早稲田大学予科に入学していながら、バンドマンの掛け持ちで資金を貯めてアメリカにジャズ修行に行こうと1年で退学し、渡航直前の37年に友人から日米開戦の情報を得て、神戸製鋼に入社。あらためてサラリーマンとしては学歴が大事と、39年に青山学院大学に入学し直したところまでは、芸術か堅気の勤め人かで悩みながらも安定を選んだまじめな学生という印象だ。どちらかというと幼児進行しそうもないタイプだ。

だが１９４２年繰り上げ卒業後ジャワ島で農園の委託経営をする会社に就職したころから、

軽々と幼児進行し続けた／続けている日本男児たち

三波春夫
1939〜2001年

筒井康隆
1960年〜

浜口庫之助
1946〜90年

タモリ
1975年〜

桑田佳祐
1977年〜

出所：『Wikipedia』、『Google Chrome』、『Microsoft Edge』、『bing』などの画像ファイルより引用

不思議な経歴をたどりはじめる。太平洋戦争後捕虜になってから、46年に引き揚げ、東京でバンドを組み、進駐軍回りをしているうちに灰田勝彦に誘われて、ハワイアンバンドのメンバーとなったり、自分でラテンバンドを結成したりする。57年に海外から演奏に来ていたバンドのリーダーが郷土の音楽を演奏できることを誇りに思うと述べたことに刺激されて、作詞・作曲に志す。その2年後にはもう、守屋浩の歌う『僕は泣いちっち』やスリー・キャッツの歌う『黄色いさくらんぼ』がヒットしているのだから、とにかく環境への適応能力が抜群に高い人だったのだろう。

なお『黄色いさくらんぼ』は星野哲郎作詞だが、「ウッフーン」という今となってはなんの衝撃もないひとことを入れたのは、浜口のアイデアだという。このひとことによって、お色気過剰としてＮＨＫの放送禁止処分を受けることになるが、話題づくりの能力も高かったようだ。その後、ほとんどだれもがアメリカンポップスを坂本九がカバーしたと思うほど、往年のアメリカでヒットした曲の明るさを再現した『涙くんさよなら』を作詞作曲している（坂本とジョニー・ティロットソンとの競作）。かと思うと、高田恭子が歌った『みんな夢の中』のような深く考えると、けっこうきわどい曲を両立させる作詞・作曲活動を続けた。

中でも、１９６７年に伊東きよ子が歌った『花と小父さん』は、つくり手にほんの少しでも邪念があれば、かなり危ないシチュエーションを描いているが、童話的なかわいらしさを保っている。こうした危ないシチュエーションすれすれのかわいい曲の最高峰が、島倉千代子のカムバックを助けた『人生いろいろ』だということはすでにご紹介した。

そしてまん中上が、ＳＦ界での最長不倒距離記録を今も更新中の筒井康隆だ。日本における動物生態学者の草分けだった筒井嘉隆の長男として１９３４年大阪市内に生まれ、学童疎開中は都会の子としてはげしいいじめを体験する。終戦直後の46年に実施された知能指数テストで市内トップの１８７となり、特別教室に在籍するようになる。こうした経歴の持ち主は長ずるに及んで凡庸になってしまうケースが多い。だが、筒井康隆はＩＱよりはＥＱ（Emotional Quotient、なぜか「心の知能指数」と訳されているが、情緒指数と訳したほうが適切だろう）、ＥＱよりはＱＱ（私の出まかせの造語だが、Queer Quotient）、つまり「変」度指数を上げつづけ、今も大御所には納まらずに変なことを追求し続けている。

右下のタモリは、ビートたけしと絶妙な対照をなしている。ビートたけしは、実際の年齢より20～30歳若ければやりそうな若気の過ちをくり返しながら、そのたびに成熟している。一方、タモリは知名度が上がりはじめたころから一貫して老成した印象の発言を続けながら、その老成した発言の内容がどんどん幼児進行している。どこかのインタビューで子どもがいない理由を聞かれて、やや憤然とした口調で「私自身が子どもですから」と応じていた。「私のような子どもに子どもがつくれるわけがないじゃないか」とでも言いたげな口ぶりだった。

まん中下の桑田佳祐はサザンオールスターズでコミックバンドとフュージョンコンボを融合させることによって、コミックバンドとジャズコンボが混沌としていた1960年代を、いっそう錯乱した状態の中で再現してくれるだろう。その根拠は、これまた出所を探し出せなくて恐縮だが「サザンは本妻、ソロは浮気」という集団性への執着だ。

ピンク・レディーで合流した大衆音楽の2大潮流

ピンク・レディーは、私の知る限りでは日本以外では見られなかった大衆音楽の2大潮流を体現していた。ひとつは、時代を象徴するような女性デュオがひんぱんに登場することだ。もうひとつは、幼女、童女、少女に受ける女性アイドルが大ブームを巻き起こすということだ。208ページのアルバムジャケット集をご覧いただきたい。

1960年代の日本にはポップスでザ・ピーナッツ（左上）、演歌でこまどり姉妹（まん中上）がいた。70年代半ばから末にかけては、ピンク・レディー（右上）が爆発的なヒット曲を連発した。泉麻人の『僕の昭和歌謡曲史』によれば、77年には、次のような実績を残している。

――昭和五十二（1977）年の〈オリコン年間チャート〉には、①渚のシンドバッド、③ウォンテッド、⑦カルメン'77、⑧S・O・S、とピンク・レディーの曲がベストテンのなかに四曲も入っている。（泉、231ページ）

だが4年後の1981年にプロダクションとも完全に決裂し、まだドームができる前の後楽園球場で開催された解散公演には、生みの親と言うべき阿久悠も立ち会わなかった。タイミングの悪いことに豪雨の中となって、惨めだった。

――当日はあいにくの大雨で、白い衣装をずぶぬれにして歌い踊るふたりが痛々しかった。ラストソングを歌い終えて立ちつくすステージのピンク・レディーが、電池の切れた人形のように見えた。ふと空を見上げたが、UFOは降りてこなかった……。（泉、235ページ）

1980年代後半のバブル景気が日本中を沸き立たせていたわけではないことは、当時流行ったWink（左下）のまるでゼンマイの切れた機械仕掛けの人形のような無気力感あふれる歌と踊りが象徴している。ただし、この確信犯と思えた無表情さは、当人たちによれば「笑え、笑えと言われても不器用でできなかった」そうで、ラグビー日本代表プロップのガッキー稲垣啓

日本の女性デュオの系譜

ザ・ピーナッツ
1959～75年

こまどり姉妹
1959年～

ピンク・レディー
1976～81年

ウインク
1988～96年

PUFFY
1995年～

チャラン・ポ・ランタン
2009年～

出所：『Wikipedia』、『Google Chrome』、『Microsoft Edge』、『bing』などの画像ファイルより引用

太同様の理由によるというのが、真相だったらしい。わからないものだ。

1995年に登場したPUFFY（まん中下）は非常に頭のいいデュオで、阿久悠や秋元康も舌を巻くようなコンセプト型のプロモーションをほぼ手づくりでやっている。たとえば『渚にまつわるエトセトラ』では、阿久悠がピンク・レディーにおそるおそる歌わせたアイドルによるコミックソングを大胆に歌っている。またピンク・レディーやフィンガー5のアメリカ進出があまりにも展望のない賭けだったのに比べて、アメリカには少女向けのアイドルがいないことをしっかりリサーチしてから、子ども番組アイドルというジャンルを確立し、人気にかげりが見える前に日本に凱旋している。

チャラン・ポ・ランタン（右下）は知名度こそ低いが、熱狂的ファン層を築きつつある。『サタデイ・ナイト』のパロディ『ソトデナイ』とか、丸尾末広原作の『少女椿』でみごとにサーカスジンタを復活させた手ぎわとか、センスあふれるお遊びソングを次々にくり出している。

こんなに長期にわたって女性デュオのアイドルを生み出し続けている国が、日本以外にあるだろうか？　米英にもアイドルと呼べるような男性デュオは時おり出てきた。エヴァリー・ブラザーズ、ライチャス・ブラザーズ、サイモンとガーファンクル、ピーターとゴードンといった具合だ。だがアイドルと言えるほど人気の出た女性デュオがいただろうか。もし米英に単発企画ではなく、長期的な女性デュオのアイドルがいたことをご存じの方がいらっしゃったら、ぜひお教えいただきたい。

もうひとつの日本独特の現象が少女に受ける女性たちが大ブームを巻き起こすことだ。他局のタレントスカウト番組で落選した経験から、戦略的に純朴なフォークデュオという線を狙って『スター誕生！』決勝大会に出たふたりの高校生に、若く健康な女性の清潔なお色気によってオジサマ族にアピールさせようとした阿久悠の思惑はみごとにはずれた。ピンク・レディーのミニスカートの大股開きに敏感に反応したのは、幼稚園・保育園児から小学生の女の子たちだった。すでに女性アイドル・グループとして先行していたキャンディーズのファン層が同年代の男子大学生、高校生中心だったのとは対照的だ。

ちょっとさかのぼる1961年、ジャジーなハスキーボイスの17歳、渡辺マリが歌った『東京ドドンパ娘』も狙いはオジサマ族に若い女の子のはつらつとした魅力をアピールすることだったが、受けたのはちょっとませた小学生中心の低年齢層だった。橋本治はこう書いている。

ホントは臆病なんだけどでもその実は騒ぎたくてウズウズしているワンパク小僧達が歌う。（橋本、401ページ）

こうして見ると、日本ではアイドル自身が幼児性を失わないこともさることながら、その幼児性が実際に子どもたちの支持を受けることがアイドルの座を獲得するためにいかに大事かがわかってくる。かなり昔にさかのぼった宝塚少女歌劇のサクセスストーリーも、右に同じだ。

宝塚少女歌劇創設期に阪急電鉄の重役だった小林一三が宝塚温泉への客引き用に大阪三越の少年音楽隊に対抗して、若い女の子だけで宝塚少女歌劇団を結成させた。いかにも温泉に泊まりに来そうなオジサマ族の長い鼻の下を狙っての企画だった可能性もないではない。だが案に相違してこの少女たちの舞台に熱狂したのは、同年代からちょっと下ぐらいの女学生たちだった。ご両親にしてみれば、たとえ宝塚の「生徒さん」と実際に付き合うことになったとしても、女同士だからまちがいはなかろうということで、良家のお嬢さんたちが家族公認でショービジネスの世界を楽しめるというニッチを確立した。

劇場チケットは昔からそう安いものではなかった。小林一三のもっとも苦心したところが、観劇料の低額化で、高級フランス料理のフルコースが2円したときに「大劇場の座席券が三十銭（玉岡、91ページ）」だったという。たしかに驚くべき低価格だ。それでも、まだ勉学中の子どもたちにかんたんに支払える金額ではない。

終戦からまだ15年強の1961年のシングル盤価格も、ピンク・レディー全盛期のLP価格もばかにならない出費だった。つまり日本の子どもたちは家計支出について、けっこうな裁量権を持っていたのだ。日本の子どもたちが比較的経済的にも恵まれ、また独自の社会構成要素としても認知されていたことが、少年少女に受けるアーティストたちが大ブームを巻き起こす要因となっていた可能性が高い。

少女スターは連綿と続いた日本固有の大衆音楽の伝統

ふり返れば、大衆芸能や大衆音楽の世界で女性スターが非常に若いのは、決して第二次世界大戦以後に限定された現象ではなかった。明治初期からかなり長期にわたって、日本の子どもたちが歌うべき歌に関して、文部省唱歌と文化人たちの提唱する童謡運動が対立していたという定説がある。渡辺裕は、実際にはかならずしも政府官僚による押しつけ対良識ある民間人の自発的啓蒙運動という図式では割り切れないところがいろいろあったことを、豊富な史料で実証してきた。

渡辺裕の『日本文化　モダン・ラプソディ』には、以下のようなおもしろい事例が紹介されている。すでに大正末期には、現代人には奇妙な取り合わせと思える芸妓の洋風舞踊団が創設されて、付属洋楽バンドとともに1924～28年の5年間、毎年1回東京の帝劇で定例公演をするほどの人気になっていた。

大阪・宗右衛門町の「河合」という茶屋の主人であった河合幸七郎が芸妓たちを集めて発足させた「河合ダンス」という芸妓の舞踊団である。（渡辺裕1、100ページ）

両大戦間の小春日和に大不況と戦争の影が差しつつあった1932年、大阪独立《インディ》レーベル、ニットーレコードの広報誌『ニットータイムス』には、河合ダンス専属バンドメンバーたちの年齢が、こう紹介されていたという。

記事の見出しには「河合ダンスの可憐な少女が軀より大きな木琴を大人も及ばぬ位達者に演奏する」とある。このシロホン合奏のメンバーであった菊彌と文子が一四歳、せき子が一一歳、君子にいたってはわずか一〇歳という状況であった……。（渡辺裕1、209ページ）

この時代の年齢は満ではなく、数え年だったことをお忘れなく。しかし驚くのはまだ早い。時あたかも第一次世界大戦勃発の年、ヨーロッパ戦線のあちこちに火種がくすぶっていた1914年、宝塚新温泉の付帯施設大温泉プールが不入りだったために、プールの上を板張りの舞台として発足したのが、すぐ前にもご紹介した宝塚少女歌劇だった。玉岡かおる著『タカラジェンヌの太平洋戦争』には、その第1回公演の模様を伝える、大正3（1914）年4月1日付の大阪毎日新聞記事が引用されている。

これら若き音楽家らは、いずれも良家の児の音楽好きを選べるにて、特に左の七人《ママ》は天

才と称せらるるものなりと。
桃太郎になる高峰妙子（十四）△爺さんになる外山咲子（十五）△婆さんになる雄島艶子（十六）△猿になる雲井波子（十二）△犬になる八十島楫子（十四）△雉子になる由良道子（十二）
（玉岡、28ページ）

もちろん、その前には明治30（１８９７）年を中心とした十数年間を通じて熱狂的なブームが続いた娘義太夫の少女スターたちがいた。その先駆となったのは、明治20（１８７８）年に13歳でデビューした「男装の美少女」義太夫語り、竹本綾之助だった。娘義太夫の歴史をコンパクトにまとめた『知られざる芸能史　娘義太夫』で水野悠子はこの息の長いブームの発端を、こう紹介している。

綾之助は「帝都の人気を一身に集めた」「イヤハヤたいそうな人気で車の後押し志願の学生無数」「歌舞の菩薩の来迎」「一世の風雲児」「開演は午後六時なのに午前中から満員になってしまうもの凄い入り」「女一代のうちにあれくらいの人気を博し、あれくらい騒がれれば女冥利」「前代未聞」「空前の人気者」だったのだという。（水野、26ページ）

ちなみに、この引用の中に登場する車とは、もちろん自動車ではなく人力車のことだ。綾之助はその後ほぼ10年間にわたって娘義太夫のみならず、寄席演芸の世界全体でのトップスターの座を守り、後世の回顧談の中でどんどん伝説に尾ひれがついていった。おまけに人気絶頂での引退前後の熱狂ぶりまで、約80年後に山口百恵が引退したときと不気味なほどよく似ている。

しかし、明治三十一年（一八九八）六月、綾之助はファンの一人と結婚するため引退し、家庭に入ってしまう。引退興行はすさまじい入りだったという。（水野、27ページ）

さて、読者の中には「いったいいつまでさかのぼる気だろう。天照大神《あまてらすおおみかみ》や天鈿女命《あめのうずめのみこと》まで行くのだろうか」と不安に思っていらっしゃる方も出てきたかもしれない。ご心配なく。明治維新期の爆発的な娘義太夫ブームのもととなった文化・文政期（19世紀初頭）より昔となると、戦国末期から江戸初期に大流行した出雲阿国《いずものおくに》の歌舞伎踊りまでで、この時間旅行は打ち止めとなる。

日本のアイドルの元祖、出雲阿国

ここで、ぜひご覧いただきたい上下3段の図像がある。

上段は、この人より昔にさかのぼったら神話時代になってしまうという正真正銘の女性アイドル第1号、出雲阿国だ。上段の全景を見ると、脇役を従え、おそらくはお笑い《コミック・リリーフ》を取る役どころふたりを見下し、後ろにはかなりの人数の楽団が勢揃いしている。中段のクローズアップを見ると、女髷《おんなまげ》ではなく、若衆髷にはちまきを締め、袖のない陣羽織仕立てだが、それにしては裾の長い独特の衣装を着て、小刀は腰にはさみ大刀はつっかい棒代わりにして肘をつき、右手は軍扇のような大ぶりの扇子を持ち、首からは数珠と十字架のロザリオを一緒にかけるという、

アイドルの元祖、出雲の阿国と第1次アイドルブーム、娘義太夫

左はおそらく、豊竹昇菊・昇之助の姉妹デュオ。中央はおそらく竹本小土佐。

江戸時代を通じたきびしい弾圧から解放された女義太夫は、明治8（1875）年刊行の『諸芸人名録』にすでに144名が記載され、明治中期の19〜21（1886〜88）年には13歳の玉之助、14歳の綾之助、15歳の小土佐と、「花の中三トリオ」並みの少女スターを輩出し、娘義太夫という呼称が一般化した。昇菊・昇之助の姉妹デュオが上京したのはちょっと遅く、明治34（1901）年。

出所：（上・中）ウェブサイト『波乱万丈、江戸の歌舞伎と芝居小屋』、2013年3月26日、（下）ウェブサイト『今昔、ファン気質。――ガチ坊のおもひで日誌』、2014年8月3日のエントリーより引用。説明文は、水野悠子『知られざる芸能史　娘義太夫――スキャンダルと文化のあいだ』（1998年、中公新書）より要約。

なかなかケバい出で立ちだ。

これ見よがしの堂々たる異端・邪宗ぶりにもかかわらず、幕府は阿国を弾圧したときの反動が怖くて、拷問にかけたり処刑したりはできなかったらしい。出雲大社から、大国主命《おおくにぬしのみこと》の日本上陸地点と言われる稲佐の浜に降りるゆるやかに曲がる下り坂には、左手に小さく質素な阿国の墓があり、右手には阿国が晩年読書と連歌三昧の日々を過ごしたと言われる、二坪ほどの小さな四阿《あずまや》がある。もしきびしい弾圧を受けていたとしたら、こういうのどかな晩年の言い伝え以外に、もっとドラマチックな異説も出ていただろう。

その代わり、まず江戸初期に常設の舞台から女歌舞伎が完全に追放された。そして高座に上がって芸をする可能性の残されたほぼ唯一の女性芸能人集団である女義太夫の太夫たちは、執拗に弾圧された。すぐ下に引用する天保年間の娘義太夫35名の一斉検束のときには、牢につながれたうえに商売道具の三味線も打ち壊されていた。

江戸時代を通じて、娘義太夫あるいは女義太夫（略して女義とも呼ばれた）に関する禁令がたびたび出ていた。ということは何度禁じられても、ほとぼりが冷めるとまた復活していたわけだ。ただ、はっきり娘義太夫として高座に出ていた太夫の年齢がわかる最古の史料は、以下に引用する1813（文化12）年のものらしい。

文化十二年には、子供の義太夫が繁昌して「竹染之介《ママ》といふもの一二歳にて出語《でがたり》」し、「歴々の太夫も及ばず大入」であったという（カッコ内略）。この染之助という少女は、老母養育、

あるいは病母看病のために特別に寄席出演を許されたと伝えられている。親孝行に免じて例外を認めたために、女義はまたまた流行してしまうのである。（水野、79ページ）

――――――――

染之助という人、なかなかの芸人根性の持ち主だったらしく、18年後の1831（天保2）年に娘義太夫の一斉検束があったときに入牢した35名中の最高齢者となっている。

『娘浄瑠璃芸品定』に名前があったのはそのうちの一八名であった。さて、三五名の内訳だが、一〇代が一七名、二〇代が一四名、三〇代が二名、四〇歳が最高齢で二名。若手が圧倒的に多い。しかし、最高齢の一人は誰あろう、親孝行の染之助である。（水野、85ページ）

――――――――

明治時代は町人や農民にとって明るい時代ではなかった。税は重くなり、法律規則は厳格になり、おまけに徴兵令も施行された。その中でほとんど唯一、江戸時代より規制がゆるやかになったのが娘義太夫の公演だった。だからこそ志賀直哉、竹久夢二、木下杢太郎といった明治の文人墨客たちを熱狂させたのだ。

そこで下段、とくに左端をご覧いただきたい。ヴォーカルと伴奏の姉妹デュオ、チャラン・ポ・ランタンとまったく同一の構成だ。日本独特の女性デュオの隆盛と、若い、往々にして幼い女性たちの支持するグループがブームを巻き起こす構造は、結局以下に推論するようなことではないだろうか。

一方には、なるべく広い観衆・聴衆に自分たちの芸を披露したい女芸能人集団の欲求がある。もう一方には、吉原に通い詰めたり、芸者をあげたりすることのできる大金持ち以外にも女性芸能人の芸を堪能する場が欲しい観衆・聴衆側の欲求がある。このふたつの欲求が出会うところにブームが生まれる。

そのブームは女性芸能者がふたり以上のグループで演ずるとき、観衆・聴衆たちの中の若年層、とりわけ同性の若年層の支持を受けてさらに熱狂的になる。同性のスターやアイドルひとりは、たとえ妄想に近くとも恋敵《こいがたき》への警戒心を呼び起こすが、ふたり以上だと仲間意識や連帯感を呼び起こすからだ。

江戸の庶民社会はおそらく世界一の男女平等を実現していた

徳川幕府が出雲阿国を惨殺もせず、拷問にもかけなかった抑制は褒められていい。だが女役者は常設の芝居小屋の舞台に上げず、女芸人は寄席の高座に上がらせない方針を貫いたのは、やはり大まちがいだった。というのも武士や大商人の家族は別だが、江戸時代の庶民のあいだでは演劇・演芸以外ではほぼ完璧な男女間の機会均等が根付いていたからだ。

江戸時代の女性の地位は、おそらく現代よりずっと高かったことを考えれば、明治期女義太夫ブームが意味したことは、女性の地位向上というより、女性復権運動と考えるべきかもしれない。ちょっと次の文章をお読みいただきたい。原文を忠実に引用するとせっかくの歯切れのいいテンポが中断されてしまうので、私が現代かな遣い・漢字遣いに直したが、ほぼ忠実に意味はくみ取れているはずだ。いったい、いくつぐらいの、どういう身分の男性あるいは女性の発言と思われるだろうか。

日本橋の善兵衛の店の天ぷらは日本一だぞ。エッ、あんたあんないい店を知らねえの。江戸中でも屋台店の親玉だよ。おいらは最近、夜になってから勝んべえとあば専（どちらもあだ名）とおらが内と、四人連れで立ち食いに行ったんだ。初鰹（見栄を張って高値で仕入れてくるものだから、めったに安さが売りの店では出ない――引用者注）の天ぷらを売る者はあすこ一軒だ。なんでもねえってものはない。いつなんどき行っても大勢の人がおっかぶさるように店を取り巻いている。それでさあ、すぐそばに蕎麦屋の屋台があるのが絶妙。卵を揚げたやつを熱ぅい蕎麦にぶちこんで、ぶっかけて食うのが千両ッす。芹鴨もいいし、白魚もいいけど、おいらァ卵派だ。（飯野、94ページ）

そう、勘のいい読者は、わざわざ江戸時代の女性の地位について引用したからには、この言葉が女性の口から出たものだということは、すぐお気づきになっただろう。正解は、比較的若い長屋の女房の発言なのだ。18世紀末から19世紀初頭にかけての流行作家、式亭三馬が1817年に『四十八癖』という本に登場させた人物だ。言葉尻がぶっきらぼうになるのを避けるための「ね」とか「なのよ」とか「だわ」とかの装飾的な語尾はいっさい使っていないし、「お」とか「おみ」とか「おみお」とかの丁寧語もない。

それにしても驚くのは、自分の亭主のことを「おらが内」と呼んでいることだ。当然、亭主のほうも自分の女房を「おらが内」と呼んでいただろう。完全に男女対等だ。もちろん身分格式にこだわる武家の奥方や、大商店の内儀《おかみ》は毎朝毎晩、旦那様に三つ指ついて「おはようございます」「おやすみなさいませ」とお辞儀をしていたことだろう。だが庶民のあいだでの夫婦間の会話は、このくらい平等だったのだ。

唱歌対童謡論争こそ子どもが大事にされていたことを示している

日本国民の芸ごと好きと、子どもに対する甘さは、江戸時代にはもう確固たる伝統となっていた。そのへんの事情は渡辺京二の名著『逝きし世の面影』が伝えるとおりだし、子どもを描いた浮世絵は、年齢層が推定できるぐらいに微妙なプロポーションの違いを描き分けている。中世から近世にかけてのヨーロッパ肖像画にちらっと登場するおとなの縮尺模型としての子どもも像とは大違いだ。

あとで日本の寺子屋との違いを示すため、創設間もない時期のパリ大学の講義風景を引用する。大学の抑圧的な雰囲気も然《さ》ることながら、幼児期から青年期のあいだに少年期が見当たらない社会のグロテスクさについては、フィリップ・アリエスの名著『〈子供〉の誕生』巻頭の口絵の数々に一見の価値がある。

5～12歳ぐらいの子どもは、完全に大人の縮尺模型として描かれる。一方、0～3、4歳の子どもはまるで別の種類の動物のように頭が大きく、胴体と手足が小さく描かれる。その結果、2歳ぐらいの幼児のほうが、10歳の子どもより頭がでかいといった奇っ怪な肖像画《ポートレート》ができ上がる。中世、いや近世初期までのヨーロッパは、それくらい子どもに無関心な国々の集まりだったのだ。戦争に明け暮れ、戦争のたびに平然と罪もなく、抵抗手段も持ち合わせない女子どもが大量虐殺されていたのも無理はない。

橋本治は平安時代の『源氏物語』『枕草子』に始まって、江戸時代の歌舞伎・戯作にいたるまで、日本文化に耽溺している限りでは、非常にまともなことを言っていた。だが、ひとたび日本とヨーロッパの比較論に筆を広げると、とたんに卑屈なまでのヨーロッパ崇拝をむき出しにして歴史的事実と正反対のことを言いつのる。たとえば明治期に始まり、今でもこういう図式を大まじめに振りかざす人が多い、唱歌対童謡論争の意味についてだ。

日本の昔――明治・大正の頃には〝歌謡曲〟というものがなかったという話は前にもしましたが、〝子供の為の歌〟というものはもっとなかった。……子供はただ大声を出している。子供は蛮声を張り上げるただの野蛮人で、それでは困る。「これからの日本も西洋並みにキチンとした音楽教育をしなければならない」というんで、文部省は音楽の時間を作り、子供達に小学唱歌を教えた。教えたはいいけれども、今度は、それが国家寄りのものになってしまっては困る。「子供には〝子供の為の歌〟もなければ、子供の時にあるすこやかにして純なる感性が伸びて行かない」ということになって、学校音楽とは違ったところから、〝童

――謡運動〟というものは生まれてくるんですね。(橋本、44ページ)

たしかに明治初期の文部官僚や反体制派知識人、文化人はそう考えていた。経済力、軍事力で日本が欧米列強に押しまくられていたのは事実だから、なんでもかんでも欧米は進んでいて、日本は遅れているという危機意識に駆られていたのも無理はない。

だが、これだけ海外に関する知識や情報が増え、日本国民一般の教育水準も向上した現代にいたっても、橋本がこの認識を歴史的事実だと思い続けていたのは、劣等感がいかにものの見方を歪曲するかの標本のような話だ。事実の問題として日本では、古来子どもたちが一流の歌人や俳人の名歌、名句に親しみ、純朴から、卑俗、ときには猥雑にいたるさまざまな民謡やわらべ歌をおとなの前で歌っても、決して叱られも殴られもしなかった。これほど子どもが伸びやかに育っていける国は、少なくとも欧米列強にはなかった。

「唱歌対童謡」という図式の根底にあったのは、「このままでは伝統的な邦楽系の俗謡、わらべ歌のたぐいは、西洋音楽に押しまくられて絶滅する」という共通認識だった。それなら、「邦楽を西洋音楽の楽理に合わせて採譜して、西洋楽器で演奏できるようにするのがいいのか」、それとも「まったく新しい、子どものために表現を平易にした歌を創作するのがいいのか」という論争があった。そして創作派の中からさらに学校教育重視派と民間主導派が分岐していったのだ。

愛の反対語は憎悪ではなく、無関心だ。日本の知識人たちは明治維新直後という国難の危機が迫っている時代でさえ、これだけ子どもたちを愛し、子どもたちが歌える歌を守り育てるために、まさにひたいに青筋立てながらかんかんがくがくの議論をしたのだ。立派なことではないか。橋本が崇拝してやまないヨーロッパではどうだったか。

フランスやドイツでは、おそらくイギリスに対する後進国意識から、童話や童謡の不気味で残虐なところを多少ショックの少ないかたちに変更する運動があった。おとなの、しかもプロの作詞家、作曲家がまじめに子どもたちのための楽曲を創作しようなどという動きは、完全に個人レベルにとどまった。イギリスはその程度のことさえしなかった。だから今でもマザーグースやナースリーライムと総称されるわらべ歌は、「これ、子どもが無邪気に歌っていいの？」と思うような不気味かつ残虐な歌詞のまま、歌い継がれている。

幼児進行は幼児信仰の域に達していた

日本人は偏狭なヨーロッパかぶれの知識人以外、子どもを野蛮人として見たことはない。次の引用が雄弁に物語るとおりだ。

親の最大の関心は子どもの教育だった。あまやかしや放任のようにみえたのは、これもアンベールの言うとおり、親が子どもの「玩具にも遊戯にも祭礼にも干渉しない」からだった。……つまり日本の子どもは自分たちだけの独立した世界をもち、大人はそれに干渉しなかったのである。だからこそモースは、日本の子どもが「他のいずれの国の子供達よ

り多くの自由を持」っていると感じたのだ。（渡辺1、396〜397ページ）

そして日本の子どもたちは、親にとって最大の関心事である教育の場でも、自由闊達《かったつ》、奔放にふるまった。次ページの2枚の絵が暴れ放題の中できちんと読み書きそろばんを習っていく、日本の庶民の子どもたちと、かしこまって権威に服従することを強制されるヨーロッパ初期の大学生たちの差をみごとに描き出している。

もともとヨーロッパ諸国が子ども文化不毛の地だったことの影響も見逃せない。16〜17世紀にブルジョワジーが勃興しはじめるまでのヨーロッパ諸国には、人間には幼年期と成人期のあいだに少年少女期があるという認識はなかった。男の子でも女の子のような恰好をさせておいたほうがかわいい2〜3歳までの幼児期を過ぎると、即子どもたちは鞭《むち》やげんこつで小さな野蛮人を叩《たた》き出して小さな文明人に仕立て上げる「教育」の対象となり、子どもたちが肖像画に登場する際にも、おとなのプロポーションをそのまま縮尺した形で描かれていた。

さすがに最近では鞭やげんこつで野蛮人を文明人に叩き直すことはめったにないだろうが、ヨーロッパの子どもたちはたしかにきびしくしつけられている。怖いおとなが見ている限り、模範児童を演ずる。だが、おとなが甘いと見るや否や、際限なく自分の要求を押し通そうとする。甘いおとなたちに育てられた日本の子どもたちのほうが、どこまで自分の要求を押し通せるかの限度を心得ている。

子どもと教育についての論点整理

	覇権国（欧州→アメリカ）	感化力時代の主導国（日本）
教育制度は？	エリート主義（大学から）	大衆主導（寺子屋から）
子どもたちの育ち方 社会適応への自信は？	アメと鞭 学業と無縁に自信過剰	自由放任か校則で拘束 成績は良くても悪くても自信過小

中世のパリ大学
大学は権威主義的な聖職者
育成機関として発達した

江戸時代の寺子屋風景
始の巻では男の先生、
末の巻では
女の先生が教えている

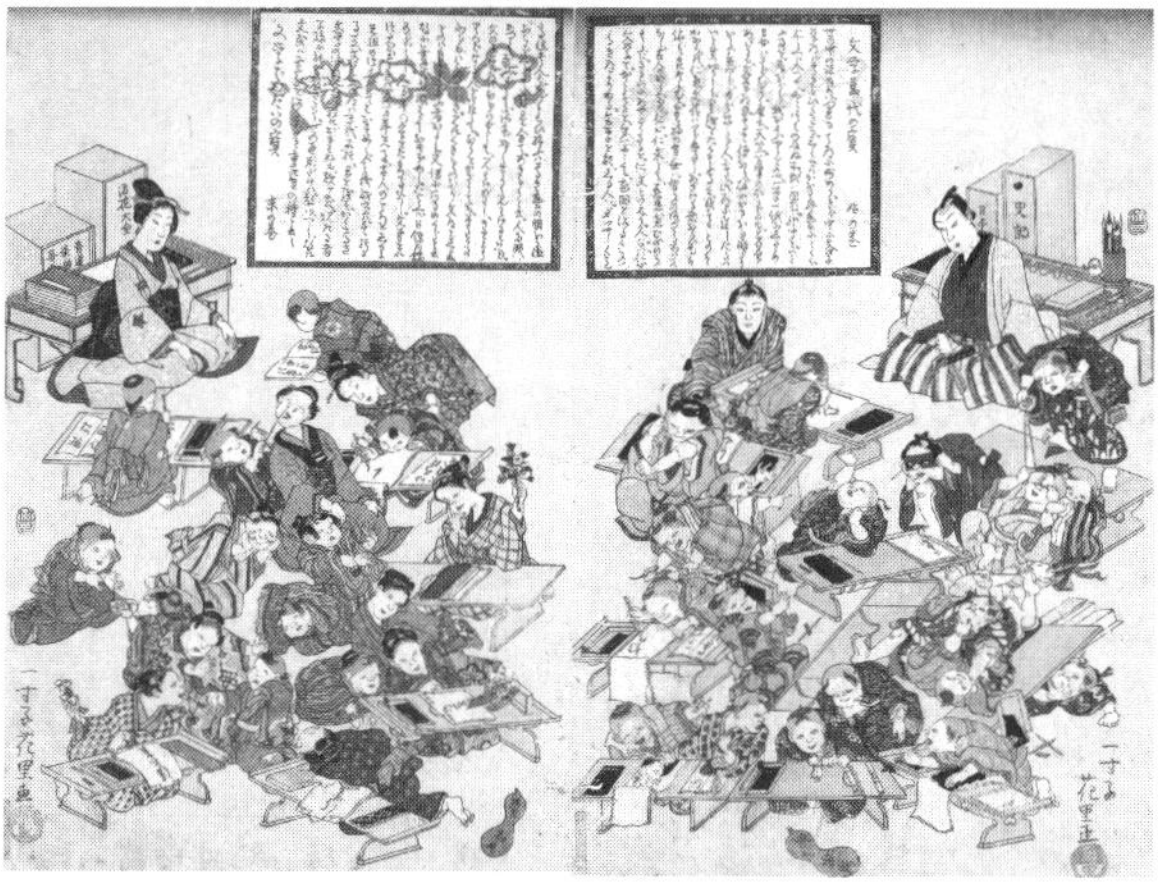

出所：（上）著者作成、（中）『Wikipedia』、「Universities in the Medieval Period」のエントリー、（下）ウェブサイト『江戸東京デジタルミュージアム』、「文学万代の宝」より転載

おまけにクルマ社会化が極限まで進んだアメリカでは、子どもたちは自主的に同年配の子ども同士で社会を形成する訓練をまったく受けていない。1960年代までに少年期を迎えたアメリカ人は子どもだけで外に出たり、電車に乗ったりすることができていた。「相互理解を通じた平和」をテーマとして1964年に開催されたニューヨーク万国博覧会では、当時はもう地下鉄になっていたが、まだ高架鉄道（Elevated Railway）だった時代の略称エルを乗り継いで自分たちだけで万博会場に行った子どもたちの回想が残っている。

だが1970年代以降は、小中学校にスクールバスか両親（の許諾を得た成人）の運転する自動車で通わせないのは、犯罪と見なされる。自宅のすぐ前だとしても、成人の監視なしで子どもだけで公道に放置しておくのも犯罪だ。

マーク・ザッカーバーグ、ジェフ・ベゾス、イーロン・マスクといった最近のアメリカ新興企業の創業者に奇矯というよりは異常な振る舞いが多い。これは現在50代以下のほとんどのアメリカ国民が、同年配の子どもたちで自主的な社会を形成する訓練を受けていないことに原因がありそうだ。アメリカ国民全体がカネさえあればやりたい放題をやろうという欲求を持っていて、新興企業の創業者たちにはそのカネがあることが大きく影響しているのではないだろうか。

日本人の子どもに対する甘さはもう信仰の域に達していると言っても大げさではない。そこがまた日本の知識人には「だから甘ったれで自主性のない少年がそのまま青年になり、老化していく」と非難される。だが、これは正反対なのだ。

世界は今、過去500年間続いた欧米キリスト教徒たちによる世界侵略が終わり、政治・経済・社会全体がもっと自由で平和で平等なものに変わる大転換点を迎えている。だが、もっと大きな過去2000年近く続いた一神教支配からの解放という転換点も来ている可能性が高い。ごく少数のユダヤ教徒対多数のキリスト教徒の戦い、キリスト教徒対イスラム教徒の戦い、そしてイスラム教に勝ったキリスト教徒たちのあいだでのカトリック対プロテスタントの戦いが世界史における大戦争の大半を占めてきた。

だが今さまざまな指標が、今後は東アジア的な世界観が圧倒的に優勢になることを示唆している。平均的な知的水準・教育水準の高さ、肥満率の低さ、大都市に住んでいても平穏無事な生活を営むことのできる都市人口の激増、すべて東アジアに固有の現象だ。

子孫派家族教徒たちが戦争のない21世紀を切り開く

そして東アジア人の大半は生理的に一神教を受け付けない。彼らが圧倒的に支持するのは、汎神論の中でも祭るべき神をごく身近に感ずることのできる家族教だ。そして家族教にも2派あって、祖先派と子孫派がいる。中国は文明の曙のころから祖先派だったと信ずべき証拠が多い。日本はおそらく縄文時代から子孫派だったが、明治維新期に近代国民戦争を生き抜くために、天皇を祖先とし、全国民が天皇家の子孫とする疑似祖先派に鞍替えした。そして第二次世界大戦の惨敗を機に、また子孫派に戻った。

祖先派と子孫派の差がどこに現れるかというと、まず養子縁組だ。祖先派の国々では、絶対に遠い祖先を同じくする同姓の子どもたちしか養子に迎えられない。一方、日本人のような子孫派家族教徒のあいだでは、養子縁組をするのに同姓間に限るという制約はまったくない。それどころか夫婦養子という、祖先派家族教徒にとって許しがたい血統無視の「暴挙」も平然としてやってしまう。

自分の家の血筋が高貴だから、なるべく同じ家系から養子を取りたいという優先順位を持っている家も上流にはある。だが、それも高貴でありさえすればいいので、武家なのに藤原家からいただいてくるとか、天皇家からいただいてくることにさしたる障害はない。下々のあいだでは完全な能力本位だ。なるべく家を繁栄させてくれそうな賢い子どもを引っ張ってくる。

賢い子どもが自分たちの家を繁栄させてくれることの照り返しで、自分たちがこの世に生を享けた意義を感じ取ることができる。そこに血筋の概念はほとんど関与しない。江戸時代よりはるかに本音で行動する武士たちの多かった室町時代、赤松満祐は六代将軍足利義教を暗殺して、のちに攻め滅ぼされ、一族69名とともに切腹自殺した。その満祐が義教の後を継いだ将軍の枕元に亡霊となって現れたとき、訴えたのは恨みでも呪いでもなく、「どうか立派な人物を当主に据えて赤松家を再興して欲しい」という嘆願だった。つまり同じ家族教徒のあいだでも、祖先派が過去志向なのに対して、子孫派はあくまでも未来志向なのだ。

子孫派家族教徒の弱点は足手まといの女子どもを平然と殺すことができないので、戦争に弱いことだ。だが世界情勢は刻々と戦争もどきは起きるがほんものの戦争は起きない方向に進んでいる。戦争もどきとは戦場で勝った側ではなく、同情を買った側が勝つ、戦争に酷似した示威行動のことだ。戦場で決着がつく最後の戦争は、おそらくイランイラク戦争だった。一方、ベトナム戦争と時期的にもほぼ並行して起きていたアイスランド・イギリス間の「タラ戦争」（１９５８〜76年）は、戦場で圧勝したイギリスが領海権や排他的経済水域問題ではアイスランドに惨敗した。

そして第二次世界大戦末期に陸軍士官学校を出て近衛歩兵連隊に旗手として少尉任官した村上兵衛が１９９２年に『再検証「大東亜戦争」とは何か』を書いて、終わったばかりの第一次湾岸戦争（１９９０〜91年）の世界史的意義を考察するという剣呑な作業に取り組んでいる。

イラク軍の撤退を迫る外交交渉は、さまざまな形で延々とつづいたが、ついに不調に終わって空爆が開始された。そしてとどのつまり地上戦「百時間戦争」によって、ペルシャ湾岸戦争は多国籍軍の圧倒的勝利のうちに終結した。この戦争は、ひょっとすると「世界最終戦」になるのではないか——という思いが、あれから一年経ったいま、私の脳裏には明滅している。（村上、２１６ページ）

これからもっとも起こり得る公算の高い国家間戦争は、隣接する領土権に民族問題のからむ国境戦争であるが、これとて武力をもって争うよりも、外交手段により、とりわけまず国連という場をつうじながら争われ、直接、戦争手段に訴えるケースは、従来よりいっそうマレになるのではないか。（村上、217ページ）

そして、この本を以下の言葉で結んでいる。

　今日の世界は「無戦争時代」、換言するなら「半永久平和の時代」の、いわば夜明けにある。ひとは多く、自分の生きている時代の意味を知らない。そして十年、二十年の歳月を経て、過去を振りかえったときに、過ぎ去った時代の意味を知る。（中略）かつて明治開国に当って、遅れて西洋文明に参入したわれわれの父祖が、幾多の血と汗を流さねばならなかった、その肩の重みを、改めて実感をもって追想する。

　そうして今日のわれわれが、もし世界の平和に応分に寄与するところがあるならば、明治以来の戦争に斃れた多くの人々の諸霊も、いくらかは暖かい眼眸をもって、われわれの行動を照覧し給うのではないか。（村上、246ページ）

村上兵衛が第一次湾岸戦争の終結に「無戦争時代の夜明け」を直感していたころ、『スター誕生！』の企画に関与し、審査員も務め、作詞家として多くのアイドルを生み出した阿久悠は、21世紀を「強肉弱食」の時代と見通していたことは第1章で書いておいた。人類は戦争をしても軍事力で強いほうが損をする時代、すなわち戦争がソロバンにあわない時代に確実に突入しつつある。そのとき、浮上するのは戦争にはまったく不向きな子孫派家族教徒たちだろう。

必ずしも論理的な必然というわけではないが、祖先派家族教徒のあいだでは男性・男系優位という傾向があり、逆に子孫派家族教徒のあいだでは女性・女系優位なようだ。日本でも明治維新前までは、武家政治の担い手としての侍集団をのぞけば、女性・女系優位の時代が続いていた。明治維新以降、国民全体に男系・男性優位の思想を浸透させようとしたが付け焼き刃だったので、第二次世界大戦中までほんとうは自分たちのほうが強いのに男を形式的に奉らなければならない日本の女性たちには不満が鬱積《うっせき》していた。その溜まりに溜まった憤懣《ふんまん》が爆発しているからこそ、戦後の日本女性たちは勢いがいいのだろう。

21世紀は平和の時代、女の時代、そして一流アーティストの音源を機械で再生するより、しろうと芸でもライヴのほうがいい時代になる。日本が世界に誇る縄文1万2000〜1万4000年、平安350年、江戸250年と3回にわたる長期平和という遺産をフル活用できる時代が迫っているのだ。

中国最大の懸念は新型コロナウィルスより女性自殺率の高さ

逆に心配なのが、つい最近の自動車販売台数激減と新型コロナウィルスの蔓延までは順風満帆に見えていた中国だ。自殺率統計を取っている200近い国の中でほとんど唯一、中国では女性の自殺率のほうが男性の自殺率より高い。これは、もう終了したことになっている中国の「ひとりっ子政策」が中国人民の魂《サイキ》に想像を絶するような傷跡を残している証拠ではないだろうか。

中国では太古の昔から夫婦別姓で、子どもたちは夫の姓を受け継ぐ。そして、ひとりっ子政策時代にひとり娘として生まれた女性たちは、自分が生まれた瞬間から自分の姓を受け継ぐ子どもがいない大罪を背負って生きている。

まじめに共産党中央の指令を遵守《じゅんしゅ》した家族ほど、男の兄弟がいないので遠い祖先からの血統の断絶という大罪を感じながら生きているひとり娘が多いわけだ。世界中ほとんどの国で女性の自殺率は男性の自殺率より顕著に低いのに、中国では女性の自殺率のほうが高いのは、この重荷が影響している可能性が高い。

潜在意識の中では、中国人にとって何千年かにわたって祖先から受け継いできた血統を自分の代で絶やしてしまうことから生ずる罪悪感が、なんらかの挫折を感じたときに中国女性を自殺に赴かせる原因となっているのではないだろうか。

もちろん公式には「そんな祖先崇拝などという封建的な遺風はとっくの昔に克服した」ことになっているだろう。中国人のほとんどが、意識としては祖先崇拝など過去の話だと思っているかもしれない。だが宗教感情はそもそも理屈の上に成り立っているものではない。

実際に農村部などでは、富裕層が自分の家系がいかに偉大な祖先から血を受け継いだものかを調査して系図を再構成（あるいは創作）する作業に大金を払っている。そして豪華な家系図の本を出版して同姓の人たちに半強制的に買わせることが、ひんぱんに行われているらしい。そこまではまあ、はた迷惑で済む話だが、同姓の人間ばかりで日本の村に当たる郷や鎮、あるいはもっと上級の自治体の役職を独占するとなると、迷惑だけでは済まなくなる。

この姓を同じくする人間集団のことを中国語では宗族と呼ぶ。日本では相続を巡って親類縁者が争うことを皮肉もこめて争族と言っているが、日本の争族より自治体の要職を独占した宗族のほうがずっと怖いものらしい。

経済基盤から見ても江戸時代の日本は世界中でもっとも平等な社会

江戸時代の日本がほぼ確実に世界一経済的な平等性の高い国だったことは、次ページの表が立証している。

注目していただきたいのは、下から4段の日本、軍人をふくまないイングランド、軍人をふくむイングランド、そしてインドの所得分配を農民が１００とした場合に、支配階級の人間、工商階級（江戸時代の日本で言えば、ほぼ町人に相当する）がいくつかという指数で比較しているところだ。日本は支配階級の平均値でも１７７と農民の2倍まで達していない。町人の平均値もまた、１６０と農民の１・６倍に過ぎない。そして、この数字は明らかに支配階級の数値をなるべく大きく出すためのバイアスがかかっている。農民と町人の比較は史料にもとづく積み上げで算出しているが、支配階級については直接比較できるような史料がないので、「工商階層の

世界に冠たる軽税平等国家だった幕末期日本

階層間所得分布の日英印比較

← 階層 →

	国と時代	支配者	工商	農民
人口割合(%)	日本、1840年代	10	15	75
	イングランド、1688年軍人を含む(a)	9	14	78
	イングランド、1688年軍人を含まない(b)	4	18	78
	インド、1600年ころ兵士を含まない	1	17	82
1人当たり	日本	177	160	100
所得	イングランド(a)	468	205	100
(農民=100)	イングランド(b)	602	202	100
	インド	2563	372	100

「前提の第二は、工商階層の一人当たり所得は武士階層のそれを上回ることはないというものである。これはきわめて当然の、常識的判断といってよいと思う……」(同書、168ページ)
出所:斎藤修、『比較経済発展論――歴史的アプローチ』(2008年、岩波書店 一橋大学経済研究叢書)、174ページよりフォーマットを変えて引用

一人当たり所得は武士階層のそれを上回ることはない」という前提で算出したものだからだ。

もちろん、この前提は江戸時代の日本の武士たちが商人や職人の所得を正確につかんでいれば妥当なものだっただろう。だが、江戸時代の武士たちは商人や職人より所得を把握しやすいはずの農民の所得さえ十分に把握できずに、「定免法」という昔からのしきたりどおりの軽い税率でお茶を濁していたのだ。むしろ武士の平均所得は町人の平均所得を下回っていたと考えたほうが実情に近いだろう。そして武士の境遇は経済面以外でも惨めなものだった。

それに比べてイングランドはどうか。工商階級は軍人込みかどうかにかかわらず、農民の約2倍の所得を得ていた。支配階級は軍人

抜きで農民の約４・７倍、軍人込みだと約６倍の所得だった。インドとなるともう、日本やイングランドとはスケールの違う貧富の格差が存在していた。工商階級は農民の３・７倍、支配階級にいたってはじつに農民の25・6倍だ。この表を見るだけでもイングランドが日本より「進んで」いたのは、大量生産装置や大量輸送機関や大量殺戮兵器の開発だけだ。庶民の暮らしを比べれば、日本のほうがイングランドよりはるかに進んでいたことがわかる。

渡辺京二の新著『さらば、政治よ』には、随所に鋭い指摘が見られる。たとえば、こんなふうに江戸時代後期の町人と武士の実際の力関係を示したくだりだ。

> いわゆる切捨て御免的なものも、やろうとすればできたわけですが、やったら、取り調べられて後が大変なんです。よほど理由がないと、かえって武士が処罰されますから。なので、侍が町人から侮辱されても「どうだ、抜いてみろ、抜けまいが」と言われるような、そういうような状況でした。（渡辺2、72ページ）

美空ひばりはまだ少女のころからかわいそうなほどおばさん顔だったが、彼女がこの歌を歌うときだけは妖艶かつ凄絶な美人に変わるという歌がある。米山正夫作詞作曲で１９６３年にリリースした『関東春雨傘』だ。その中の「抜けるもんなら　抜いてみな、斬れるもんなら斬ってみな、さあ　さあ　さあさあさあさあ」という胸のすくような啖呵《たんか》は、決して庶民の夢の表出ではなく、戦争がほぼ完全に一掃された時代の武士の立場を事実として表していたのだ。

——また、川路聖謨という幕末の有名な能吏がいました。長崎でプチャーチン艦隊を応接した人です。勘定奉行などをやった人ですけど、この川路聖謨も小さいとき町の子に塾の行き帰りに泣かされて泣吉《なきち》って仇名が付いたそうです。（渡辺2、75ページ）

そして川路聖謨《かわじとしあきら》のような幕末の俊秀たちは、たんに能吏だったばかりか人情味もあった理由が、小さいころはいじめられっ子の泣き虫だったという事実から推測できる。体制が危なくなってきた幕末動乱期でさえ、不穏な動きをしそうな連中をスパイするという他国であれば当然の仕事を有能にこなしただけの鳥居耀蔵《とりいようぞう》のような人間が「妖怪」と呼ばれ、川路聖謨のほうは、「ユーモアのセンスがあって、しかも誠実な人間」と外交交渉の相手であったプチャーチンやゴンチャロフに褒めたたえられていた。

これは中国の科挙官僚にも、イギリスのインド高等文官試験及第者にもなかった徳川幕府の官僚たちの特徴だ。私も売名欲の権化のような子ども、勝海舟を育ててしまった勝小吉や当人が売名欲の権化になってしまった福沢諭吉より、吉良の仁吉や川路泣吉のように生きたい。渡辺京二は、江戸時代の実勢についての把握が鋭いだけではない。そこから現代世界があるべき姿も引き出してくる。

日本人というのはいろんな細かい点では非常にオリジナリティがある。生活文化でも。しかし、大きなシステムをつくるとか、大きな思想をつくるとかいう能力はない。（渡辺2、96ページ）

これからの世界がどうなるかを考えると、これは日本人にとってかけがえのない無形の財産だ。日本人は中国から律令制度を輸入しても、インドから仏教を輸入しても、当人たちは大まじめに忠実に再現しようとしているのに、できあがったものは本家とはまったく別ものとなっている。つまりテーマを与えられるとどんなに頑張って楽譜どおりに演奏しようとしても、自然に即興《インプロビゼーション》になってしまうのだ。

なぜそれが利点かと言えば、これからの世界はあっちからあれを借り、こっちからこれを借りという借りもの競争になる。しかもゴールはどこにもないようでもあり、どこにでもあるようでもある、あいまいきわまるゴールだ。ようするに自分たちが「ここが居心地のいい場所だ」と思ったところを勝手にゴールと決めればいいのだ。もちろん、この借りもの競争には、大思想も大システムも要らない。もう過不足なく行きわたり、満ち足りているからではなく、大思想や大システムこそ諸悪の根源だったからだ。

人間が理想社会を作ろうとすると、どうしてもその邪魔になる奴は殺せ、収容所に入れろ、ということになるからです。古くはキリスト教的な千年王国運動から、毛沢東の文化大革命に至るまで、地獄をもたらしただけでした。だから、『国家』で理想社会の実現を謳ったプラトンがそもそも間違っていたんです。政治とはせいぜい人々の利害を調整して、一番害が少ないように妥協するものです。それ以上のものを求めるのは間違っているんですよ。

（渡辺2、123ページ）

そして、もちろんだれがこの「たくまざる即興の積み重ね」としての借りもの競争で居心地のいい世界を築くのかについても、渡辺京二は的確なイメージを持っている。

僕は最初に言った、エリートでない方の日本人、「誰とでも取替えが利くような存在」だと自分でも思ってしまっているような人たちに、むしろ未来があると思うんです。（渡辺2、126ページ）

非の打ちどころのない現状認識だと思う。それは過去30年間低迷状態が続いたと言われながらも、江戸時代以来の平等性の高い社会を維持している日本経済を先進諸国と比較した各種の統計にもはっきり表れている。次ページの2枚組グラフをご覧いただきたい。

上段はアメリカの所得分配がいかに富めるものをますます豊かに、貧しいものをますます貧しくしているかを示している。1983〜2010年の27年間に所得上位1％は保有資産が約38％も増え、そのすぐ下の4％も約36％増えている。だが、まん中の20％の資産は1・5％の減少、下から40％は3・8％も減少している。

下段は英米日仏スウェーデンの5ヵ国について、上位1％の所得が国内所得総額に占めるシェアを第一次世界大戦直後の1920年から2013年まで追跡したものだ。英米2ヵ国は80年代以降急激にこのシェアが上がり、日仏スウェーデンの3ヵ国はゆるやかな上昇にとどまっていることが見て取れる。重要なのはフランスとスウェーデンでは国民の所得の6割以上はいったん政府が税と社会保障費として徴収し、再分配によってこの比較的平等な所得分配を達成

我々の創り出した富はどこに消えたのか？

所得階層別実質純資産増減率（2010年価格）、1983〜2010年

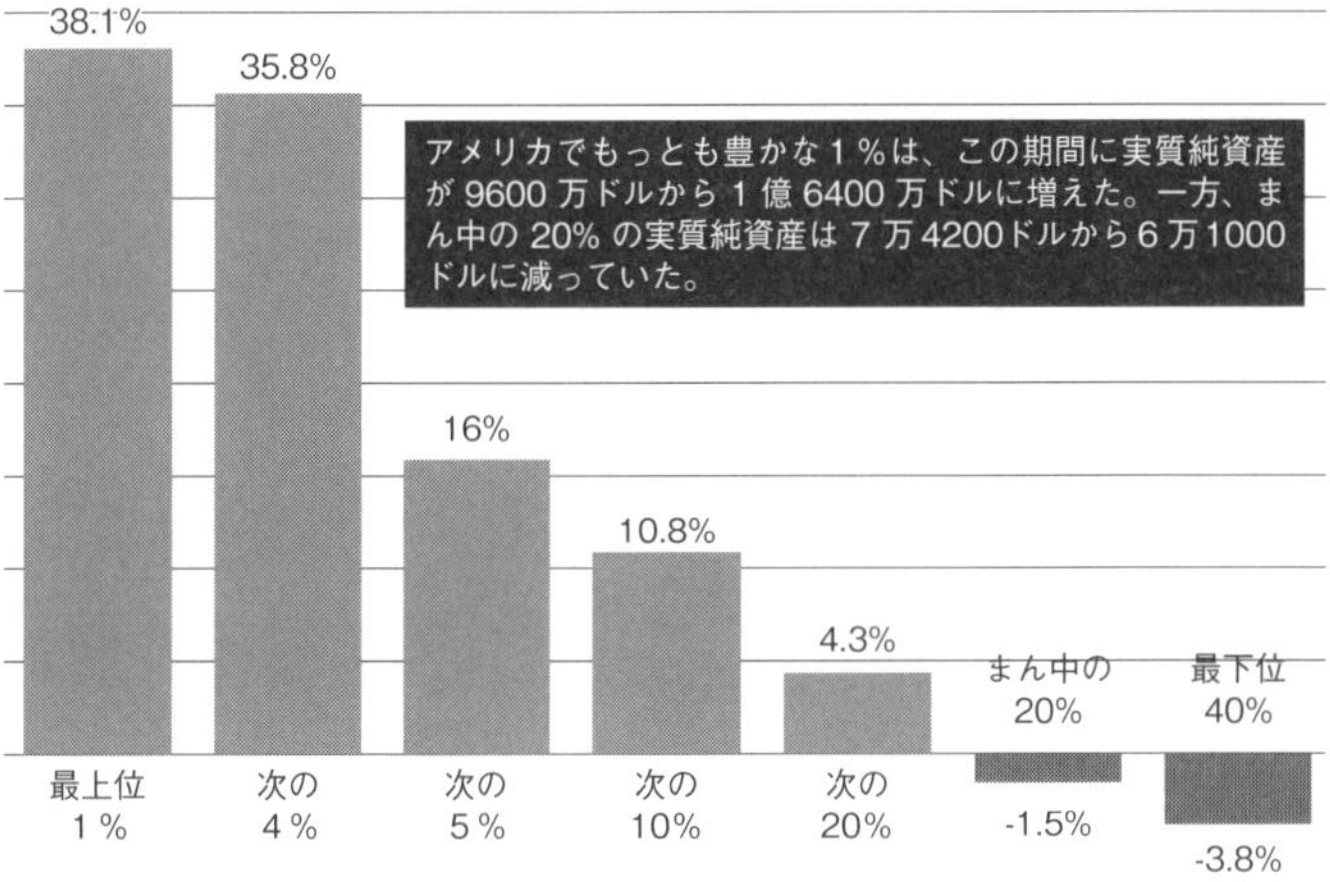

上位１％の家系への所得集中度国際比較、1920〜2013年

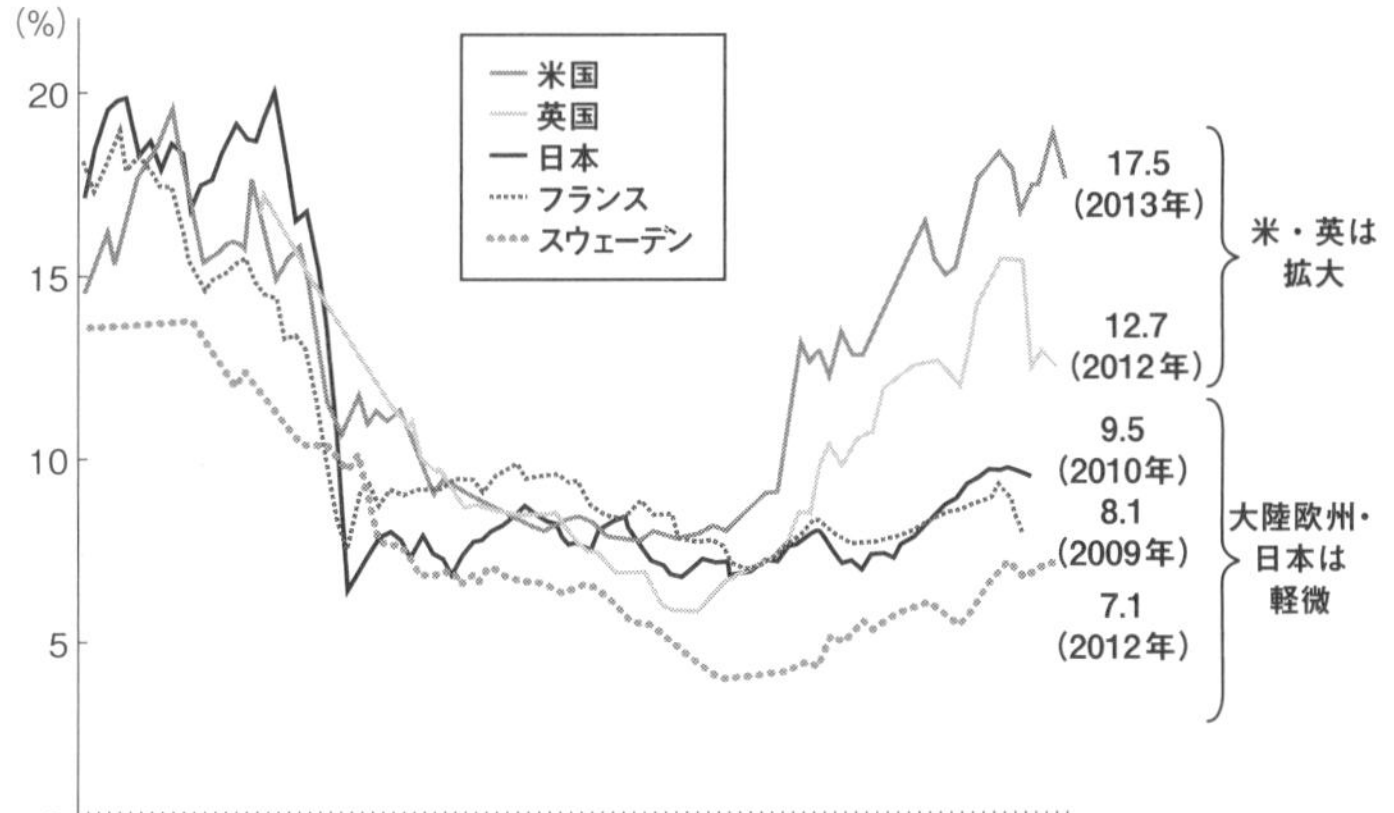

注：再分配所得、所得はキャピタルゲイン（資産評価益）をふくまない。
原資料：（上）連邦準備制度のデータからニューヨーク大学エドワード・ウォルフが作成、（下）『World Top Income Database』のデータからみずほ総合研究所が作成。
出所：（上）ウェブサイト『My Budget 360』、2016年8月20日のエントリー、（下）みずほ総研、高田創著『日本の格差に関する現状』(2015年8月28日刊）より引用

していることだ。一方、日本は先進諸国ではアメリカに次いで税と社会保障費による再分配が少ない。だが、それでもこれだけ貧富の格差の少ない社会を実現できているのだ。

次ページの2枚組グラフを見ると、旧大英帝国領土だった国々は軒並み所得格差が大きく、ヨーロッパ大陸諸国と日本はこの格差が低いことがわかる。

この2枚のグラフで興味深いのは、大英帝国がまだ世界の経済覇権を握っていた20世紀初頭にむしろ上段の大英帝国とその植民地から独立していたアメリカは所得格差の低い国々で、下段のヨーロッパ大陸諸国と日本のほうが所得格差は高かったことだ。本来であれば経済覇権国は、富のおすそ分けを自国内の貧しい人々にもできるはずなのだ。だが直近のアメリカは、あきらかに経済覇権がもたらすはずの低所得層をうるおす経済構造が破壊されたまま、どんどん所得格差を拡大する方向に突っ走っている。

下段のヨーロッパ大陸諸国と日本の中で、過剰な所得再分配をせずに比較的格差の低いパターンを維持できているのは日本だけだ。所得だけではなく資産にも注目すると、先進国の中でも日本がいかに特異な地位を占めているかがわかる。242ページの3枚組グラフだ。

まず上段の2枚を比べてみよう。左はトップ10％に入る人たちの所得が国内総所得の何％に当たるかを示している。ここだけ見ていると、41％の日本は48％のアメリカや40％のイギリス並みに経済格差の大きな国になっていてもおかしくないように見える。ところが右上のトップ

トップ1％世帯所得の国民総所得に占める比率

1900～2014年

旧大英帝国はU字型

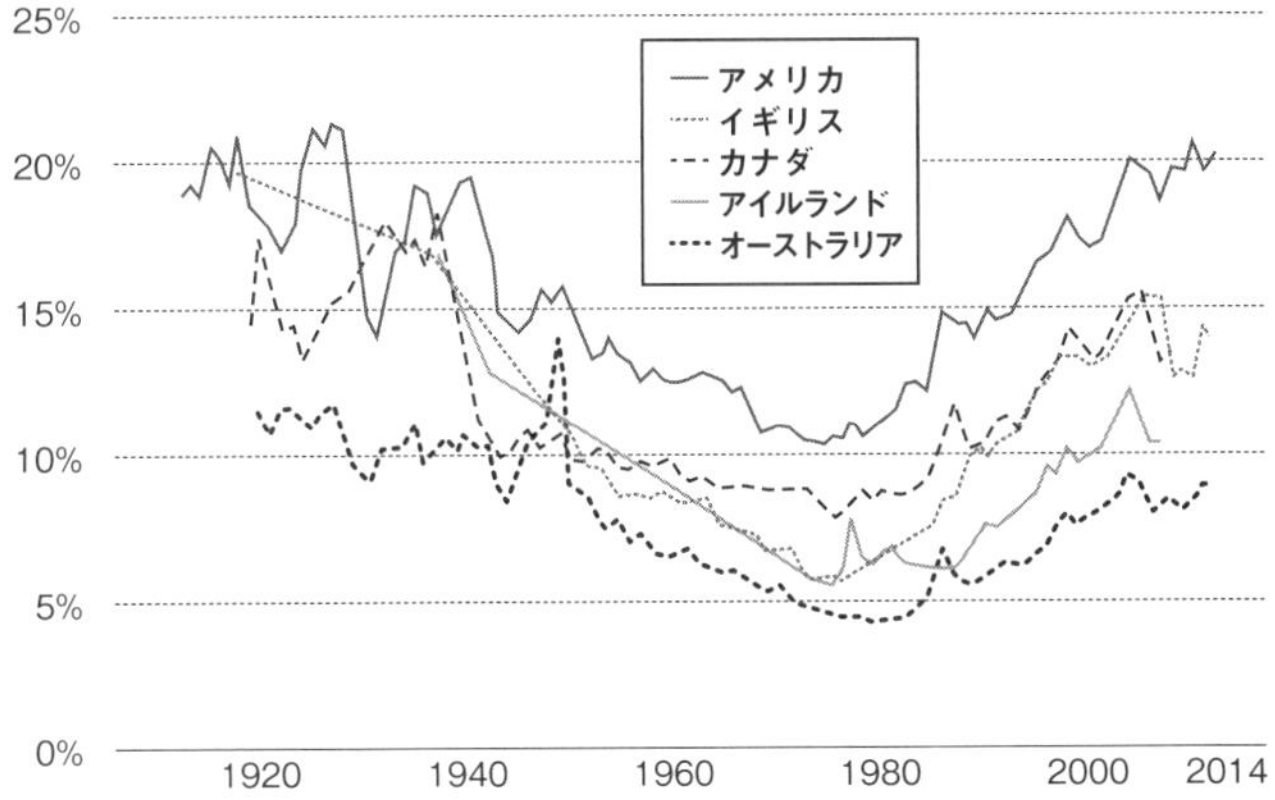

日本・欧州大陸はL字型

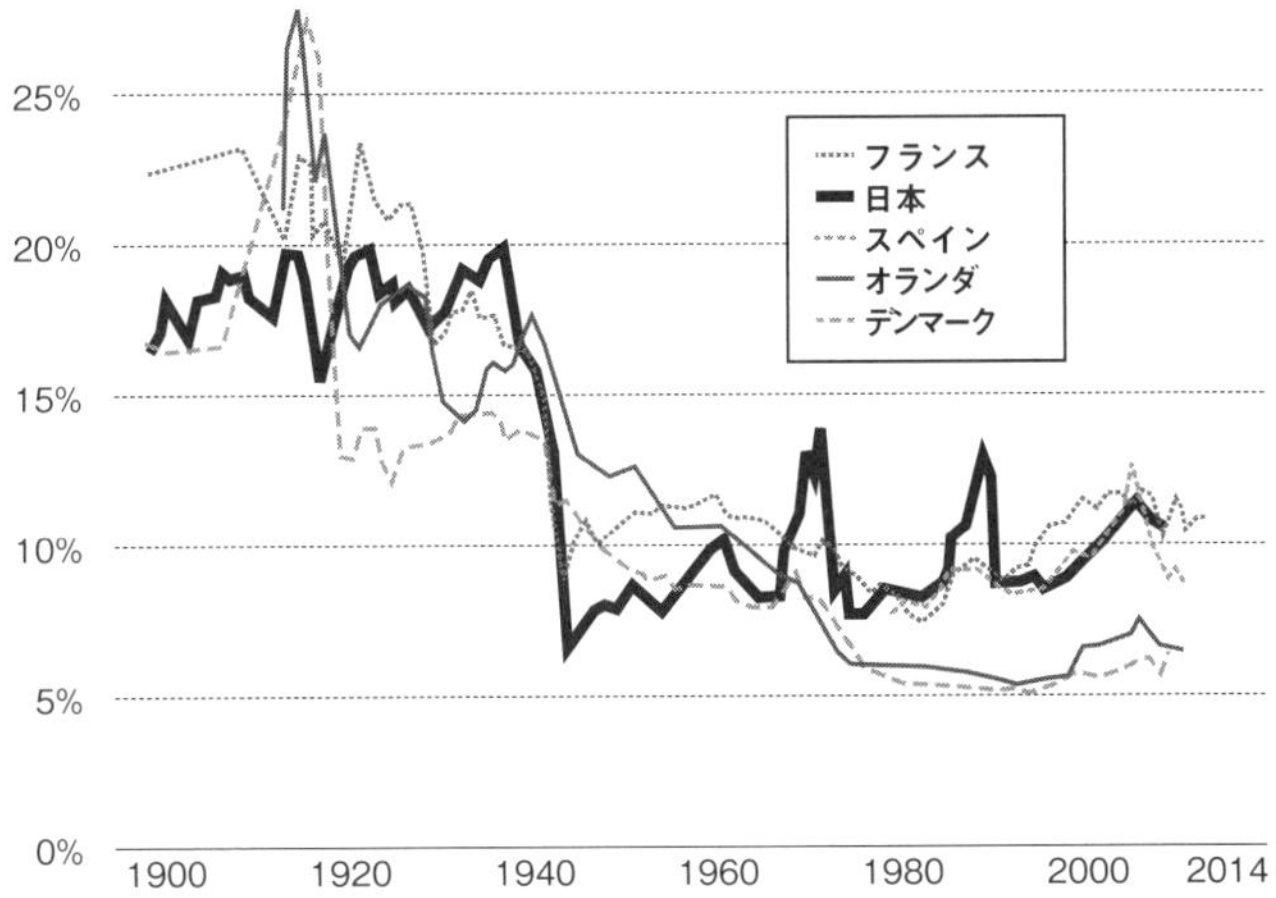

原資料：『World Wealth and Income Database 2018』（2017年12月18日刊行）
出所：『Our World in Data』、2018年10月22日付「貿易は所得格差の主因なのか？」のエントリーより引用

主要国の所得格差と資産格差

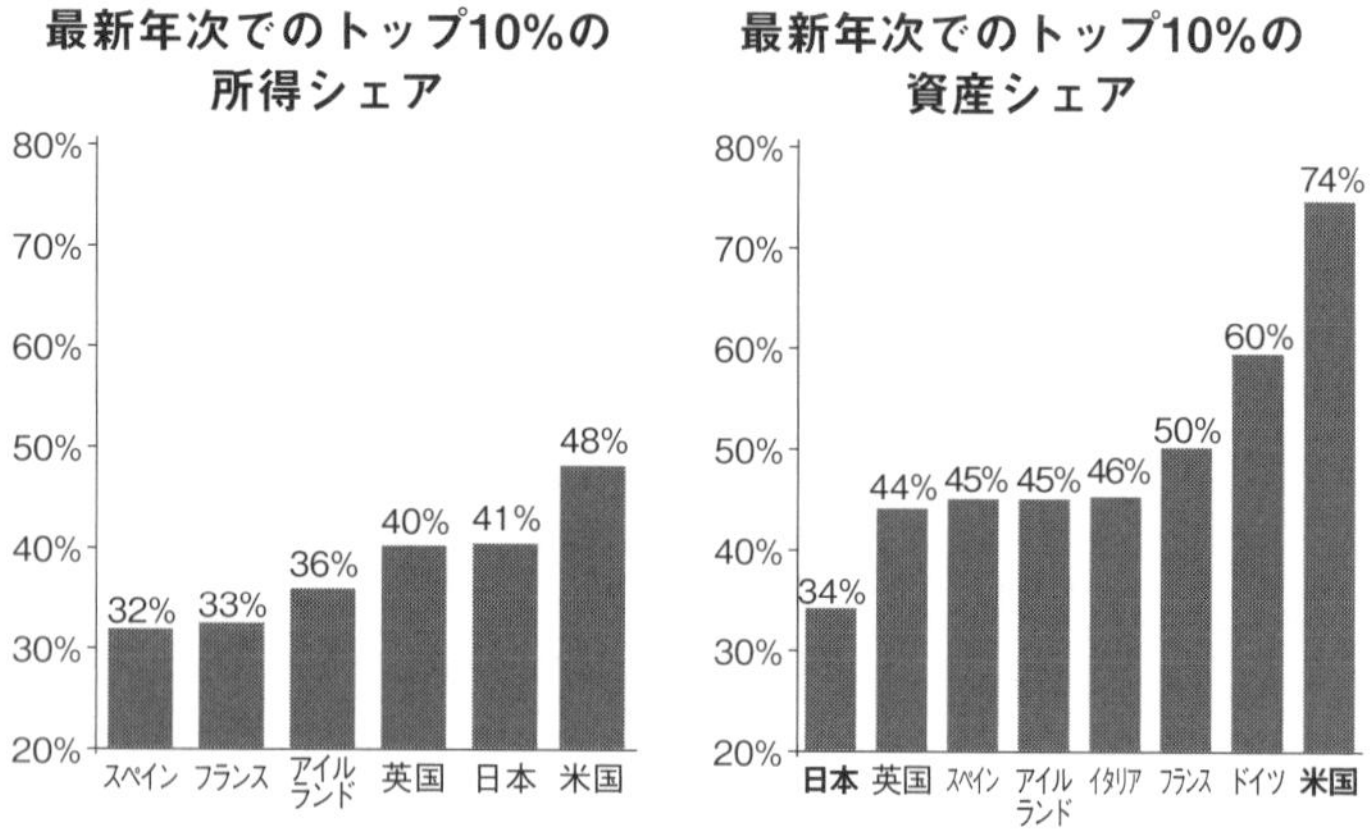

所得の最新データ：アメリカ2012年、日本・スペイン2010年、イギリス・アイルランド・フランス2009年。所得にはキャピタルゲインはふくまない。

資産の最新データ：ドイツ2011年、アメリカ・フランス・イタリア2010年、日本・ギリシャ2009年イギリス・スペイン2008年。すべてのデータは2013年11月25日時点で入手した得た最新のもの。

原資料：パリ・スクール・オブ・エコノミックス『世界トップ所得データベース』、クレディ・スイス『世界資産データベース2013年版』、JPモルガン・アセット・マネジメント

世界主要国のトップ1%の資産保有率 2000～2019年

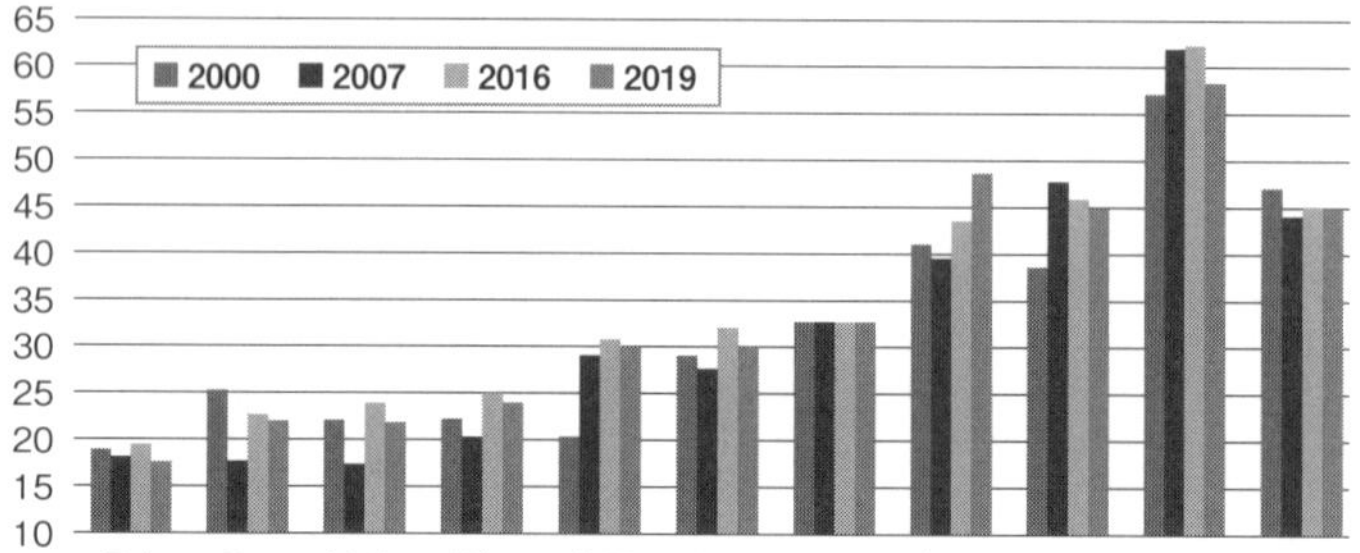

原資料：ジェイムズ・デイヴィーズ＝ロドリゴ・リュベラス＝アンソニー・ショロックス著『世界の富データブック』2019年版、クレディ・スイス

出所：（上）ウェブサイト『Of Two Minds』、2015年8月31日のエントリー、（下）クレディスイス『世界資産レポート』2019年版より引用

10％の資産保有者の国内世帯総資産に占めるシェアを見ると、日本はわずか34％で74％のアメリカや59％のドイツに遠く及ばないばかりか、45％のスペインや44％のイギリスにも10パーセンテージポイント以上差をつけられているのだ。

そして下段の主要10ヵ国と世界平均のグラフを見ると、日本は文句なしで世界一資産格差の低い国だということがわかる。トップ１％の保有資産が世帯総資産の20％未満という状態を安定して維持しているのは、世界中で日本だけだ。また30％未満にとどめているのも、フランス、イタリア、イギリスといった経済力が明らかに落ち続けている国々だ。この３ヵ国は「失われた30年」を云々される日本より過去30年間の経済成長率は低かったし、ましてや１９９０年以前となると、日本よりはるかに長期にわたる経済低迷が続いている。

つまり、この３ヵ国は、資産保有額を拡大するチャンスに恵まれなかったから、大金持ちがさらに資産を増やすことができなかっただけのことなのだ。一方、日本の経済成長率はこれら３ヵ国に比べれば高かったので、資産拡大のチャンスもそこそこ存在していたにもかかわらず、トップ10％の保有資産は世帯総資産の15～18％にとどまっている。

私の知る限りでは、所得獲得ばかりではなく、資産運用の手段も多様に存在している先進諸国で、トップ10％の資産シェアがトップ10％の所得シェアより低いのは日本だけだ。日本の高額所得者たちが資産形成で失敗ばかりしていることも、たしかに大きな要因となっているだろう。

だが日本の金持ちがあまり資産合計額の増加に寄与しないようなカネの遣い方をよく知って

いることも大きい。一見なんの変哲もない石や岩に大金を投じたり、盆栽だとか、鯉だとかに想像を絶するカネをかけている。そして、こうしたカネのかかる趣味の大部分が、江戸の大商人たちが持っていた、目立たないところにカネをかけるのが粋《いき》だという美意識に由来している。

投資より消費が経済を牽引するサービス主導経済では、資金循環を健全に保つためには、稼ぎっぷりはいいが、たいして資産は残さない人たちの存在が欠かせない。目立たないところに大金を投ずるのが生き甲斐だという江戸時代の大商人の心意気だ。

「腹は減っても飢《ひも》じゅうない」はやせ我慢だった。「宵越しのゼニは持たねえ」は負け惜しみだった。だがサービス業主導の経済では、「モノはなくとも貧しゅうない」し、「宵越しのモノは持たない」のが、ほんとうの豊かさを築く基盤なのだ。

その意味でも21世紀の世界経済をリードするのは、江戸趣味を身につけた人々だと言えるだろう。

第5章

家族の絆、性的多様性が桎梏になる国、ならない国

子孫派家族教は家族の絆を血のしがらみから解放した

非常に広い範囲から養子を取ることができる日本では、家族は運命共同体というよりは、むしろ企業・事業組合や同人結社に近い存在だった。さまざまな流派の芸ごとの家元が十数代とか二十数代とか続いていて驚くことが多い。

だが、たいていの場合には、本家の血筋はかなり昔に絶えていたが、「この子なら立派にあとを継いでくれる」と見こまれた養子が継承しているのが実態だ。大商人の家でも、息子は適当に道楽をさせておいて、家督は娘にしっかりした婿を取ったり、有望な手代とか番頭とかを養子に迎えたりして継がせることもふつうに行われていた。

とにかく日本の家族教徒たちは、おそらく東アジア諸国でも特異な家族のあり方を実現した。つまり家族として受け容れる次世代の人間たちの範囲を、自分たちが産んだ子どもたちから、自分たちのめがねにかなった子どもたちへと広げたのだ。これは時代の変化に対応しながら、祖先から受け継いできた伝統の核心を守るという点で、祖先派家族教徒に対してははるかに有利な立場にたったことを意味する。中国ではとっくの昔に消滅してしまった宮廷音楽が日本では雅楽として残されているのは、その良い例だろう。

江戸時代の人間には、家族は血のつながりで縛られた運命共同体という意識があまりなかったのだろう。だからこそ歌舞伎役者などもたんに大看板の親から生まれたというだけで自動的にその名跡を継げるとは思わず、修行に励んだのではないか。その結果として血筋で継承される名跡もあれば、血縁のない人間によって実力で継承される名跡もあった。明治維新直後の行きすぎた欧米の模倣《もほう》を奨励していた時期以外は、新しい血を導入しなければ滅びるというような危機もほとんどなく、能、狂言、歌舞伎の諸流派をはじめとして、さまざまな邦楽の潮流が継承されてきた。

歌舞伎役者ではないが、十二代目守田勘弥は幕末から明治維新期にかけて、歌舞伎の世界に重要な革新をもたらした座主（興業主宰者）である。江戸中期以来固定していた歌舞伎三座の中で彼が当主となった守田座は、明治初期に初めて幕府に規定された隔離地帯の外に常設芝居小屋を移転するとともに、座主としての姓ではなく地名を冠した新富座という近代的な劇場を日本で初めて構築した。

この人も十一代守田勘弥の実の息子ではなく、常陸の国（現在の茨城県）の農民として生まれてライバル市村座の劇場支配人にのし上がった人の息子なのだ。父親の英才教育がふるっていて「勘弥の父は、幼いころから借用証文を与え、その書き方を習わせた（笹山、17ページ）」という。その甲斐あって、不振の続いていた守田座の当主に養子として引き抜かれた人だった。

彼は、借金の天才に育ち、八十万円の負債を残して死んだ。現在の貨幣価値にすると、百億円を超える借金である。（笹山、17ページ）

借金の仕方について英才教育をほどこした実父も偉いが、そこを見こんで養子に迎えた十一代守田勘弥も偉い。つまり歌舞伎は因習でがんじがらめの古典芸能どころか、本流にいる人たちがどんどん新しい血を取り入れて、時代に即応した進化を遂げ続けている世界なのだ。

形式的には家族だが、実態は企業・事業組合か同人結社という芸能集団が永く存続してきたという事実は、伝統芸能以外でも家族芸《ファミリーアクト》があまり家族間の強い拘束を意識せずに演じられ、その結果持続期間が長いという傾向にもつながっている。仕事中だけではなく、私生活でも一緒にいることが多いファミリーアクトは、欧米では滅多に長続きしないし、当人たちにトラウマを残すことが多い。

デニス・ウィルソンはビーチ・ボーイズの中で唯一、ほんとうにサーフィンなどの南カリフォルニア的ライフスタイルを楽しんでいた人間だった。実兄のブライアン・ウィルソンの実験的な音づくりにはかなり批判的で、そのためレコーディングされた曲のほとんどについて、彼のパーツだけは声もドラムスも別のスタジオ・ミュージシャンが吹き替えていたという伝説が流布している。おそらくドラッグの過剰摂取が原因で1983年に39歳の若さで亡くなっている。他にもアメリカの芸能界では、トラウマにつながってしまったファミリーアクトが多い。中でも、知名度の高い3組をご紹介しよう。

アメリカでは家族芸がトラウマになることが多い

まず次ページ写真の左端をご覧いただきたい。アデールとフレッドのアステア姉弟だ。日本では「フレッドの華麗なダンスシーンはかろうじて覚えているが、アデール・アステアなんて知らない」という人が多いだろう。家族がそのまま芝居で巡業する一座を形成しているステージファミリーに育った彼らは、4歳か5歳のころから舞台に立っていた。

若いころのアデールは大変な美少女だったが、成人してからは典型的な美人ではなかった。ただ、かなりずぼらな人だったと同時に、ものすごいカリスマ性があってセリフをとちろうが、出番をまちがえようが一挙手一投足が「かわいい」「おもしろい」と拍手喝采《かっさい》の対象となった。

フレッドのタップダンスの華麗さや、重力の法則が働いていないかのようなふわっとした飛び方、滑るような着地は、なんとか観客の目を自分に向けようとする必死の努力に由来していた。アデールがイギリスの大貴族との結婚を機会に引退してからは、活躍の場をステージから映画に移し、ジンジャー・ロジャーズとのコンビで何本ものミュージカル映画の名作に主演している。

歌手としては、音域も狭く、ちょっと高音になると絞り出すような息苦しさが聞こえてきてしまう。だが不思議なことに、アーヴィング・バーリン、ジョージ・ガーシュイン、コール・ポーターといったミュージカル最盛期の大作曲家が「だれのために作曲するとき、いちばん創

姉弟・兄妹デュオでも兄弟5人組でも
アメリカの芸能界で家族はトラウマ

アデールとフレッドの
アステア姉弟
アデール
1906～32年
フレッド
1904～81年

カーペンターズ
カレン
1969～83年
リチャード
1969年～

ジャクソン5
1965～89年

マイケル・ジャクソン
1971～2009年

出所：『Wikipedia』、『Google Chrome』、『Microsoft Edge』、『bing』などの画像ファイルより引用

作意欲を掻きたてられるか」という質問には、異口同音にフレッド・アステアと答えている。もし踊りの修練がなかったら、アデール引退後はせいぜいコメディの脇役程度で終わり、ブロードウェイミュージカルの名曲の数々も生まれなかったかもしれない。

アメリカのショービジネスの長い歴史の中で、この人の登場以前と以後ではダンスがまったく違うものになったと言えるのは、フレッド・アステアとすぐあとにご紹介するマイケル・ジャクソンのふたりだけだろう。

写真まん中のカーペンターズも、かなり兄と妹のあいだに葛藤《かっとう》のあったデュオだった。兄は作曲・編曲の天才だった以外は何ひとつおもしろいところのない堅物で、一方、妹は最初ファミリーバンドのドラムス担当だったことからもわかるようにお茶目なやんちゃ娘だった。

兄はレコード会社やエージェントが自分たちをまるで恋人同士のように売ろうとしていることを、まさにおぞ気をふるって嫌がっていた。拒食症による悲劇的な死以降、聖女伝説ができてしまった妹はけっこう図々しいところがあって、「それで売れるならいいじゃない」という態度だった。プロモーション用のビデオクリップでも、広い音域を使うので横長のベンチに座ってピアノを弾いている兄を、おしりを横に振って押しのけてぴったり密着して座って歌う姿が、たんなる兄と妹以上の親密さを感じさせるシーンも残っている。

バリー・マニロウの作編曲は、いつもわざとらしい古めかしさを感じさせる。一方、リチャード・カーペンターのカバーは、イーグルスの『デスペラード』でさえ古き良き時代の軽く明るい流麗な編曲がなんの違和感もなく原曲の中に流れる優しさを表現していて、まったくちがう曲のように仕上がっている。

BS-TBSの『SONG TO SOUL』は、ヒット曲の時代背景や誕生の過程を追った、いい番組だ。その番組でリチャード・カーペンターは、ある曲を2～3小節弾いて「皆さんにはこう聞こえるんだろうけど」と言ってから、「でも僕にはこう聞こえるんだ」と同じ2～3小節を自分のアレンジで弾く。そうすると、ほんとうにまったく別の曲に聞こえた。このどんなメロディーを聴いても、他人とはちがって聞こえるという天分を持って生まれついた編曲の名人が、妹とのデュオで売り出したのは双方にとって幸せなことだったのだろうか。

作曲家には天才型も秀才型も努力家型もいるが、どうやら編曲者には天才しかいないらしい。インストゥルメンタル専門のバンド、ベンチャーズの曲に歌詞を付けた『二人の銀座』などの曲があれだけ日本で流行ったのも、川口真という編曲の天才がいたからこそだろう。彼は編曲者としては、1965年の永六輔・いずみたくのミュージカル『見上げてごらん夜の星を』でデビューしている。

作曲家としての初作品が1969年に弘田三枝子をみごと復活させた『人形の家』で、翌70年には由紀さおりの『手紙』、その年のレコード大賞作曲賞を受賞した西郷輝彦の『真夏のあらし』と2曲もヒットを飛ばしていた。その川口が『真夏のあらし』で作詞を担当した阿久悠に「編曲賞の方がいい（阿久2、103ページ）」とぼやいたらしい。やっぱり、プロのあいだにも作曲より編曲こそ評価して欲しいという人がいるんだなと思った。

いまさらカレンの拒食症が深刻化した原因を詮索しても仕方がない。だがカレンには清純な女の子を演じ続けるのは苦痛で、リチャードにはカーペンターズ向けの編曲ばかりしているのは、狭すぎる枠に閉じこめられた感じがしていたかもしれない。それぞれ別の道を選んだほうが良かったんじゃないかなという気がする。

そして右側がジャクソンだ。ジャクソン5でデビューし、毀誉褒貶《きよほうへん》こもごものうちに短すぎる生涯を終えたマイケル・ジャクソンだ。ジャクソン家としては、彼が白人アーティストとまったく同じ待遇を要求し、自分が性的マイノリティであることも隠さなかったことについて、当然大きな懸念を抱いていた。だがマイケルは、たとえ黒人一般については「自由と平等」は建前に過ぎないとしても、自分の能力でそれを認めさせるという確信を持って行動していた。

マイケル・ジャクソンに関する性的虐待疑惑関連で最大の裁判となった事件は、被害者と称する少年の父親が和解金目当てに仕組んだものだった可能性が高い。だが黒人で、しかも性的マイノリティであることを隠そうとしなかったマイケルに対して、周囲の眼がきびしかったのは事実だ。何回かの訴訟の中には、マイケル側に完全に潔白とは言い切れない事件があったのかもしれない。ただマイケルが黒人であり、そしてスーパースターであったことは、明らかに彼に不利となっていた。

最近、アメリカで大規模な性犯罪事件が相次いで明るみに出はじめた。ハリウッドの辣腕《らつわん》プロデューサー、ハーヴェイ・ワインスタインは、何十人もの女優たちに対していい役に就けてやる代償として性的奉仕を強要していた。ジェフリー・エプスタインは、たとえ双方の合意があっても性的交渉は犯罪となる年齢の少女たちを政財官界の大物たちにあてがって、彼らから莫大なカネをゆすり取っていた。

とくにエプスタインは、すでに2008年に有罪判決を受け、刑務所に入れられていた。にもかかわらず毎朝お抱え運転手《ショーファー》付きの高級車で自分が「オフィス」としていたマンハッタンの豪邸に出向いて、大物たちと少女たちを接触させるという「業務」をこなし、夕方には同じ高級車で刑務所に「帰宅」するという、ほとんど刑罰を受けていないも同然の暮らしで13ヵ月の刑期を終えた。そして2019年に再逮捕され収監されたが、そこでかなり不自然な「自殺」を遂げたことになっている。

こうした事件と比べると、マイケル・ジャクソンの事件が異様に大きく取り上げられたという印象はぬぐえない。そして何件かの性犯罪疑惑の中で、晩年のマイケルは1秒もおこたることのない医師の立ち会いのもとでなければ服用が許可されないほど危険な睡眠薬を常用していた。こうした劇薬なしには一睡もできないほど、精神的に追い詰められていたのだ。だが、それほど危険な睡眠薬を服用して寝ているあいだに、主治医が約2分も眼を離していたうちに絶命したという、不審な死を遂げている。

日本こそLGBT先進国

日本でも国会での討論を聞いていると、「子どもを産まない女は生産性がない」とか「夫婦別姓にしたければ結婚するな」とかの、これが一応は文明国と呼ばれている国で最高立法機関を担っている人間たちの言うことかと唖然《あぜん》とする発言がまかりとおっている。だが地位が高くなるほど愚鈍な人間が多いのは、日本古来の伝統でもある。日本の大衆は、こういう発言とは無縁に、少なくとも江戸時代以来の性的多様性に寛容な態度を取りつづけている。

欧米より日本のほうがずっとLGBTに寛容だった

美輪（丸山）明宏
1952年～

美川憲一
1965年～

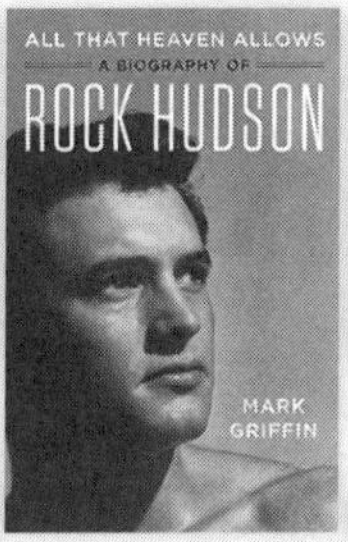

ロック・ハドソン
1947～85年

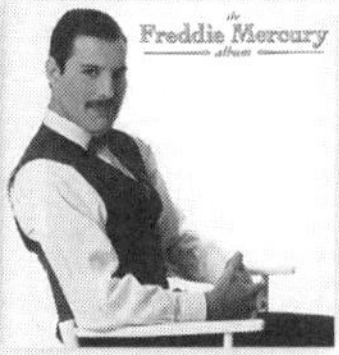

フレディ・マーキュリー
1969～91年

カルーセル麻紀
1963年～

ピーター＝
池畑慎之介
1969年～

ボーイ・ジョージ
1979年～

出所：『Wikipedia』、『Google Chrome』、『Microsoft Edge』、『bing』などの画像ファイルより引用

上の写真左上が、まだ丸山明宏と名乗っていた若き日の美輪明宏だ。1952年にシャンソン喫茶の名門、銀巴里と専属契約を交わしてデビュー、57年にジルベール・ベコー作曲の『メケ・メケ』をカバーして大ヒット。ほぼ直後にホモセクシュアルであることをカミングアウトして叩かれ、63年には自作の『ヨイトマケの唄』を歌って、時流に便乗して「社会派」に転向したと叩かれた。

だが叩かれれば叩かれるほど強くなるのが、美輪明宏だ。1967年には寺山修司作・演出の『毛皮のマリー』で主演し、翌68年には三島由紀夫脚本の『黒蜥蜴』で主演している。どちらも初めから美輪明宏に主役を演じさせるために書かれた戯曲だった。90年には歌手としての生まれ故郷、銀巴里の閉店を記念して、自作の『いとしの銀巴里』を歌い上げた。2019年には脳梗塞を発症したが、今も現役で活躍している。

その下は、1973年に生命の危険を冒してモロッコで性転換手術を受けたカルーセル麻紀。63年に『愛して横浜』という曲でデビューしているが、残念ながら歌手としてヒット曲には恵まれなかった。出演映画はタイトルだけでおもしろそうな作品が目白押しだが、主演作は今までのところ74年の『カルーセル麻紀　夜は私を濡らす』だけだ。特筆すべきはどんな脚本でだれが監督してもむずかしい4コマ漫画の映画化に2度挑戦していて、1本は『谷岡ヤスジのメッタメタガキ道講座』（1971年）で婦人警官役、もう1本は業田良家の『自虐の詩』（2007年）だ。

むずかしいことに挑戦する人生を象徴するのが、2004年の性同一性障害者特例法施行直後に性別の変更申請を認められて戸籍上も女性となり、本名も「平原麻紀」と改名したことだろう。変更の理由も彼女らしい。「戸籍変更ができるまでに年はだいぶ取ってしまったが、性同一性障害でずっと悩んでいる若い子たちのためにも、私のように世間に名が知れている者が申請して認められて突破口になれたらいいなと前々から思っていた」ということだ。

美輪明宏の右が美川憲一。デビュー1年後の1966年に歌った『柳ヶ瀬ブルース』が大ヒットし、68年の『釧路の夜』、70年の『おんなの朝』、71年の『お金をちょうだい』、72年の『さそり座の女』と立てつづけにヒットを飛ばしていたころはまだ美少年歌手で、あまりにも女唄がうまいから、ひょっとすると疑われていた程度だった気がする。ただ、さして過激な歌詞でもない『おんなの朝』と『お金をちょうだい』がNHKの「放送自粛楽曲」リストに載っていたのは、歌自体ではなく美川憲一の言動にNHKが脅威を感じていたからかもしれない。1970年代末から80年代半ばは大麻取締法違反で2度逮捕されたこともあり、低迷期だった。

80年代末のものまねブームの中で、コロッケによるものまねで人気が復活したころには、ほぼ完全にカミングアウトしていた。そして美少年歌手という仮面をかぶっていたころの暗いイメージは払拭《ふっしょく》し、明るい性格がストレートに出たコメディエンヌとしての素質を開花させている。すばらしいのが、自分でも「ミカワ仮面」を名乗って日本最大（当然、世界最大でもあるだろう）の地下アイドル・グループ『仮面女子』と積極的にジョイントライヴをしていることだ。第6章でくわしく述べるが、これからは国民的アイドルが生まれず、極端に言えばひとりのファンにひとりのアイドルという時代になる。そうなったとき、アイドルの主流を占めるのは本業は別だったり、ダブルワーク、トリプルワークをしているうちのひとつがアイドルだったりという人たちになるだろう。専業歌手にとっても、地下アイドルとのコラボは重要な分野になるはずだ。

そして美川憲一の下がピーター、2018年以降は本名池畑慎之介に芸名も統一している。上方舞の吉村流四代目家元の長男として生まれた。女舞の流派だったので、幼少期から白塗り、女装で舞台に立つことにはまったく抵抗を感じていなかった。六本木でゴーゴーボーイをしているうちにスカウトされて、69年にアートシアター・ギルド制作の映画『薔薇の葬列』で俳優デビューと同時に、初吹き込みのレコード『夜と朝のあいだに』も同年のレコード大賞最優秀新人賞を獲得した。

日本的な家元制度の良さを象徴するのが、家元であった父雄輝の没後にした決断だろう。吉村流で雄秀を名乗る名取りだったが、「家元は父の芸をもっとも良く継承、発展させる人がなるべきだ」として雄秀の名前を返上している。2019年からは充電期間に入っているが、4人の中では最年少、まだまだ老けこむ歳ではない。ゴーゴーダンサーとしての経歴や、短期間の練習ののち女装で臨んだ社交ダンスのコンテストで入賞した基礎の確かさを生かして、画期的な日舞の流派を創設するかもしれない。

彼ら以外にもトークショーに欠かせない存在となっているマツコ・デラックス、トークも達者だが星屑スキャットという歌謡曲カバー中心の女装トリオのリーダーでもあるミッツ・マングローブ、ヘアメイクアーティストのIKKO、映画評論家と服飾評論家のおすぎとピーコなどカミングアウトした人たちは、だいたい日本の大衆に温かく受け容れられてきた。中でも特筆すべきは、現在は本名の辻村寿三郎に戻っているが、1973〜75年にNHKで放映された『新八犬伝』で人形作家としてブレークした辻村ジュサブローだ。

今も広島県三次《みよし》市でアトリエ兼ギャラリー『辻村寿三郎人形館』を主宰している。1933年満州生まれだが、幼児期から千代紙遊びや割り箸を使ったお人形づくりが大好きで、こんなことで皇国の未来を担えるのかと父親に心配されたそうだ。44年に広島市内に引き揚げてきた。原爆投下の3ヵ月前に母の郷里である三次市に転居しなかったら、原爆の犠牲になっていたかもしれない。54年に母の死をきっかけに上京して、前進座で役者を目指すが、小道具係になる。

1959年に人形作家を志したが、65年に制作された幼なじみで被爆直後になくなった「みっちゃん」と、その高等小学校在学中だったお兄ちゃんの人形について、のちに制作作品ノート「ヒロシマよりこころをこめて」に以下のとおり回想している。

> その時の同級生の女の子を、戦後になってたずねたことがありました。私達が住んでいたあたりは、すっかり焼けて、その友達の居所も分からず、ひとづてでやっと逢えた時の様子が、いまだに忘れられません。みっちゃんの兄貴の名前は、すっかり忘れてしまったけれど、その時彼は高等1年でまだ子供だったけれど、焼け跡の中から出てきた時の彼は、まるでみっちゃんのお父さんのように見えたものです。（Wikipedia日本語版、辻村寿三郎のエントリー）

そのみっちゃんと斜め後ろからみっちゃんを支えるように立っているお兄ちゃんの人形は、今も三次市の寿三郎人形館で見ることができる。見ていると、戦後の辻村寿三郎にはみっちゃんが憑《つ》いていたのではないかと思う。

というわけで、日本は性的多様性について非常に許容度の高い国だと、私は確信している。だからといって今マイノリティであることを隠して生活している人たちに、早くカミングアウトすべきだなどと主張するつもりはまったくない。たまたま男に生まれ、男であることに一度も疑問も不満も嫌悪も感じたこともなく、のんべんだらりと生きてきた人間に、自分の性について真剣に悩んだ人の気持ちがわかるはずはないからだ。

日本語で書ける作詞家の有利さ

ただ性の多様性とからんでひとつだけ言えるのは、日本語は歌謡曲詩の世界で非常に豊かな可能性を持つ言葉だという事実だ。たいていの国の言葉には、文法的な女性形・男性形はあっても女語と男語の区別はない。だから典型的なパターンとしては男性歌手・女性歌手かける男唄・女唄の4パターンしかない。だが、日本語の歌謡曲詩には男性歌手・女性歌手かける男唄・女唄かける男語・女語の8パターンある。

いや、阿久悠や松本隆が先鞭《せんべん》を付けてから、ふつうのしゃべり言葉ではめったに使わないが、公式見解とかビジネス上の会話で使い、口文語とか半文語とか呼ばれる「です・ます」調を効果的に使った歌詞が増えている。この「です・ます」調を中性語として勘定に入れれば、男性歌手・女性歌手かける男唄・女唄かける男語・女語・中性語の12パターンもあるのだ。「女だっていろいろ咲き乱れる」だけではなく、「男だっていろいろ咲き乱れる」ことができるはずだ。

ただ日本中の女性のほぼ100％が女語、男語、中性語をみごとに使い分けるトリリンガルなのに、男性にはいまだに女語は口が裂けても使えない人たちもいる。そういう意味でも、これから先の歌謡曲詩の世界でこの豊富な可能性を使いこなすには、女性の作詞家のほうが有利なのではないだろうか。

と思っていたら、作詞家ではなく歌手としてその12通りをほぼ使い尽くしていた人を思い出した。もちろん、美空ひばりだ。しかも1958年、東映と専属契約を結んだその年の主演映画『花笠若衆』のどちらも米山正夫作詞・作曲の挿入歌たった2曲で、ほぼ全ヴァラエティを歌いきっている。この映画、シェークスピア『十二夜』の向こうを張った、双子の性とアイデンティティの取り違えを巧妙に利用したチャンバラ映画で、なかなか迫力のある殺陣シーンもある。ある大名家の双子のお姫様が、ひとりは良き婿殿を迎えてお世継ぎにしようと育てられ、もうひとりはお家騒動のもとにならないように町人の元に送られる。ところが町人として育ったほうが、なんと侠客の息子として勇み肌の男の子に育ってしまったという設定だ。

だが、お目当てはもちろん、ひばりちゃんの歌だ。1曲はのどかな『花笠道中』、あの「これこれ石の地蔵さん　西へ行くのは　こっちかえ」という歌い出しだけで全メロディーが甦《よみがえ》ってくるひばりファンも多いだろう。もう1曲は、この年の正月映画として空前の大入りとなった石原裕次郎主演の『嵐を呼ぶ男』の同名主題歌、「俺らはドラマー……」で始まってしろうとっぽいセリフが入る、あの曲のパロディ的アンサーソング『ロカビリー剣法』だ。

裕次郎がつたないセリフを語るところを、ひばりはラップ調の歌でこなしている。こちらは侠客の暴れん坊息子という設定そのままで歌っているはずなのに、2番ではほんとうはお姫様というネタバレを起こしているところも、ご愛敬だ。

かよわいもんだよ　男の腕は
おっとどっこい　その手にゃのらぬ
女だからと　侮るまいぞ
今の女は　とっても強いよ
机竜之助　音なしのかまえ
（2行略）
ソーレ　ゆくぞ
面だっ　胴だっ　小手だっ　小手だっ　突きだっ

ただし、さすがに美空ひばりのヒット曲の中に中性語はなかったなと思ったら、あったあった。小椋佳作詞・作曲の『愛燦燦』だ。だいたいポール・アンカがフランク・シナトラに捧げた『マイ・ウェイ』以来、生前葬で弔《とむら》われる本人に美辞麗句《びじれいく》で固めた弔辞を読ませるような、設定自体が悪趣味な歌が増えた。フランク・シナトラにしろ、美空ひばりにしろ、プロ中のプロだから、みごとに歌いこなしている。とは言っても、支離滅裂で波瀾万丈の人生を送った人たちの「功成り名遂げた」晩年に贈る歌が、褒め殺しではしゃれにならない。

この『愛燦燦』は美空ひばりに中性語で歌う可能性を提示したということで、情状酌量の余地ありとしたい。しかし24行中7行、約3割が「ですね」の3音節まったく同じ発音で脚韻を踏んでいて、単調かつ押しつけがましい。

日本語は動詞、形容詞、形容動詞の語形変化が規則的なので、脚韻は踏もうと思えばいくらでも踏めるが、単調なアホダラ経になりやすい。だからこそ英語で言えば自由律（ブランクヴァース）という反則無しの異種格闘技で勝負しなければならないので、つまらない詩と、いい詩との差がはっきり現れる。『愛燦燦』の場合、功罪相半ばと言うよりは、功4対罪6といったところか。

はるかに悲惨な英米の性的マイノリティ芸能人

美川憲一のすぐ右隣が男らしい男の代表格として40年近くハリウッドスターであり続けた、ロック・ハドソンだ。勇壮な戦争映画や西部劇、『ジャイアンツ』や『武器よさらば』などの文芸映画から、ドリス・デイとコンビを組んだロマンチック・コメディまで、ハリウッドが主演男優に求めるものをほとんどすべて提供してきた。その彼が全然女性に性的興味を感じないホモセクシュアルであることは、業界内部では公然の秘密だった。ただエイズに感染してからも、一般ファンの反応を恐れてエイズ検診を拒否しつづけ、最終的にエイズ陽性が確認されたときには、完全に手遅れになっていた。

しかし、もう治る余地がないと悟ってからのロック・ハドソンの態度は立派だった。少しでも同じ理由でエイズ検診を拒絶して命を落とす患者が出ないようにと、自分がホモセクシュアルであることを表明するとともに他の人たちにもカミングアウトすることを呼びかけた。それでもアメリカのマスメディアは、あいまいな表現でお茶を濁した。そのため大衆の中には「ロック・ハドソンでさえかかるのだから、エイズは異性間の性交渉でも伝染するんだ」というとらえ方をする人も多かったという。

右上隅はフレディ・マーキュリー。4オクターヴの音域をもつ、クイーンのリードヴォーカルであり、クイーンのレパートリーの多くを作詞・作曲した。ペルシャ系インド人の両親のもと英領ザンジバル（のちのタンザニア）に生まれ、第二次世界大戦後の独立運動を逃れて、家族とともにロンドンに移り住んだ。イーリング芸術大学でグラフィックアートとデザインを学んで1969年に卒業した。中古服を売ったり、空港の手荷物運搬係をしたりしながら、さまざまなバンドに参加しても、芽が出なかった。

1970年にともにクイーンを結成するギターのブライアン・メイ、ドラムスのロジャー・テイラーと最初のバンド、スマイルを組み、ベースのジョン・ディーコンが参加した71年にバンド名をクイーンに変更した。のちに「もちろんこの言葉がゲイのことを意味するのは、知ってたよ。でも、高貴で、立派で、だれにでもわかり、イメージもくっきりしてるから、そんなことは気にしなかった」と言っている。

だが、そのフレディでさえ１９８７年にはエイズ検査で陽性と判明していたことを、91年の早すぎる死の直前まで隠していた。死の２日前に出した、最後の公式声明でユーモアの効いたオチを付けているのが、せめてもの慰めだろう。

約２週間にわたるメディア諸氏による詮索のあとになって、私が以前からＨＩＶテストで陽性と判明しエイズにかかっていたことを長いあいだ隠していたと今さらお伝えするのを、お許しください。私は周囲の人たちのプライヴァシーを守るため、このことを秘密にせざるを得ないと判断していたのです。しかし、どうやら私の友人たちやファンの皆さんにも事実をお知らせし、私の主治医たちや世界中の人びとの努力で、少しでも早くこの忌まわしい病気を克服することができるように、私とともに願っていただきたいと申し上げる日がやって来たようです。なお、私は自分のプライヴァシーを大変重要と考えており、また私がなかなかインタヴューに応じないのは悪名高いところですが、今後もこの方針を維持したいと思っております。（Wikipedia英語版、Freddie Mercuryのエントリーより、拙訳）

そして右下が、結局大ヒットは１９８３年の『カーマは気まぐれ』だけで終わったということになりそうな、カルチャー・クラブのリードヴォーカル、ボーイ・ジョージだ。もともと１８３センチの長身でがっしりとした体格だったので、『カーマは気まぐれ』のビデオクリップでも、彼だけは手足の先まで隠れるダボダボの衣装を着ていた。１９９０〜２０００年代のヒットの出なかった時期には、体重１２０〜30キロの巨体になっていた。その間には何回かの麻薬中毒治療のための活動休止や、男性モデルに対する監禁暴行事件などもあった。

2012年に創価学会に入信し、14年からロー・ヴィーガンに変わってから、かなり体重も落とし女装《ドラアグ》がサマになる体型に戻っている。ロー・ヴィーガンとは厳格な菜食とともに、高温での調理も排する食事を貫く生き方のことだ。2013年には18年ぶりに新譜の吹き込みをしているので、今は歌手としても現役復帰し、本の執筆や自分のブランドを持つデザイナーとしての活動も軌道に乗っているようだ。ただイギリスでバイセクシュアルとして生きることのきびしさは、この短い略歴にもはっきり表われている。

そして、それは英米アングロサクソン文化の長い伝統なのだ。イギリスでは第二次世界大戦後の1967年まで、同性愛は処罰すべき犯罪として扱われていた。

開明的な功利主義者が監視社会の先駆者となってしまう怖さ

アマゾンなどのネット通販利用の商品購入やクレジットカードでの支払いが巨大データとしても、個別データとしても、消費者行動を自社に有利に変えようとする企業によって蓄積され、分析されている。また中国やアメリカでは街頭に顔認証カメラが設置され、24時間体制で歩行者の行動が追跡されている。すでに中国の大都市圏では、社会信用点数制度が導入されていて、点数が良ければパスポートの申請や航空機の搭乗待ち、列車の乗車待ちでも優先列に並ばせてもらえる。点数が悪いと搭乗や乗車が拒否されることもある。もう完全監視社会まであと一歩というところまで来ている。

アダム・スミスが政府の介入を最小限に抑えることが最適な経済制度の実現をもたらすと唱えていたころ、そのスミスでさえ感心するほど徹底して自由放任を主張した思想家がいた。1748年に生まれて1832年に亡くなったジェレミー・ベンサムで、「最大多数の最大幸福」こそ、人類が目指すべき社会のあり方だと規定した。そして「自由放任を主張するアダム・スミスが高利貸しは禁止すべきだと書いたのは矛盾している」と批判して、「自由な契約によるものであれば、貸し手が借り手からどんなに高い金利を取っても差し支えない」と述べて、アダム・スミスに自説の誤りを認めさせている。

そのベンサムが「一望監視施設《パノプティコン》こそ罪人を収容する施設の理想のあり方だ」と主張したことが、監視社会化の始まりとなってしまったのだから、いったいどういうことなのかと驚く人も多いだろう。ベンサムは「男らしい」スポーツには無縁で、チェスとハープシコード演奏と猫が好きという生涯独身ですごした男性だった。青年期に差しかかったベンサムに父親が買い与えた拳銃をしっかり握って引き金を引くことができないほど、小柄で華奢な体つきだったという。ベンサムにとって、一望監視施設はほとんど必然的につきまとう同性愛者ではないかという疑惑に対する予防措置だったのではないだろうか。

—18世紀のフランスとラテンヨーロッパにおいて同性愛への刑罰は火刑であった。イギリ

スにおいては絞首刑であった。（土屋、210〜211ページ）

この記述だけを見ると、ヨーロッパ大陸諸国よりイギリスのほうが一見寛容そうに思える。ところが同性愛という確証が上がってひと思いに火刑に処された大陸諸国の同性愛者は、むしろ幸運なのだった。

およそイギリス社会における同性愛への対応は外国人旅行者に例外なく脅威と映ったほどに常軌を逸していたのである。死刑にならなくても首枷に入れられてさらし台に立たされると、その日はロンドンに数千人から1万人にものぼる見物人がくりだして、その人込みのなかでは犬や猫の死体が売られ、あらそってそれを娼婦や女行商人が買って、さらし者にされた同性愛者へと投げつけ、石が投げられ頭を殴られて顎は割られ眼は潰れ、ほとんどはそのまま気を失って首枷で首が絞まって死んでしまうのがつねであった。その大衆的リンチの先頭に立つのはいつも女性たちであった。（土屋、291ページ）

ここに、結局は多数派が社会をどう見ているかに全面的に依存する慣習法の怖しさがある。自分が属している人間集団が極端な少数派にとどまる人々に対しては、死刑を宣告するほどの証拠がなかった被疑者に対する刑罰のほうが、死刑の確定した被疑者に対する刑罰よりはるかに残虐だった。そしてベンサムは、自分が同性愛者の嫌疑をかけやすい人間であるばかりか、何かのきっかけで同性愛者であることを露呈してしまうのではないかと心から恐れていたと思われるフシがある。たとえば、なんらかの理由で監獄の雑居房に入れられて、同囚の屈強な男

に犯されてしまうような状況が頭から離れなかったのではないだろうか。

19世紀初頭、イングランドは２００にものぼる死刑罪が適用される犯罪を、暴力によってひきおこされたものにかぎった６つの犯罪に減らしたにもかかわらず、依然としてソドミーは死刑であった。１８４１年に試みられた廃止への動きは失敗した。絞首刑にかわって終身刑が適用されるようになるのは１８６１年になってからである。ベンサムが求めた改革、同性愛の非犯罪化が実現するのは、実に１９６７年になってからである。（土屋、２１４ページ）

ベンサムにとってパノプティコンは、権力による効率的な統治システムではなかったようだ。囚人（＝大衆）が自分では抵抗できない状態で罪に落とされ、厳罰を科される危険から守ってくれるという、潜在的な人たちもふくめて同性愛者のような絶対的少数派もふくむ「最大多数の最大幸福」のための慈悲の監視装置だったのだろう。ちなみに１９６７年は『サージェント・ペパーズ・ロンリー・ハーツ・クラブ・バンド』がリリースされた年でもある。イギリスでは、このときまで同性愛は犯罪でありつづけたのだ。

このすさまじい厳罰で性的マイノリティを抑圧する政策は、江戸時代初期には徳川幕府が確立していた、個人の性的嗜好は社会全体に対する迷惑行為とならない限り抑圧しないという方針とは大違いだ。

——慶安元年（１６４８）の禁制を見ると、「衆道之儀ニ付むたい成事を申掛、若衆くるい仕間敷事」とある。ここでも禁止されているのは、衆道にかかわって「無体」、つまり「無理やりの無茶なことを要求すること」をするな、と禁じているのである。これこそが「若衆狂」なのであって、禁じられているのは「衆道」そのものではない。（三橋、255ページ）

イギリスでやっと半世紀を過ぎただけの同性愛の犯罪からの解放は、日本では少なくとも約400年間の常識だった。なんでも西欧並みにすることが正義だと信じられていた明治初期には10年ほど、男性同士の同性愛が犯罪と見なされていたが。いや、江戸時代よりさらに前にさかのぼっても、日本の法律で同性愛を犯罪と見なした条項はないようだ。もちろん、陰険な手段での抑圧はあっただろう。だが1861年まで死刑に値する犯罪と見なされていたイギリスよりは、はるかに性的マイノリティに対する態度は寛容だった。

日本株の「悲惨」な実績で、割高感は解消されたのか？

今から約30年前の1989年の大納会の終値で日経平均は3万8915円という史上最高値を付け、2013年に7607円でバブル崩壊後最安値をつけるまで、8割強の大暴落を演じた。大納会とはその年最後の営業日のことだ。その後、2020年の現在にいたるまで、何度か2万4000円台に乗せることはあっても、この水準に定着することはできないままだ。この株価パフォーマンスは、世界中の株式市場で最悪だ。次ページの表をご覧いただきたい。

過去30年間のG7－イタリア＋香港諸国の株価パフォーマンス
1990年11月26日～2019年12月13日

国名	株価指数	起点でS&P500と同額だったと仮定した場合の現在価格	起点（1990年11月26日）からの上昇率
アメリカ	S&P500	3,168	+901%
香港	ハンセン	2,926	+824%
ドイツ	DAX30	2,913	+820%
カナダ	S&P トロント総合	1,717	+444%
フランス	CAC40	1,160	+268%
イギリス	FTSE100	1,072	+238%
日本	日経225	315	+1%

・S&Pの価格水準に換算すれば、カナダのトロント総合指数は1717となり、アメリカで言えば2013年段階に達したところだ。
・フランスのCAC40は1160でS&P500が2010年に記録した水準となる。
・イギリスのFTSE100も1,072で、やはりS&P500が2010年に到達したレベルだ。
・最後に、いちばんお粗末なのが日本で、日経225は、いまだにS&P500に換算すれば、315にしかなっていない。これはS&P500が約30年前にすでに到達していた水準だ。言い換えれば、もし1990年11月末に100ドルを日本株に投じていたとすれば、30年後の今までの通算でたった1ドル儲けただけという悲惨な結果となっている。

出所：ウェブサイト『Zero Hedge』、2019年12月15日のエントリーより引用

もちろん世界中の株式市場を全部洗い出せば、日経平均よりひどいパフォーマンスをした国も発見できるかもしれない。しかし市場の時価総額も大きく、世界経済への影響も大きい国で、過去30年間にわたってわずか１％の上昇という惨憺たる実績しか出せなかった国はない。しかも、この比較は１９９０年11月25日を起点としているので、90年１月の３万８７００円から始まって11月末の２万２４００円台までのすさまじい大暴落は、勘定に入れていないのだ。

この事実をもって日本経済は過去30年間低迷しつづけ、その間に

世界主要国の経済は日本よりずっと堅調な成長を続けてきたと言われることが多い。だが、ほんとうにそうなのだろうか。2ページにわたる次の日米株式市場の基礎収益比較という図表から、この通説を検証していこう。

まず、日米両国の実質累計総合収益と実質累計株価収益のグラフ（どちらも上段左側のグラフ）から見ていこう。どちらの国についても実質ベースになっているので、観察期間中のインフレの影響は除去してあることを確認しておきたい。実質化した上で、累計株価収益とは、株価の値上がり率だけで計測した価格上昇率のことで、総合収益とは、それに保有期間中の配当収入を同じ株の買い増しに投下しつづけたと仮定した場合の総合的な価格上昇率のことだ。

まず総合収益で見ると、アメリカでは、経済が本格的に悪化しはじめた1970年代前半の大底として、2000年のハイテクバブルのピークまで、08年のサブプライムローン・バブルのピークまで、そして現在にいたる3つの波動で大きく上昇してきたことがわかる。14年6月以降も3回目の上昇波動は続いているので、現在の株価水準はこのグラフの右端よりはるかに上だが、その前の2回の波動はどちらも起点である1971年の8倍前後で急落に転じていたことがわかる。

さらに総合収益より下に位置している株価収益は、1980年代半ばに起点の半値以下で大底を打った後、2014年の6月現在でもまだ起点の4倍にも達していないことが確認できる。

米株市場の基礎指標、1971年1月〜2014年6月

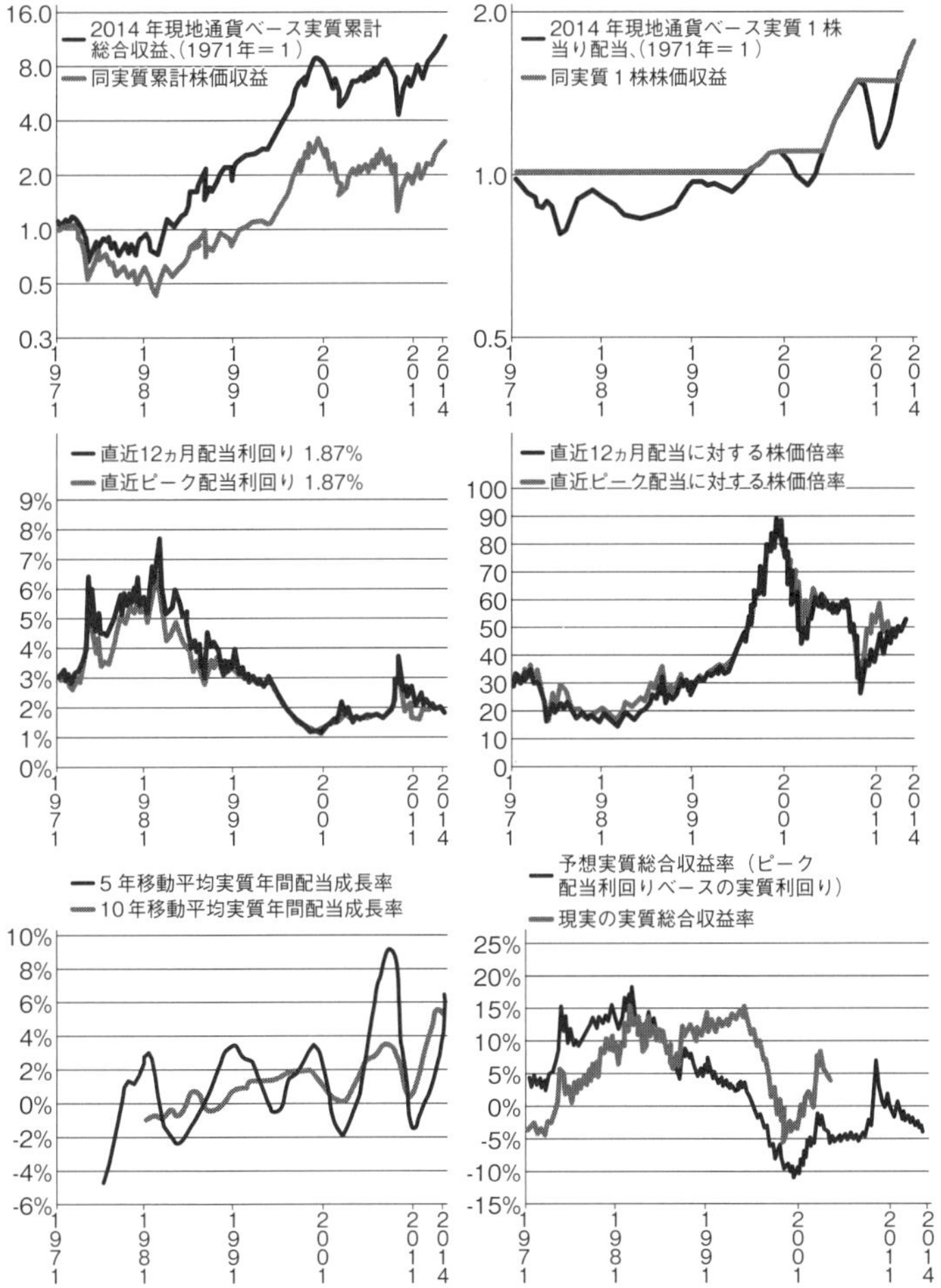

アメリカ	実質総合収益率			配当利回り	配当成長率		評価の変動		検算	
	実勢	G12ヵ月+D	Gピーク+D		12ヵ月	ピーク	12ヵ月	ピーク	12ヵ月	ピーク
	5.90%	4.60%	4.60%	3.20%	1.38%	1.38%	1.30%	1.30%	1.32%	1.32%

注1）時価総額2億ドル超の上場銘柄、注2）G+Dは株価上昇率＋配当利回りを指す
注3）検算とは、総合収益率から配当利回りと配当成長率を引けば評価の変動と近似した数値が出ることを示す
出所：『Philosophical Economics』、2014年8月3日のエントリーより

日本株市場の基礎指標、1971年1月〜2014年6月

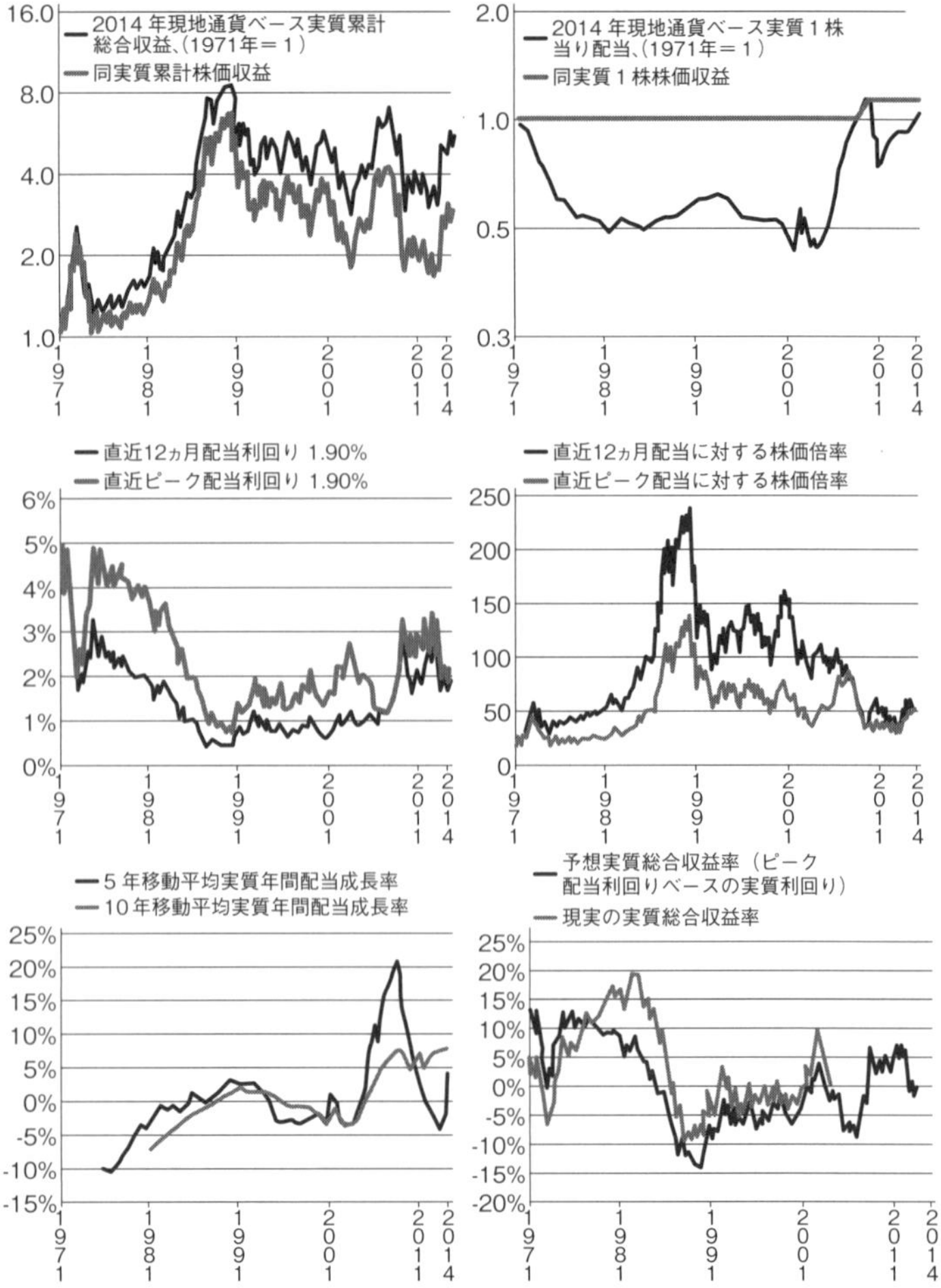

	実質総合収益率			配当利回り	配当成長率		評価の変動		検算	
	実勢	G+D 12ヵ月	G+D ピーク		12ヵ月	ピーク	12ヵ月	ピーク	12ヵ月	ピーク
日本	4.05%	1.82%	1.85%	1.53%	0.28%	0.31%	2.23%	2.19%	2.24%	2.20%

注1) 時価総額2億ドル超の上場銘柄、注2) G+Dは株価上昇率+配当利回りを指す
注3) 検算とは、総合収益率から配当利回りと配当成長率を引けば評価の変動と近似した数値が出ることを示す
出所:『Philosophical Economics』、2014年8月3日のエントリーより

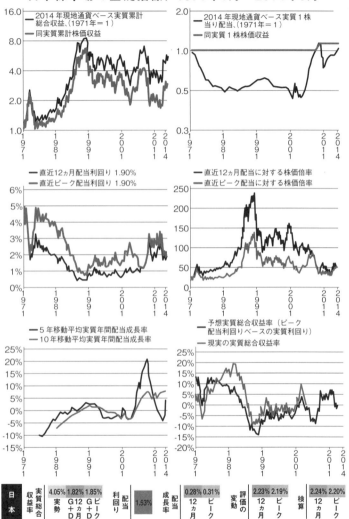

つまり80年代に入ってからのアメリカ株のすばらしいパフォーマンスの大半は、配当利回りが拡大していたことの結果だとわかる。いちばん下の表を見ても、実勢で年率５・９％の成長を持続していた総合利回りのうち、１・38％は配当が増えたことの貢献分だったのだ。この期間を通じての平均配当利回りが３・４％で、配当利回りの成長率が１・38％なので、このふたつの数字を総合収益成長率５・９％から差し引いた１・32％が、同じ株価水準での同じ業績に対する評価の上昇によるものだったはずだということになる。

この間のアメリカの株価上昇は、配当の増加と評価（すなわち通常であれば今後の業績に対する期待の高まり）に依存するところが、これほど大きかったわけだ。実際にはこの観察期間中でも時期が進めば進むほど、評価の上昇は将来の収益増大期待より、増配や自社株買いによってすでに蓄積された内部留保を前倒しして株主に還元してほしいという催促的な色彩が濃くなっている。

一方、日本では第二次世界大戦後最初にして唯一のバブルが頂点に達したとき、すでに総合収益率だけではなく、株価収益率も起点の８倍に達していたこと、この観察期間を通じて配当利回りを再投資したことによる成長率上乗せ分はアメリカよりずっと小さいことがわかる。具体的な数字でいうと、総合収益の年間成長率が４・05％のうち、配当利回りの成長による貢献分は０・28％にすぎない。つまり総合収益年間成長率から平均配当利回り１・53％と配当成長率０・28％を差し引いた２・24％が年率換算した評価の上昇率ということになる。

バブル崩壊後丸30年をすぎて、いまだに日本の株式市場のほうが1971年以来の通算での評価上昇率では、アメリカよりはるかに高いのだ。この事実は、いかに日本の株価バブルが壮大だったかを改めて思い知らせてくれる。

直近での配当利回りに対する株価倍率、つまり同じ株を持続して持っていた場合、年間配当額が変わらなければ配当金だけで株を買うために投下した資金を回収するのに何年かかるかという比率を中段右側のグラフで見てみよう。直近12ヵ月の平均配当で見ても、過去いちばん配当が高かったときの配当で見ても、アメリカは約50倍、すなわち50年持ちつづけていないと購入額を回収できないということになる。

ピーク配当で見れば常識の範囲内の10〜30倍という水準にあったのは、アメリカでも日本でも70年代後半から80年代半ばまでで、その後は双方とも割高感が高まった。アメリカは小刻みに史上最高配当を更新しつづけているので、ピーク配当で見ても直近12ヵ月の平均配当で見ても、株価の配当倍率にほとんど差はない。

日本の場合、じつに国際金融危機にいたるまでの約35年間、1971年時点での配当が実質最高配当だったので、両者にはかなり差があった。だが国際金融危機以降は、日本でも株価の配当倍率はどちらで見ても大差ない水準で動いている。

結論として、2014年時点で日米両国とも株価配当倍率は50倍前後と、株価の割高感は解消されていない。だが日本は徐々に割高感が弱まってきたのに対し、アメリカの場合は、国際金融危機以降２０２０年2月初旬にいたるまで、かなり長期にわたって割高感が強まっている。つまり、どちらも健全とは言えないが、日本は健全化の途上で中間反騰が起きている状態なのに対して、アメリカは90年代初頭からハイテクバブル崩壊までの長いブル相場とほぼ同じか、それよりさらに長いブル相場のまっただ中にあるという大きな差がある。

株価が上がらない日本が異常なのか、他の国が異常なのか？

２０１７年の11月に日経平均がバブル崩壊後の戻り高値を付けたころ、日本経済新聞がこの株価水準の持つ意味について、いくつかおもしろい記事を掲載していた。その内容は次ページに掲載する３枚のグラフと「日経平均株価が21年ぶりの高値を更新した10月、株式投信の解約額は４兆４８４５億円と過去２番目の高水準となった」という印象的な文章でまとめることができる。

左上のグラフは北米、日本をのぞくアジア、欧州、日本に分けて１９９１年から２０１７年11月までの株価の動きを見たものだ。北米が約６倍、アジアが４・７倍ぐらい、欧州が４倍弱となっているのに対して、日本はやっと91年末の水準まで戻るにとどまっていた。すでに見たとおり、日本株の低迷ぶりは突出している。だが、その右の日経記事では「世界株式会社は株

日本株の低迷が異常なのか？

1991～2017年

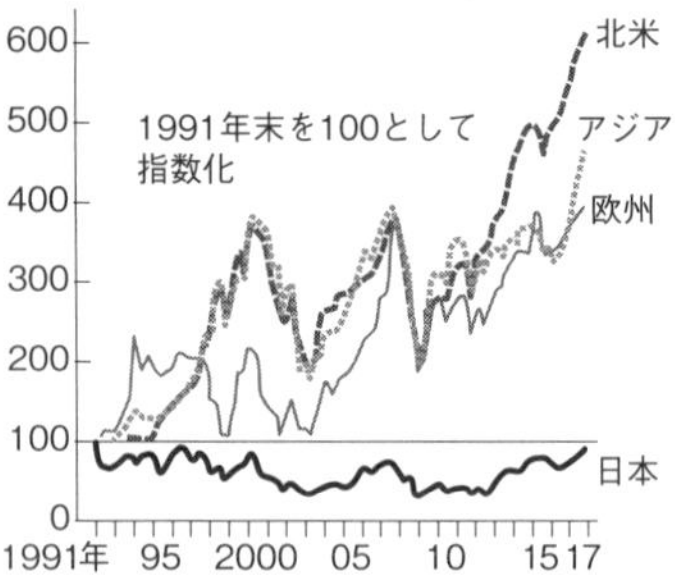

注：MSCによる北米株、日本を除くアジア株、欧州株の指数。日本は日経平均。

純増資ゼロの世界では健全ではないのか？

1999～2017年

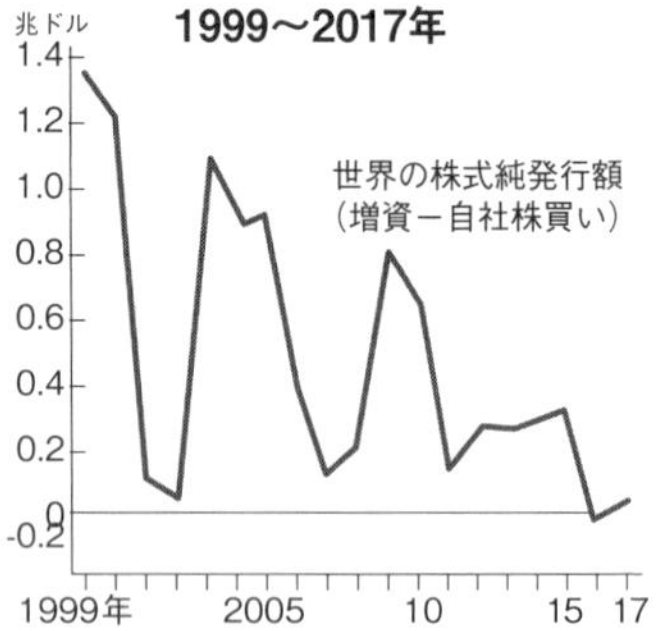

注：JPモルガンが『MSCI ACワールド指数」の構成銘柄を対象に試算。2017年は10月現在。

日経平均はバブル崩壊後の最高値を付けたが……

日経平均推移、1987～2017年

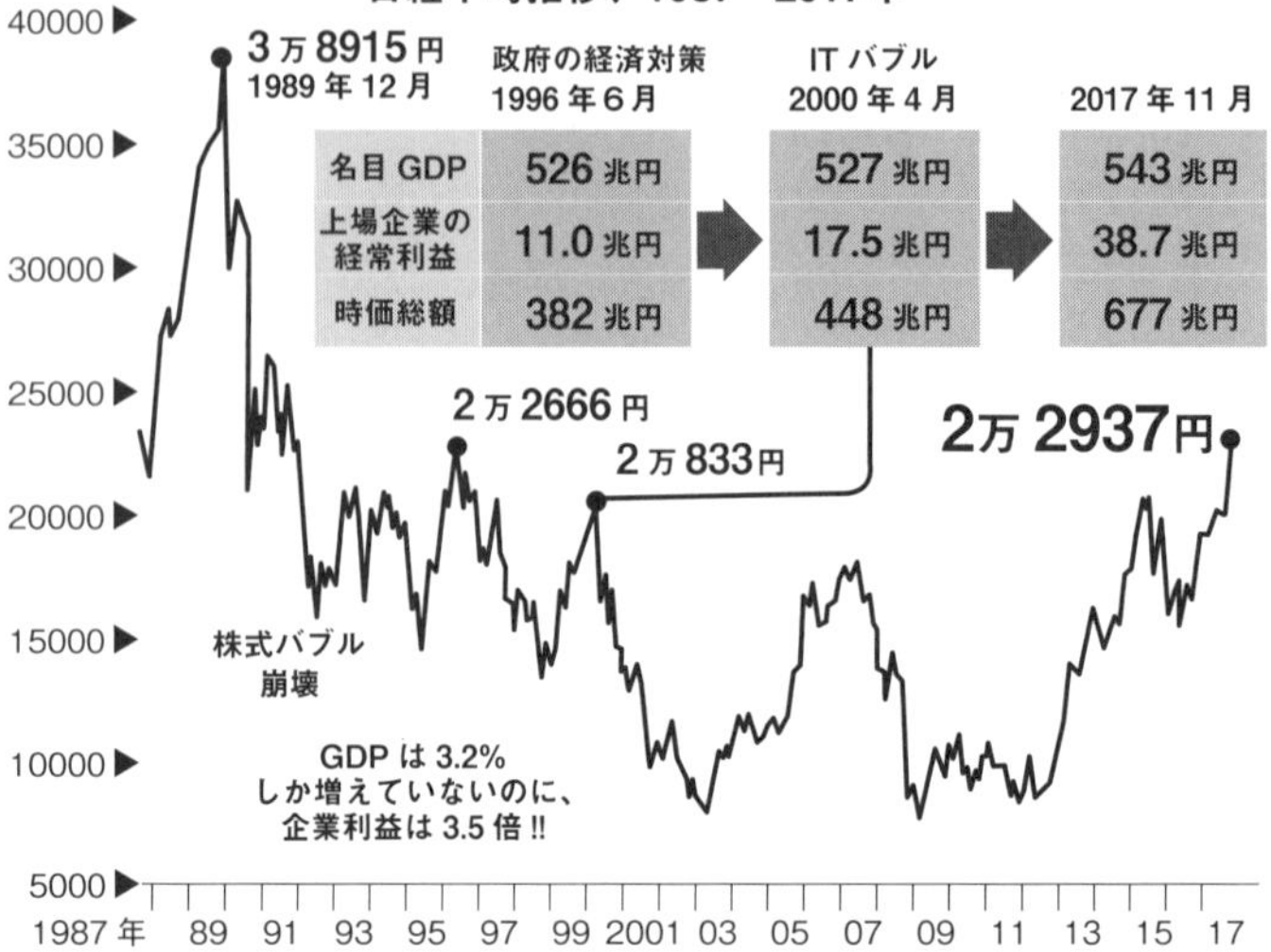

日経平均株価が21年ぶりの高値を更新した10月、株式投信の解約額は４兆4845億円と過去２番目の高水準となった。

出所：（上2グラフ）日本経済新聞、2017年11月17日付記事、（下グラフ）同紙、2017年11月8日付記事、（下文章）同紙、2017年11月15日付記事より引用

を発行しなくなった」と題したグラフを見ると、むしろ日本株の低迷こそ世界経済の実態を正しく反映しているのではないかという気がしてくる。

世界の株式純発行額が１９９９年の約１兆４０００億ドル（約１５０兆円）から、その後はサイクルのたびに高値が低くなって、ついに２０１６年には若干のマイナスに転じていたことがわかる。株式純発行額とは、増資総額から自社株買いなどによる減資総額を差し引いた金額だ。つまり上場企業全体として新規投資や既存設備の拡充などのための自己資金調達は、ほとんど不要になったわけだ。

上場企業にとって株価が上昇することの意義がどこにあるかというと、新株発行増資をするにしても、社債を発行して債務を拡大するにしても、株価が高ければ高いほど良い条件で多額の資金を調達できることにある。だが、すぐあとに具体的な数字で確認するように、世界中で金利は低下しつづけ、ゼロ金利とかマイナス金利になっても、自社株買いのための資金以外に積極的に債務を拡大する大手企業はほとんどなくなっている。さらに、このグラフで見たように、今や自己資本を拡大する企業より縮小する企業のほうが多いという事態になっている。

つまり新たに資金を調達してまで事業拡大のための投資をする企業がどんどん減っているのだ。こういう環境の中で株式会社にとって株価が上昇することの意義は、本来の資金調達を有利にすることではありえない。資金を調達してもその資金の有望な投下先はめったにないし、銀行などに預金として積んでおいても、安全性の高い債券を保有していても、金利収入はスズメの涙程度にしかならないからだ。それでもなお経済・金融に特化した新聞雑誌ばかりか、マスメディア一般も株価が上がると何かしらいいことが起きているような報道をする。

実態がいかにそうした報道とちがっているかを伝えるのが、278ページ下段のグラフだ。政府がバブル崩壊後最大の総合経済対策を打ち出した1996年6月と2017年11月を比べると、GDPはわずか3・2％しか増えていない。だが株式時価総額は77％も増え、上場企業の経常利益はなんと3・5倍になっているのだ。なぜGDPはほぼ横ばいなのに企業利益がこんなに伸びていたかと言えば、勤労所得のGDPに占めるシェアが減少し続けているという以外の理由はない。

いくらなんでも、そんなに株主ばかりにとって有利な状態が続くわけはないと判断した日本の個人投資家たちは、史上2番目に大きな金額である4兆5000億円弱の株式投信解約に踏み切った。翌2018年の日経平均は1月の終値が2万3000円台、12月の終値がぎりぎり2万円を割りこまない程度まで下がっていたので、今回もまた個人投資家は機関投資家に圧勝しているはずだ。

さて、企業利益拡大のしわ寄せが勤労所得に行っていることを端的に示す次ページのグラフに移ろう。

労働生産性は2011年春に東日本大震災の影響で一過性の落ち込みがあった以外は、10年

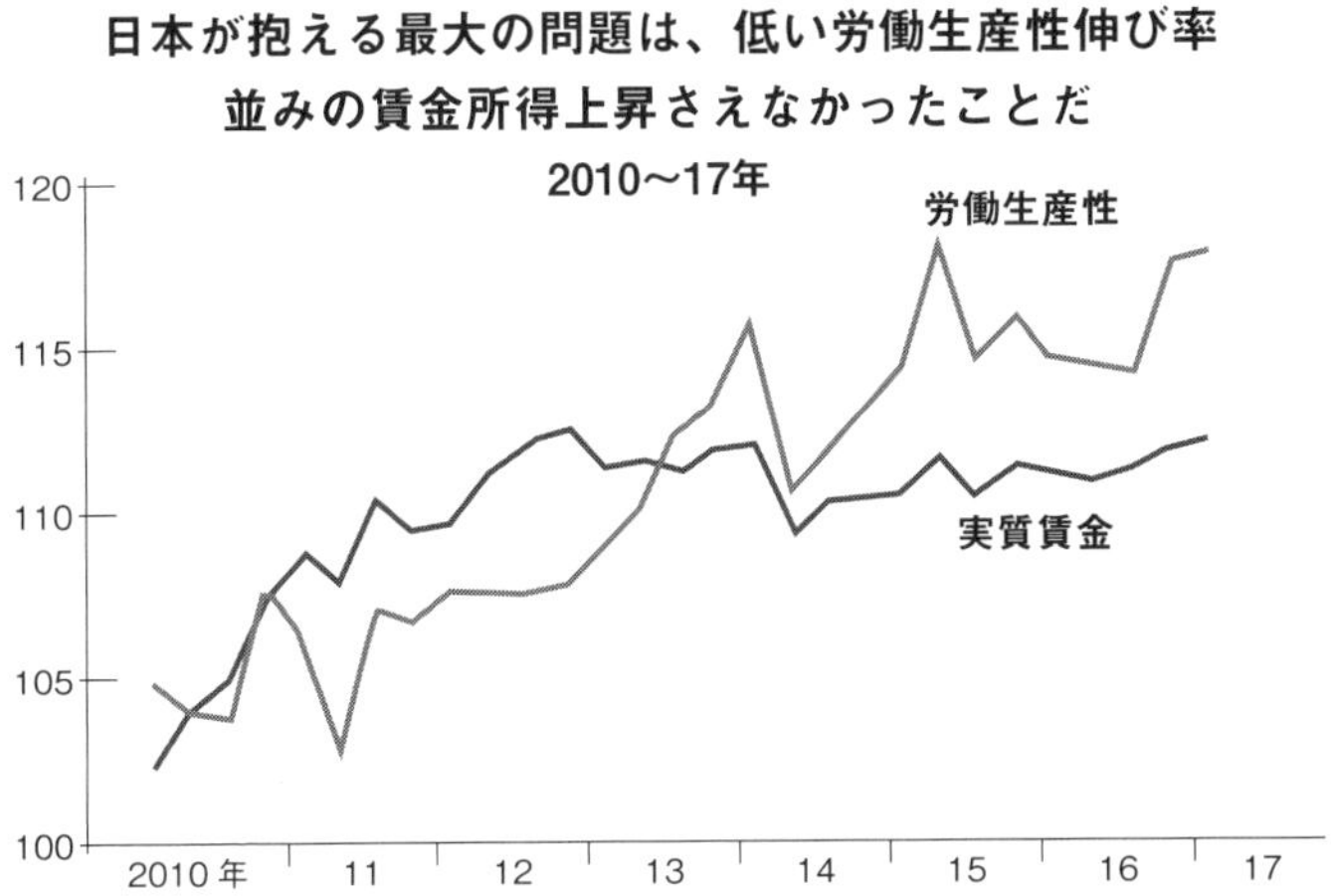

（注）日銀のデータから作成、季節調整済みの四半期実質データを使用。1980〜2017年の平均を100として指数化
出所：日本経済新聞、2017年11月30日付記事より引用

末から12年末まで横ばい、その後はかなり急激な上昇に転じている。ところが、実質賃金のほうは正反対に12年末まで増加基調にあったのに、その後まったくの横ばいに転じてしまった。これはもう、本来労賃の上昇に行くべきGDP増加分がほとんど全部企業利益の拡大に吸い取られてしまったことを意味している。この点については一貫して低成長ながらも成長を続けている日本経済に関して、低迷が続いているとか、ますます悪くなっているとかの大宣伝を行って、賃金上昇などできるはずのない経済環境だと思いこませてきた大手メディアや経済学者などの罪は重い。

なお、この間の日本の労働生産性の上昇について特筆すべきことは、中国や韓国のような投下資本の質量増大によるものではないという事実だ。次ページのグラフをご覧いただきたい。

実質粗資本形成増減率
2000〜14年

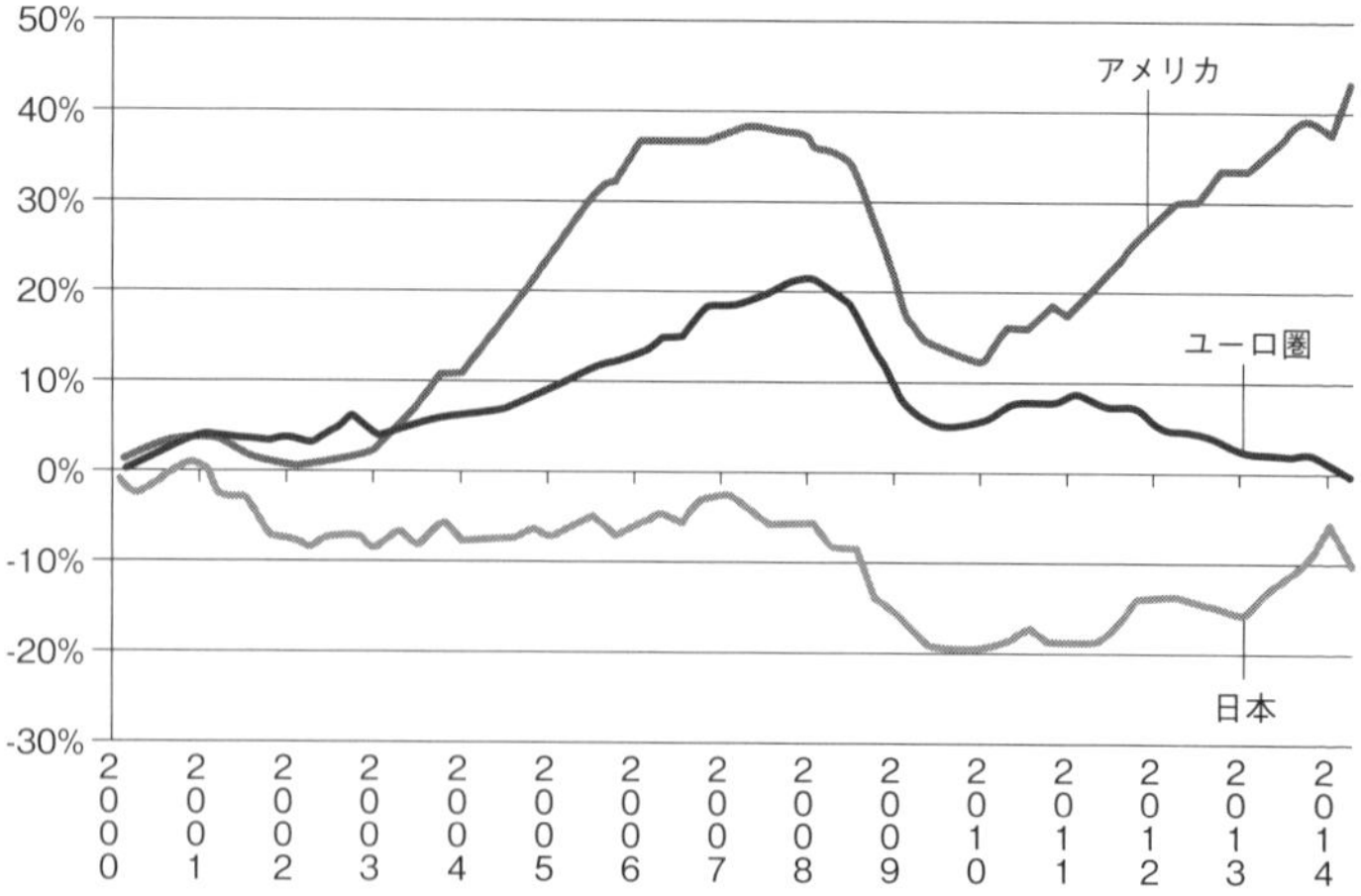

労働力人口＊１人当たりの実質GDP推移
1999〜2013年

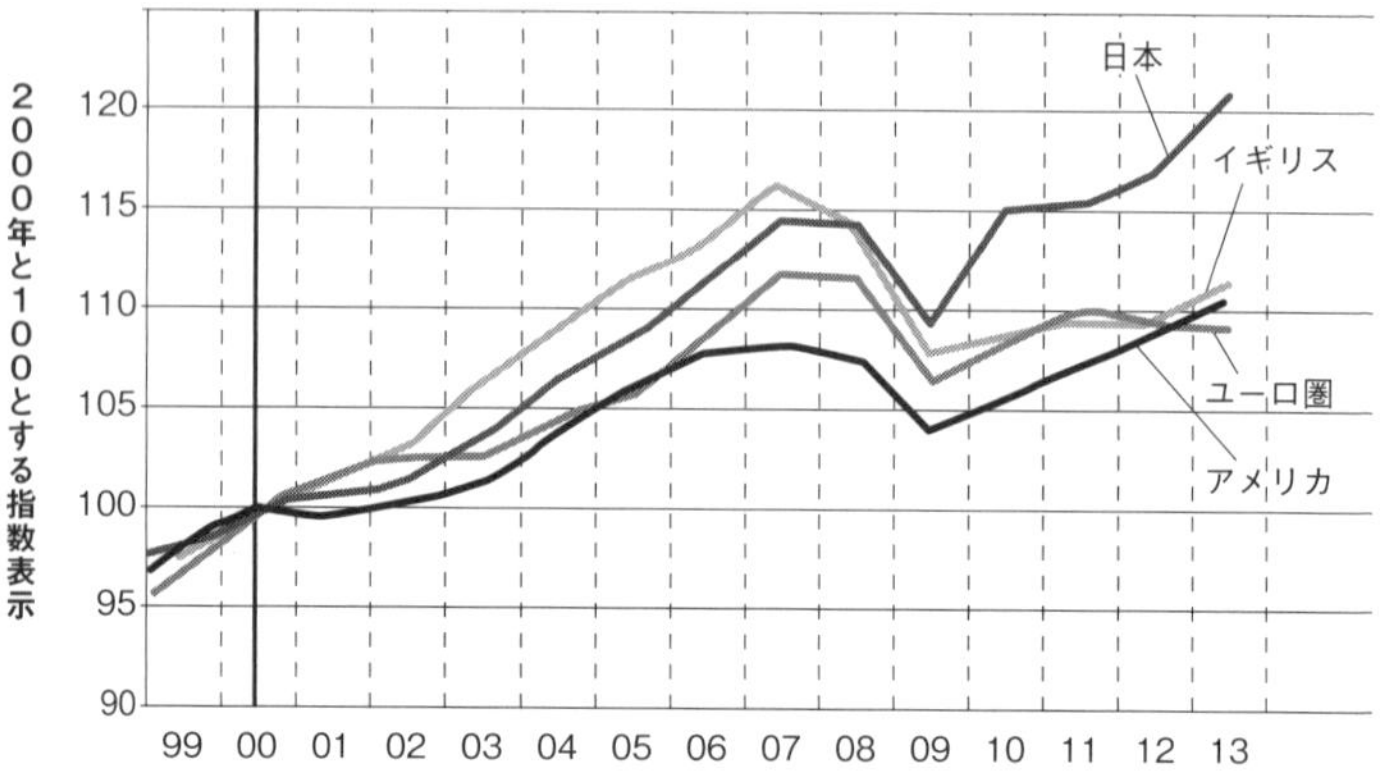

＊）労働力年齢人口とは15〜64歳人口のこと。
原資料：IMF『世界経済展望』、OECD、ユーロスタット、国際決済銀行による推計
出所：（上）ウェブサイト『Philosophical Economics』、2014年10月11日、（下）『Wolf Street』、2015年9月10日のエントリーより引用

上段は2000〜14年の日本、アメリカ、ヨーロッパ諸国の実質粗資本形成の変化率だ。なお粗資本形成とは、既存の資本設備の減耗分を差し引くことなく、とにかく投下資本の追加額を合計した数字だ。

アメリカはかなり粗資本形成の総額が伸びつづけている。先ほど見ていただいたように2012年以降は企業利益総額が横ばいになってしまったのに、粗資本形成の増加率は加速しているので膨大な過剰設備を創出している危険性が高い。ヨーロッパ諸国は国際金融危機のころまで拡大しつづけてきたが、それ以降は増加率を絞りつづけ、直近ではほぼ横ばいというところまで下げている。一方、日本はこの間一貫して粗資本形成額を減らしつづけてきた。

つまり日本の労働生産性向上は、資本投下量の拡大によってもたらされたものではなく、労働効率が改善していることを示唆している。当然、勤労者がその成果を賃金上昇というかたちで収得すべきものだということになる。

下段は2000〜13年の労働力人口1人当たりGDP伸び率を比較すると、日本の20%増が先進諸国でもっとも高く、イギリスの約14%増が2位、アメリカの13%増が3位、ユーロ圏の9%増が最下位となっている。これは勤労者1人当たりの数値ではないことにご注意いただきたい。日本では労働力人口は顕著な減少に転じたが、勤労人口は若干増えているので、労働力参加率は上昇している。最大の理由は、1980年代ごろまではほぼ永遠に低いままにとどまると考えられてきた子育て期の女性の労働参加率が顕著に上昇していることだ。

以前は日本の家庭の主婦は子育て期に当たる20代後半から40代前半までは欧米の女性に比べて労働参加率が大幅に下がるので、労働力人口には数えられていても家庭にとどまる女性が多かった。この状況は文化的・歴史的条件の差が大きいので、あまり変化しないと考えられてきた。しかし長期にわたる経済成長率の低迷と、その中で労賃のGDPシェアが下がっているという理由で、これまでは家庭にこもっていた子育て中の主婦層の労働参加が1990年代以降顕著に増大した。ただ日本の勤労者たちが労働力人口1人当たりのGDP生産量の増加にふさわしい賃金給与の上昇を獲得していないという議論の大筋に変化が生ずるわけではない。

「日本経済は低迷が続いている（あるいは縮小に転じている）のだから、賃上げなど要求するのはもってのほかだ」などという宣伝に惑わされてはいけない、もし正規・定時の勤労者が労働生産性の伸びに見合った賃上げを要求するとともに、非正規・不定時の勤労者も同一労働に対する同一時給・給与外諸手当を要求し、GDPに占める資本取り分を下げ、労働取り分を上げれば、絶対に消費が牽引するかたちで日本経済の成長は加速させることができる。

現在、企業利益のかなりの部分が投資に備えるわけでもなく、金利収入を稼ぐわけでもなく、内部留保としてムダに積み上がっている。これを縮減しても日本経済にマイナスはまったくない。一方、労賃の取り分が増えれば、消費は確実に拡大する。そして消費の拡大こそ製造業からサービス業へと経済を牽引する産業が移行した現代社会では、最大の成長促進要因なのだ。

世界で初めて株価と景気は無関係だとカミングアウトした日本

超長期にわたる金利水準の変化を通観すると、明らかに各時代に経済活動がもっとも活発だった国々で金利は最低であったこと、さらに趨勢《すうせい》として時代が進むにつれて金利水準は低下してきたことがわかる。次ページの上下2段組グラフで一目瞭然だろう。

上段は１３５０～２０１０年という超長期の金利推移を示している。14世紀後半から15世紀にかけては、非常に上限と下限の差は大きいもののオランダ永久債がもっとも安定して低金利の債券だった。スペイン領植民地だったころだが、国土のほとんどが干拓の必要な海抜の低い湿地帯で風車の建設や水路の開削などの大規模なインフラ投資が継続的に行われた。その結果、経済活動も盛んになるとともに資金が積み上がることによって、カネを借りることの対価である金利が低下を続けた。

16世紀はスペインとポルトガルが世界中で政治覇権を争奪していたが、この機会を巧みに生かしてヨーロッパ内の水運と金融で当時最大の経済活動を維持していたのがジェノヴァだった。当然、金利も世界一低かった。１６１９年にジェノヴァ共和国長期債が記録した１・１％という金利は、約４００年後の２００４年に日本国10年債が破るまで延々と史上最低金利であり続

金融先進国の金利推移

1350〜2010年

金利はいったいどこまで下がるのか？

この長期チャートが示すとおり、カネを貸すのは危険な作業だ。だが、近年各国政府と中央銀行は、金融市場への信頼を高め、経済を刺激するために、どんどん低金利で大量の資金を貸し出している。

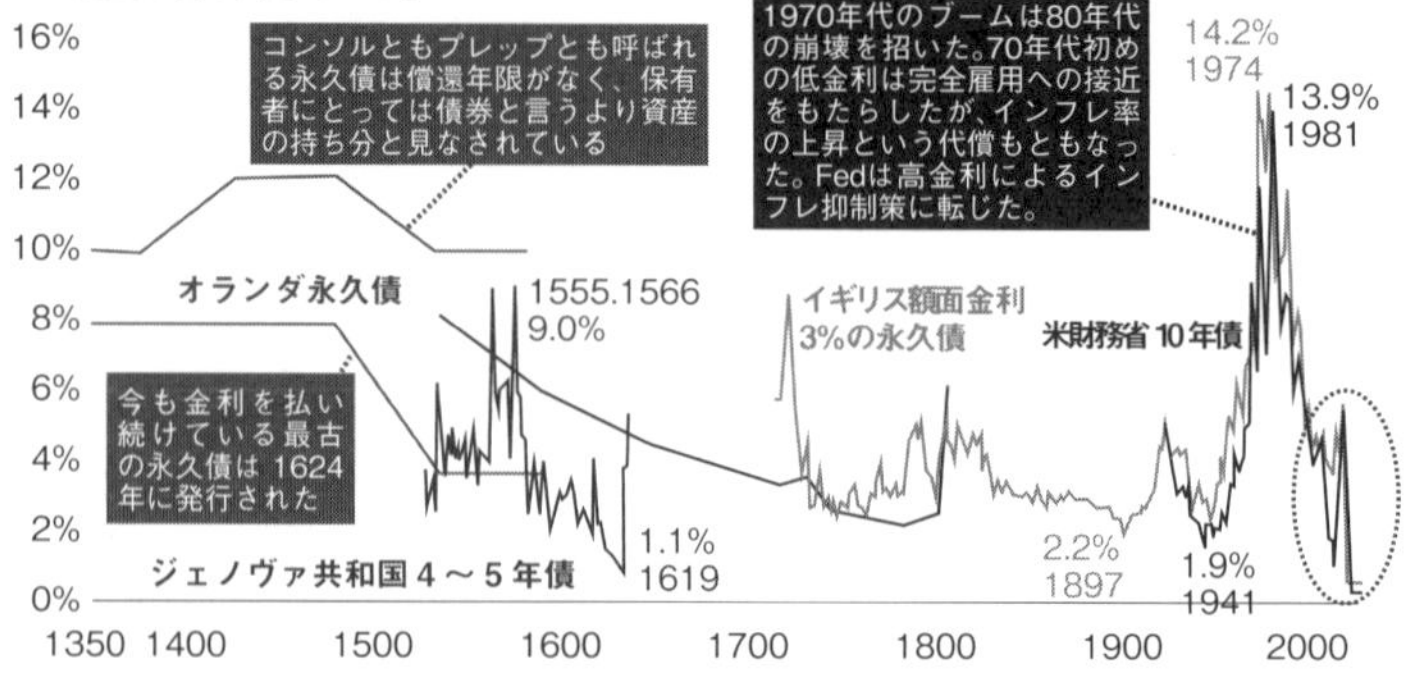

先進国・新興国の長期金利推移

1980〜2014年

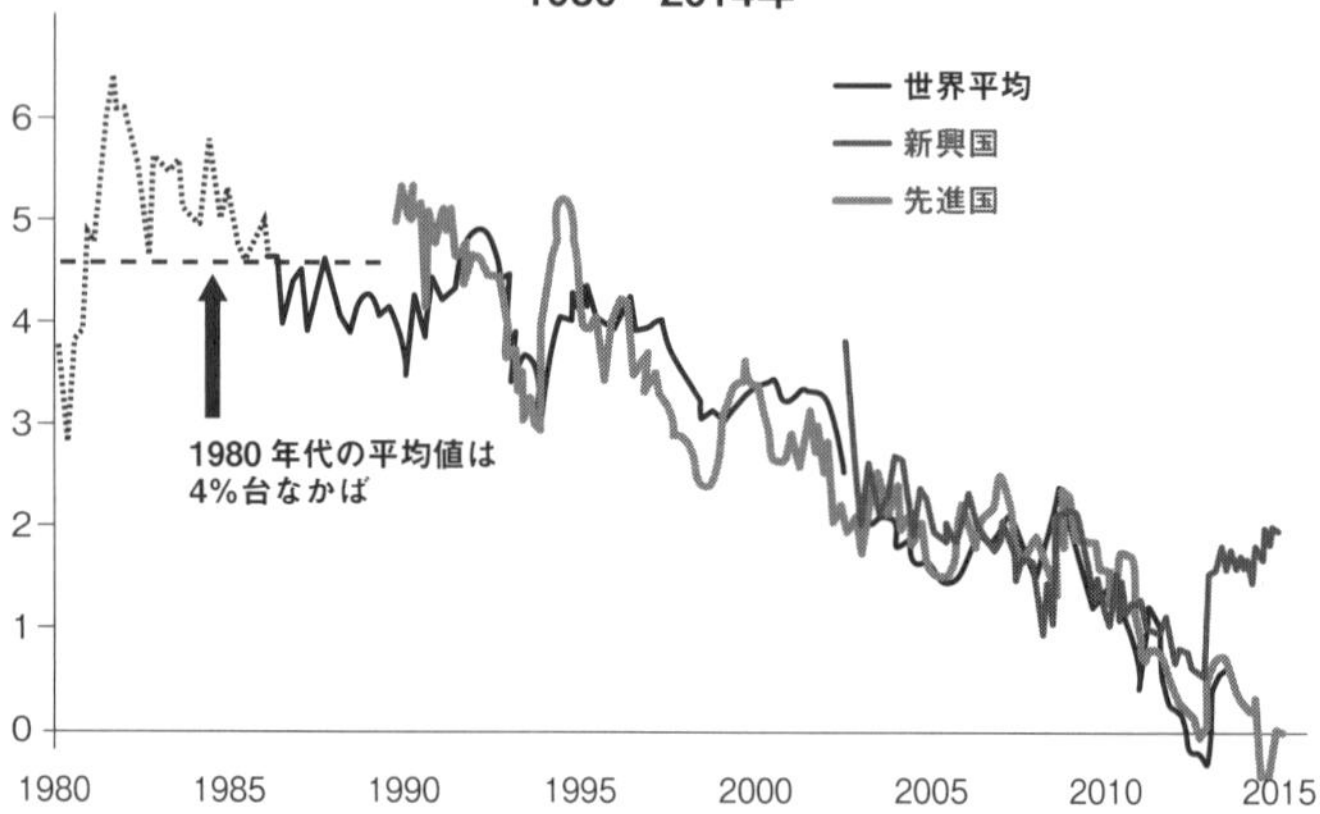

出所：（上）ウェブサイト『Zero Hedge』、2019年11月25日、
（下）『VOX 経済政策研究センター（CEPR）Policy Portal』、2014年5月のエントリーより引用

けていた。

次いで19世紀末に額面3％のイギリス政府永久債が2・2％という金利まで下がり、債券価格は上昇した。どういうことかというと、この毎年3ポンドの金利を払い続ける永久債を当時市場で買えば136ポンドを払う必要があったが、これは購入価格に対する利回りでは2・2％になるということだ。もし額面の100ポンドで買った人が市場で売却すれば、36％の値上がり益を収得できたわけだ。

さらに第一次世界大戦以降はほぼ一貫して、米国財務省10年債のほうがイギリス永久債より金利が低かった。ただ米英とも1970～80年代にかけて異常な高金利を維持していて、このころから世界中でいちばん低い金利で資金調達ができる国は日本となっていた。そして89年以降のバブル崩壊の中でも、日本がもっとも長期金利の低い国、すなわち資本が豊富に蓄積されているので、貸し手は大勢いるが、借り手が少ない国だという事実は現在にいたるまで変わっていない。だからこそ日本は貸し手がカネを貸すことによって期待できる金利収入も世界中でいちばん低い国なのだ。

下段は1980年以降の長期金利の推移を世界平均、先進国、新興国に分けて追ったグラフだ。80年代の世界平均の長期金利は4％台半ばだったが、日本ではバブル膨張がピークに差しかかりつつあった88年ごろから、10年債の金利が4％を割りこみ、先進国の長期金利低下を牽引していた。

過去の長期金利の変化に照らし合わせれば、これは現代社会でもっとも進んだ経済を持ち、豊富な資金が少しでも高い金利を求めて移動する結果として最低水準の金利が定着しているのも日本だということを意味する。さらに世界経済はもう完全に製造業主導型からサービス業主導型に移行し、設備投資や研究開発投資の企業収益拡大、ＧＤＰ成長に対する貢献度が徐々に低下している。

バブルがふくらみ続けた１９８０年代後半、一般勤労者の所得は大して上がらず、インフレ率はやや上昇して、むしろ生活は苦しくなったと感じた勤労者が多かった。逆にバブル崩壊後は、株や不動産を高値づかみした人たちが大変な苦労をした半面、バブルに踊らなかった人たちは賃金給与の伸びは止まったが、インフレ率が下がったことによって、生活はやや楽になった人が多かった。

よく大手企業の正規雇用者の既得権益が守られたことによって、非正規・不定時労働をしている勤労者の生活が悲惨になったと言われる。だが最大の既得権益は、経常利益総額が激増した資本が享受していた。少しでも早く、少しでも大きな資本蓄積を実現しようとするのは、重厚長大型製造業の全盛期にはそれなりに合理性のあった傾向だった。莫大な資金を投じて生産設備を拡大すれば、それだけ規模の経済が働いて、他社より良い製品を安く造れるという議論はほぼ正しかったからだ。

だがサービス業主導であまり規模の経済の働く余地のない現代経済で、資本の既得権益を尊重するのはバカげた方針だった。低いながらもプラス成長をしていたGDPの中で、資本の取り分はどんどん拡大したので、勤労者一般の生活が本来収得するべきGDPの伸び分よりも少なかった。そのうえ正規・非正規のあいだの分配も、正規に有利に展開していったというのが真相だ。

とにかくバブル膨張期にボロ儲けをした勤労者もほとんどいなかったし、バブル崩壊で日経平均が史上最高値の4分の1になったところで、生活水準が4分の1に下がった勤労者もほとんどいなかった。つまり、そもそも株価は経済全体を正しく反映する指標ではないのだ。さらに経済を牽引する産業が製造業からサービス業に移行した結果、株価と実体経済との連関はさらに希薄になった。

「株価が史上最高値から大底までの下落幅の半値戻しに成功してから、非正規・不定時の労賃も上昇に転じた」などと主張する人たちもいる。最近の労賃上昇はまったく株価の回復とは関係のない現象だ。労賃が高くなっているのは利益の伸びが大きな大企業より、とにかく人手をそろえなければ企業規模の維持・拡大ができないので利益をすり減らしながら労賃を上げざるを得ない中小零細のサービス業各社だ。

そして日本経済全体の浮沈が一握りの大手企業の収益動向より、数多くの中小零細サービス企業の業容が拡大するか、縮小するかにかかるという状態になっていく。利益も株価もあまり上がらないが、労働コストが着実に拡大しながら業容を広げていく企業が日本経済全体の成長を担うのだ。

また最近の日本の経常収支は、貿易収支では多少の赤字が出ても、所得収支で莫大な黒字を安定して稼いでいるので外貨準備は拡大する一方となっている。所得収支とは、海外への投融資から得る金利配当収入マイナス海外から国内への投融資に支払う金利配当支出のことだ。国内に外資系有力企業はほとんどなく、海外の子会社・系列会社から安定した金利配当収入が入ってくる日本では、運用したいが安全確実な運用先のない資金がどんどん溜まっていくので、金利には慢性的な下降圧力がかかっている。つまり金利は上昇しようがない。だからこそGDPに占める資本の取り分は下がり、労働の取り分が上がることによって、日本の消費が活性化し、GDP成長率も上がって当然なのだ。

欧米諸国も、遅かれ早かれ日本と同じ道をたどる。だが1990年でもう「みそぎ」を終えている日本と、まだまだ株価水準が実体経済より高すぎる欧米諸国では、株価上昇なき経済繁栄へのコース変更にともなう苦痛や混乱は日本のほうがはるかに軽くてすむだろう。

第6章

ＩＴが音楽を再生からライヴに戻した時代はママドルからヒマドル（Idle Idol）へ

アイドルはどんどん大集団化するが、男性軍は劣勢

1989〜90年のバブル崩壊以来、無為無能に終始した日本政府・日銀を、世界中の政財界人や金融機関が笑いものにしてきた。しかし最近になって彼らは、無為無能であろうと、有為有能であろうと世界は着実に日本化していることに気づいて、ほぞを噛《か》んでいる。主要産業が製造業からサービス業に変わり、製造装置や兵器殺傷能力の大規模化が必ずしも効率化とは限らなくなった。戦争がなくなり、あらゆる資源が戦略資源の地位を失った世界では、世界中の人たちが第二次大戦直後の日本人と同じ覚悟を決めなければならないのだ。それは資源の少なさを粋な工夫で補った江戸時代の町人や農民の行動様式を、世界が受け入れることをも意味する。

最小の資源を使いながら、最大の満足を得る。そのためには、あとに廃棄物が残るモノの生産は最小限にとどめて、どんなにいっぱい消費しても、あとに廃棄物の残らないコト消費をなるべく拡大するに限る。コト消費にかけて江戸時代の町人、つまり商人や職人は、現代人よりずっと上手にやっていた。

サービス産業の時代には、アイドル・グループも必然的に大人数化する。一人ひとりのアイドルに対するファンの集中度は、趣味や嗜好《しこう》の多様化につれて薄れていき、ライヴで経営が成り立つ程度の聴衆を動員できるグループの構成員数は拡大すると予想されるからだ。なぜライ

大所帯化に失敗した男性群と成功した女性軍

チェッカーズ
1980～92年

おニャン子クラブ
1985～87年

SMAP
1988～2016年

モーニング娘。
1997年～

Hey! Say! JUMP
2007年～

AKB48
2005年～

出所：『Wikipedia』、『Google Chrome』、『Microsoft Edge』、『bing』 などの画像ファイルより引用

ヴなのかと思われる読者も多いかもしれない。音楽産業の内側にいる人たちも、音楽評論家も、いまだにCD売上枚数などで「売れている」「売れていない」を判断することが多く、ライヴは販促活動にすぎないと考えているからだ。

あとで具体的なデータを使って実証するように、アイドル、それどころか音楽のあらゆるジャンルがCDのような再生媒体で評価される時代は、とっくの昔に過ぎ去っている。どのくらい昔かというと、もう20年以上も前の話なのだ。今や先進国ならどこでも再生媒体の売上より、ライヴ入場料収入のほうが音楽産業にとって大きい時代となっている。しかもアメリカやヨーロッパのライヴ市場は、チケット代を高くすることで先細りする観客動員数を隠した上げ底の「活況」でしかないのに対して、日本ではチケット代はほとんど上がらないのに観客動員数が伸びることによってライヴ収入が拡大している。

芸術至上主義で世の中を見ている人たちは、「なんでおとなの芸が楽しめる欧米で、ライヴ収入はかろうじてインフレによって拡大している程度なのに、ガキしか相手にしていない日本で動員数と収入がほぼ並行して伸びているのか？　まっとうな芸を判断できるおとなが、どんどん減っているのか。世も末だ」と嘆いていることだろう。かんたんな答えは、音楽産業全体がガキ相手になっているのは事実だが、それは嘆くべきことでも、恥ずかしがるべきことでもないということだ。

大昔から、世界中どこでも大衆は芸術を鑑賞させていただくことより、おもしろいものを見たり、聴いたりするほうを好んでいた。しかし、いろいろな分野で「その道の権威」と言われる人たちのいうことを聞いて、芸術として何かしら新しいこと、むずかしいことに挑戦しているものを見たり、聴いたりするほうが立派なのだと思いこまされてきた。でも立派なことをしたいのか、見たり聴いたりして楽しいことをしたいのかといえば、圧倒的多数の大衆は楽しいほうが好きだ。それが、やっとすなおに出はじめたのが1970年代日本のアイドルブームだった。そして、この傾向が勝利をつかんだのは、ちょうど世紀の変わり目の音楽が再生媒体売上額で評価される産業からライヴ入場料収入で評価される産業へと転換した時期だった。

あらためて言うまでもないことだが、再生媒体売上金額は完全に製造業の業績を判断するための指標だ。一方、ライヴ入場料収入はサービス業の業績を判断する指標だ。金額として比較するときは、同じような数字の羅列でどちらが大きいか、小さいかだけのことだ。だが、その数字の積み上がり方はまったくちがっている。

CDのような再生媒体は、いったん収録してしまえば、売れ行きが伸びるにしたがって増産するときの1枚当たりのコストは、一流アーティストの作品であれ、プロだが万年鳴かず飛ばず状態の人たちのものであれ、ズブのしろうとのものであれ、まったくちがわない。ズブのしろうとが手造りでプロダクションやレコード会社に持ちこんだ作品がヒットすることもあるが、それは奇跡に近い。たいていの場合、制作過程にどんなにカネがかかっても、ある程度の売上枚数を確保できる一流アーティストの新作を出すことが売上最大化の王道となる。

一方、ライヴは生身の人間が出演しなければできない。そして生身の人間の歌や踊りがはっきり観客に届くのは、どう頑張ってもせいぜい10万人台までだ。20万人とか30万人とかは、お祭り騒ぎとしての記録にはなっても、特別にいい場所が確保できる人たちをのぞけば「たしかにあのとき聴きに行ってたけど、ステージが遠くて、何も見えず、何も聞こえずって感じだったよ」となる。会場にビッグスクリーンがぶら下げてあって、あちこちにスピーカーが設置してあったとしても、それは同時進行しているステージ上のパフォーマンスを再生したものを同時に見ているだけのことだ。

しかも、どんな一流アーティストでも1日は24時間、1年は365日、うるう年でも366日しかないという「悪平等」が貫徹している。幸い今はまだ「売れているから完全なコピーを何度でもリピートできるクローンをいっぱい作って、世界中のあちこちでライヴをやらせよう」というほど科学技術は「進歩」していない。お祭り騒ぎではないライヴとしては、大バコでもせいぜい2000人、小さなライヴハウスなら20～30人という会場があちこちに点在していて、そこを一定のスケジュールで埋めていくことになる。現状では、アメリカのように世界一音楽産業が隆盛している国にしたところで、こうしたステージ全部を埋め尽くすほど大勢の一流アーティストはいないのだ。

マイクの収音機能も、スピーカーの拡声機能もいいところも悪いところもある。客席配置もうまくほぼ同じような音で聞こえるところもそうでないところもある。たとえ同じ会場で何日か同じ演目で演奏するとしても、アーティストのそのときの気分や観客の反応次第で、その日その日の演奏の質は大きくちがってくるのだ。どう考えても、悪いところを削り、いいところだけを寄せ集めたＣＤのような「完璧」な演奏は再現できるはずがない。でもパフォーミングアートと呼ばれる芸術は、本来そういう一回こっきりのものなのではないだろうか。

どんなに修練を積んで、なるべくパフォーマンスの質を変えないようにしている一流アーティストだって、ライヴはその日、そのときだけの一期一会《いちごいちえ》だ。一流アーティストがひどいパフォーマンスをしたときに当ってしまう人もいれば、二流、三流のアーティストが珍しくいいパフォーマンスをしたときに当たる幸運な人もいる。わざわざライヴを聴きに行くだいご味は、まさにその日の演奏がどちらになるか予想がつかないところにあるはずだ。

アイドル・ポップスは重厚長大産業から個別需要に応えるサービス産業へ

ビートルズがライヴよりスタジオ録音を重視し始めた直後の１９６７〜69年、丸2年にも満たない期間だったが、日本で熱狂的なグループサウンズブームが勃発した。その後、少年グループの多人数化はチェッカーズや光ＧＥＮＪＩのように一過性に終わったが、おニャン子クラブからモーニング娘。へ、そしてＡＫＢ48をはじめとする少女グループの多人数化はとどまるところを知らない勢いで伸び続けている。この音楽業界での変化は、どんな経済潮流にもとづいたものだったのだろうか。

1970年代はまた重厚長大型製造業の絶頂期だった。「規模の経済」とは、生産規模を拡大すればするほど安く良質の商品を提供することができるので、あらゆる企業は同業他社より少しでも大きな生産規模を達成すべきであり、そのためには巨額資金を調達して莫大な設備投資を敢行すべきという発想だ。規模の経済は、画一化された製品の大量生産で勝負する重厚長大型製造業全盛期には一定の合理性があったが、今ではむしろ有害な強迫観念と化している。そして70年代は製造業内のさまざまな業種の大手企業が、同業他社とは隔絶した市場シェアを握ろうとする努力に、ある程度の合理性があった最後の時期でもあった。

再生媒体としてのLPレコードやCDを売るレコード会社が音楽産業の中核をなしていたのも、この70年代がピークだった。再生媒体を売るレコード会社の売上最大化戦略はかんたんだ。なるべく安定して高い売上枚数の出せるアーティストの、売り上げ単価の高いアルバムを、希少性が損なわれない程度の間隔で出していく。その他大勢のアーティストは固定ファンの人数に応じて出すアルバムの枚数を調節する。これから一流になりそうな新人はかなり宣伝費をかけて積極的にアルバムを出させて、その中から安定した売り上げ枚数の出せる連中を育てていく。

1980年代に入ると、製造業の中でも軽薄短小型が成長率で重厚長大型を上回るようになり、90年代にはサービス業が経済全体を牽引する主要産業にのし上がる。サービス業には小売とかレストランとか、理髪・美容とか、同じ時間に同じ場所に売り手と買い手がいなければ生産活動自体が成立しない業種が多く、単純に規模を拡大すれば有利とはならない場合が多い。ところが広い意味でのサービス業を指す第三次産業の中で金融業だけは、例外的に規模の経済を追求したほうが有効な企業戦略となることが多い。同じ通貨を使っている経済圏の中では1ドルは1ドル、1円は1円とまったく価値の変わらない均質な商品を扱っているので、同業他社より資金量が多いほうが有利なことが多いからだ。

そしてサービス業の中で金融業に次いで画一化された単品大量生産という、規模の経済の呪縛に捕らわれていたのが、シングル盤～LPレコード～CD～DVDといった物理的なモノづくりに傾斜した音楽産業であり、スターシステムで運営されていた映画産業だった。つまりパフォーミングアートの世界だ。その中でも音声や映像での画一化された商品の大量頒布がいちばん進展していたのが、日本を発祥の地とする「アイドル・ポップス」だった。

いまだに頭の固い音楽評論家などが「アメリカが断トツなのは当然として、日本がCDとかライヴコンサート入場券とかの売上で世界第2位の音楽産業大国なのは、納得がいかない。音楽性を考えたら、ヨーロッパ諸国と日本ではおとなと子どもくらいの差があるじゃないか」とぼやいている。

音楽性は質の問題であり、CD・入場券売上は量の問題だということさえごっちゃにした議論をしているのだ。重厚長大産業の見本のような自動車業界でも、ちょっと鋳型を変えれば「チューンアップした最新年式の新型車」が量産できるように、たのきんトリオからシブがき隊へ、そして少年隊へとちょっと鋳型を変えるだけで最新バージョンを量産できるほうが効率はいいに決まっている。

ついでながら、「日本の音楽産業はお粗末な類似品ばかり量産し続けて消費者に見捨てられないうちに、欧米の同業者のように提供する音楽の質を向上させなければならない」という上から目線のお説教も筋違いだ。おとなと子どもの差があれば、むしろ子どものほうに価値を認めるのが世界的傾向になって来たし、くろうと芸よりしろうと芸のほうが高く評価される時代になっている。その中で日本は先頭を走っていることも、ここまでの各章で説明したとおりだ。

iチューンズなどの普及によって、消費者は自分がほんとうに欲しい楽曲だけを単品買いできるようになった。だから20世紀末にはふつうだった巨額のCD売上を再現することは、音楽的な質が高いか、低いかにかかわらず絶対に不可能だ。当然2～3年、スタジオに籠って電子的に加工した装飾音のコケ脅しで何百万枚のCDを売れば、あとは一生左うちわで暮らせる世の中でもない。

一流アーティストでも高額収入を維持したければ、ライヴをひんぱんに行う必要性が出てきたのだ。だが生身の人間一人ひとりが一生のうちにライヴで回れる会場の数にも、動員できる観客数にも限りがある。増大するライヴ需要に応える供給量を確保するためには、となり近所の男の子や女の子をとにかくステージに上げて、その子たちの商品性は観客の判断にゆだねるしかないだろう。そしてアイドル歌手の発掘でつねに先行してきた日本のポップス界には「だれでもアイドル」時代に突入するための準備もほぼ整っている。

ただライヴのプロモーターの売上最大化戦略は、レコード会社の売上最大化戦略よりずっと複雑だ。まず、いくら「その日の出来、不出来そのものが最大の商品価値」と言っても、あまりにもひどいパフォーマンスが続けば、わざわざ入場料を払う客は来なくなる。そこで重要になってくるのが、歌い、踊り、楽器を演奏するメンバーを大人数にすることによるリスクの平準化だ。個々のメンバーの出来、不出来はばらついても、人数が多ければ多いほど、出来のいいメンバー、悪いメンバーのでこぼこが平均化されて、そこそこの質が確保できるからだ。

男性軍はアイドル・グループの大所帯化で悪戦苦闘中

アイドル・グループが大所帯化する傾向は、女性ではすなおに人気グループ変遷の歴史に反映されているのに、男性ではこの「大所帯化」がうまくいっていない。この章の冒頭をちらっと見ていただくだけで、男性軍は大所帯化に悪戦苦闘する一方、女性軍はほぼリスク平準化戦略として想定しているとおりの大人数化を軽々とこなしていることがおわかりいただけるだろう。

ちなみに293ページの見出しは、ごくふつうのパソコンについている日本語文字変換機能にも立派に文明批評能力があることを示している。すなわち、ひらがなで「だんせいぐん」と打ちこむと、第一変換候補は統制の取れていない烏合《うごう》の衆を意味する「群れ」の字となって出てくる。一方、「じょせいぐん」の第一変換候補は規律のある「軍」の字だ。ことほどさように、男性アイドル・グループの多人数化はむずかしく、女性アイドル・グループの多人数化は順調に進展している。

その写真を左側から見ていくと、結局のところメンバー7人以上の男性アイドル・グループで成功したと言えるのは、1980年からバンド活動を始めレコードデビューが83年だったチェッカーズ（左上）だけではないだろうか。83〜85年にかけて『ギザギザハートの子守唄』『涙のリクエスト』『ジュリアに傷心』と、はっきり記憶に残っているヒット曲を連発している。

解散の経緯についても、メンバーの中から結婚したり、ガールフレンドが妊娠したりでバンド活動がやりにくくなったというきわめて人間的だが、あまり他の日本のアイドル・グループでは聞かない話もあった。しかし最大の理由は、プロの作詞家・作曲家に楽曲提供を任せていることに飽き足らなくなったアーティスト志向の強いメンバーたちと、アイドル路線をそのまま走ればいいと考えるメンバーたちとのあいだに亀裂が生じたことだろう。これもまた、いかにもありそうな葛藤でありながら、ほかのグループではそこまで深刻にならないでなんとなく旬の時期が過ぎたから消えていくというケースが多いように思う。

次のSMAP（左中）はほんとうにわけのわからないグループで、いったい何があれほどの国民的人気を支えていたのか、不思議でしょうがない。まあ、6人で出発した早々ひとりがオートレーサーになるという理由で離脱したのは、事故のようなものかもしれない。だが28年というかなり長いグループの歴史の中で、いまだにヒット曲として覚えているのは１９９８年の『夜空ノムコウ』と２００３年の『世界に一つだけの花』だけだ。もちろんＳＭＡＰの曲だけは聞かないようにしようなどという敵意や反感をあおるようなグループではない。

テレビのレギュラー番組は多かったし、それなりに人気を長続きさせるための努力はしていたようだ。それにしてもグループサウンズ全盛期のザ・スパイダースほどコミックバンドの可能性を感じさせるわけでもなく、ザ・タイガースやテンプターズほど歌とプレゼンテーションを真剣に考えていたようにも見えない。キャンディーズのように「ふつうの女の子」になるために引退をする必要もなく、「ふつうの男の子」のままでアイドルが務まっていたこと自体が、おそらくこのグループ最大の魅力なのだろう。

いや、考えてみると、30年弱という長い歳月をかけて「ふつうの男の子」から「ふつうのお兄ちゃん」に変わっただけというのは、とかく大家とか大御所とかになってしまうケースの多い男性芸能人のあいだでは、稀有《けう》の幼児性持続力だったのかもしれない。だとすると、なかなかヒット曲が出ないのも、考え抜かれた戦略だったりして……ってことは、まあないだろう。

Hey！Say! JUMP（左下）となると、まじめにメンバーの人数を数えようとか、ましてや顔と名前を一致させようという努力する気にもならない。もともとは10人で出発したが、ひとり未成年なのに喫煙写真が出回って脱退させられてからは9人のユニットになっているそうだ。

スキャンダルの露呈という事態を取ってみても、女性アイドルの場合、やむにやまれぬ性分だとか、むしろスキャンダルをきっかけにこんなグループ辞めてやるといった根性の坐ったかたちが多い。それに比べて男性アイドルの場合、グループにしがみついていなければとうてい芸能界で生き残れないような連中が、まったくの不注意で証拠をつかまれてしまうという情けないケースが多い。

順調に大所帯化が進んでいる女性アイドル・グループ

写真右側に移っていただくと、きれいに一時代をつくった大人数のアイドル・グループが並んでいる。なんと言っても登場したときのインパクトが大きかったのは、1985年のデビュー・シングル『セーラー服を脱がさないで』がいきなり社会現象と呼べる大反響を巻き起こしたおニャン子クラブ（右上）だろう。このグループ最大の特徴は、しろうとっぽさと学校の課外活動程度の軽いノリだ。結成時点ではメンバーたちのほとんどが、芸能界の一角に定着しようなどとは思っていなかっただろう。

そもそもの出発点が1983年の放送開始で土曜の深夜番組としては異例の高視聴率を取ったフジテレビ系列の『オールナイトフジ』に出ていた番組アシスタント集団オールナイターズの二番煎じ企画だった。オールナイターズとそっくりなグループを夕方の低視聴率時間帯である平日の午後5〜6時の番組『夕やけニャンニャン』にも登場させただけのことで、深夜番組では女子大生かそれに相当する年齢の女の子たちしか使えないが、夕方なら高校生も使えてもっと人件費を抑制できる程度のことだったのかもしれない。

結成時メンバーの11人には入っていないが、オールナイターズから転身して初期の重要メンバーとなった立見里歌は、後発のモーニング娘。と比較した場合の自分たちの特徴を、こう語っている。

> 似ていない部分があるとしたら、彼女たちのほうがプロ意識が強いところですね。おそらく、全員がプロになろうとして入ってきていると思うので。おニャン子クラブの場合、後期に入ってきた子なんかは、プロ意識があったと思うんですけど、私みたいな初期のメンバーは、本当に素人感覚の子が多かったんです。（永田・村田、111〜112ページ）

このしろうと感覚がいいのだと見抜いていたおニャン子クラブ仕掛け人の秋元康は、ソロアイドル黄金時代の仕掛け人として「できるだけ下手を選びましょう」と提唱した阿久悠と同じくらい時代を見る眼があったのだろう。活動期間中も、あくまでも課外のクラブ活動という位置づけなので、学業優先だから進級・進学のためのテスト期間などはしばしば欠席しているメンバーも多かった。また『夕やけニャンニャン』の放送終了と同時におニャン子クラブを解散させたのも、潔《いさぎよ》い出処進退だった。

そして自分自身がおニャン子クラブのファンだったシャ乱Qのリードヴォーカルつんく♂が、

もっとプロ意識をもった大集団アイドル・グループとして立ち上げたのがモーニング娘。（右中）だった。誕生の経緯からして、このグループには「残りものには福がある」的な運の良さが付いて回っている。

テレビ東京のタレントスカウト番組『ASAYAN』で、シャ乱Qの女性ヴォーカルを公開募集したとき、最終選考まで残ったが結局落選した5人がつんく♂にとって魅力的に見えた。そこで「もしインディーズレーベルでリリースする試作品的な曲のCDを短期間のうちに自分たちの努力で5万枚売り切れば、ごほうびにメジャーでのデビューをさせてやる」という企画から1997年に誕生したのがモーニング娘。だった。このチャレンジに成功したグループのモーニング娘。という名前も「最終的に『喫茶店のモーニングセット』のようにお得感のあるグループ』という意味合いを込め（永田・村田、24ページ）」、選んだものだったという。

そしてメジャーデビューとなった1998年の『モーニングコーヒー』以後、続々とヒット曲を連発してきた。99年にはおそらくグループ最大のヒットとなるであろう『LOVEマシーン』をリリースしている。この曲の衝撃は、次のマツコ・デラックスの文章がいちばん良く描いていると思う。

つんく♂さんのすごいところは、あの『LOVEマシーン』みたいに「日本を背負ってます」みたいな、気合が入った歌詞をたま〜に書くことよね。あの不景気ド真ん中のときに、「ニッポンの未来は世界がうらやむ」なんて聴いててこッ恥ずかしくなるようなメッセージ

を書くんだからね。やっぱ、つんく♂さんって、たいしたもんよ。（マッコ、１５５ページ）

つんく♂が圧倒的少数派としての見方をおそれずに書く人間だということも、たしかに賞賛に値する。だが作詞家もまた詩人であり、詩人はだれのために書くかでスケールが大きくも小さくもなる。モーニング娘。のために描いた楽曲だからこそ、この雄大で楽天的な作品ができたのだろう。

それに比べてＡＫＢ48の特徴は、やはり秋元康が先行するおニャン子クラブのしろうと性とモーニング娘。の根性とを生かして、日本中を多人数アイドル・グループで埋め尽くそうとしている組織戦略にあるだろう。なにしろＡＫＢ48だけでも現状でＡ組14名、Ｋ組14名、Ｂ組14名、4組12名、そして全国47都道府県代表を揃えた8組は他の組との兼任のないメンバーだけでも20名、計74名という大変な大所帯だ。それに加えて、全国各地に続々と姉妹グループを誕生させている。マッコが次のような懸念、あるいは批判を口にするのも無理はない。

２０１３年の『紅白』には、ＡＫＢ48グループからＡＫＢ48、ＳＫＥ48、ＮＭＢ48の3組が選ばれたけど、3つのグループの違いなんて、普通に暮らしている人たちには、まったく分かんないよね。（マッコ、１４８〜１４５ページ）

だが私はこの一見粗製乱造に思える、似たようなグループの続出こそ、秋元康の戦略だと思う。まあ、今までのところ最大のヒット曲である『恋するフォーチュンクッキー』が『セーラー服……』や『ＬＯＶＥマシーン』に比べて、パンチ不足という感は否めないが。

ちなみにSKEは名古屋市中心街のサカエの略称で、名古屋圏を本拠とするグループ、NMBはナンバの略称で大阪市の中心街難波にある専用劇場『NMB48劇場』を拠点として活動している。2011年には、東京圏以外にはほとんど知名度のない乃木坂を略称なしに使った乃木坂46というグループも誕生させた。15年にはこの母体から『坂道物語』という一連のピックアップ・グループも生み出す試みの第1弾として欅坂《けやきざか》46も活動を開始した。これ以外にも全国各地に秋元康公認のグループも、そうではないグループもふくめて数多くの何十人単位のアイドル・グループが生まれている。

ここまでくると、これはもう何匹めかの柳の下のどじょうを狙った二番煎じ、三番煎じではなく確信犯のやり口だ。秋元康は全国各地、ご当地ごとに少女歌手20〜70人台の大グループを形成する道をはっきり選んだのだ。そしてファンひとりにアイドルひとりというアンディ・ウォーホルが予言した「だれもが短い時間だけヒーローになれる時代」を具現しつつある。さらにセンターポジションを務めるメンバーを総選挙で選ぶという直接民主主義への接近も見逃せない。

非公認で最大のコピー・グループは、美川憲一に関連してご紹介した、おそらく世界最大の地下アイドル・グループ仮面女子だろう。センターを総選挙で選ぶとか、いくつかのユニットの下に研修生を置き、定期的な卒業と新入生の加入でメンバーを新鮮に保つ工夫などをそっくりコピーしている。地下アイドルから地上化したものもいろクローバーZも当初5人、現在4人という小集団であることをのぞけば、コンセプトとしてはＡＫＢ48に似たところが多い。ただ、もともと地下のストリートパフォーマー・グループだったという経歴を積極的に生かして、ＡＫＢ48以上にライヴを重視した活動をしている。２００８年の結成直後のストリートパフォーマンスの写真を見ると、ほとんどファンはなく、やや離れた場所から一般の通行人がおそるおそる遠巻きに見ているという寒々とした出発だったことがわかる。こういうグループが、２度にわたって女性アーティストとしては年間動員数日本一を記録しているのだから、パフォーミングアートにおける日本の未来は世界がうらやむものになって当然だろう。

なぜアイドルはママドルからヒマドルへと進化するのか？

アイドルには登場した直後の輝き方とその後の人気、実績でかなり大きな差が出てくる。たとえば阿久悠が「花の中三トリオ」を発掘したとき、スターのオーラをもっとも強烈に発散していたのは、桜田淳子だった。真剣に70年代のポピュラーカルチャーを流行歌から検証してきた舌津《ぜっつ》智之は、桜田淳子へのオマージュを以下のように書き綴っている。

> 十代後半をアイドルとして駆け抜けた桜田淳子が、その後いかなる社会的評価を受けようとも、諸行の無常を嘆くには及ばない。我々は、彼女のシングルヒットの全てをいつまでもいつまでも、繰り返し聴きながら、永遠を再発見する（カッコ内略）。（舌津、１５０〜

151ページ）

だが、なぜ桜田淳子のアイドル時代末期は「いかなる社会的評価を受けようとも」と表現されるような後味の悪いものになってしまったのだろうか。唐突なようだが、ここで中森明夫が「アイドルの条件」を規定した以下の文章を思い出すのも、ムダではないだろう。

――――――――――

アイドルに向いているのって、どんな子ですか？

「うーん、友達のいない子かな」

ええええっ、と思ったよ。

「あと、そう、携帯電話を持っていない子」

えええええっ、今どき、そんな子、いるの〜っ⁉と、びっくり仰天したよ。（中森、136ページ）

――――――――――

これは意外のようでいて、じつはちっとも意外な条件ではない。もし今どきめずらしいほどきびしかったり、貧しかったりする家庭に育たなければ、アイドルになるような子は、小さいころからクラスや学校の人気者だっただろう。そうすると、どんなことが起きるだろうか。

「ねーねー、○○クンのサインもらってよ！　テレビで共演したっしょ〜。あたしたち、友達だからもらってくれるよね、ねっ♡」……

で、きみは携帯番号やメルアドを変更するハメになる。

するとどうなるか？

「ちっ、なんだよ、アイツ。連絡つかねーし。ちょっとテレビに出たぐらいでテングになりやがって。ふざけんな！」（中森、137ページ）

ということになるわけだ。桜田淳子はブルデューの言う文化資本のかなり高い家に育ったのではないだろうか。阿久悠も「他の応募者が多かれ少なかれ秋田の訛《なまり》があったのに、彼女はきれいな標準語をしゃべった（阿久1、20ページ）」と記している。秋田県秋田市で育ちながら、きれいな標準語を話すというのは、そうとう文化的な家庭環境が良かったことを示している。おそらく小中学校を通じて、ファンの多い少女だったにちがいない。それがアイドルとしてのキャリアには、かなりの重荷になっていたのだろう。

もちろん松田聖子のように子どものころからとんでもないスター意識を強固に持っていれば話は別だ。「友達に『うち、郷ひろみと結婚するけんね』といっていた（井上、136ページ）」し、まだ新米アイドルだったころにインタヴューで「私がアイドルとして成功したら、こんなにつらいことを娘には絶対やらせません。でも、もし自分が成功しなかったらどんなにつらくても娘をアイドルとして成功させます」と言っていたほどの強者《つわもの》だからだ。

並みの人間では、なかなかそうはいかない。一方、山口百恵も森昌子も貧しくひっそりとした家庭で生まれ育っている。近所に住んでいた人から「小さなころから応援していた」と言われても、手のひらを返したような態度を冷然と無視できる。また、そうされたほうもじつはまったく存在さえ意識していなかったのに、人気が出てから急に関心を持ちはじめたという後ろめたさがあるから、無視されたからといって逆恨みすることもない。

しかし、これから先、音楽産業がライヴ中心になって、どんどん大勢のアイドルが必要になっていくとき、日本国中探しても、きびしく貧しい境遇で生まれ育ったアイドルの卵たちをそれほど大勢発掘できるだろうか。まず無理だろう。どうすればいいのか。アイドルという重荷を担う期間を1～2年とか、数ヵ月とか、数週間とか、短く分割するとか、いくつもある仕事のうち、ひとつがたまたまアイドルだったという、かりそめのアイドルが大勢出て来るしかない。

あるいは、アイドルが本業だけどほんの一握りのファンの前でパフォーマンスをするのはめったにないことで、スケジュールがガラ空きだから暇な時間をほかの仕事で潰すヒマドル（idle idol）として生きていくと言うことだ。極端な言い方をすれば、日本国民一人ひとりがだれかのアイドルであり、だれかのファンでもあるという状況をつくり出すのだ。そのうちアイドル専業で生活が成り立つ人はほとんどいない。

なんとみみっちい話かと思われるかもしれない。だが、これはあまりファン層が広くないパフォーミングアートをやっている人たち、たとえばジャズミュージシャンとか、小劇場での公演を続けている劇団員とかでは、ごくふつうのことなのだ。そして特別豊かな人もすさまじく貧しい人もあまりいないし、大部分の家庭がそこそこの豊かさで似た生活環境にある日本だからこそ、世界各国の先頭を切ってできることだろう。

全国各地に大編成のご当地アイドル・グループを続々誕生させてきた日本では、ライヴ興行の入場者数も売上も伸び続けている。明らかに日本の大衆は「音楽の質」を向上させることではなく、気軽に生身のアーティストに触れあえる機会の最大化を求めているのだ。

音楽は製造業からライヴ入場料収入のサービス業に転換した

2〜3年スタジオにこもって電子工学的な装飾音で飾り立てたCD1枚を完成させて世界的なヒットになれば、それだけで一生食っていける。しかし、ライヴを聴きに行くと似ても似つかないほどの貧相な演奏しかできないという矛盾が煮詰まっていた20世紀から今世紀への転換点のころ、アップルによるiポッド・iチューンズという画期的な発明が出現した。明らかに独占禁止法違反の抱き合わせ販売から消費者を解放して、自分の好きな曲だけを選んで買える市場を創出したのだ。

アップルによるiポッド・iチューンズ革命以降は、同じCDに入っているという理由でどうでもいい曲まで買わされていた消費者がほぼ完全に単品大量生産のCDを捨てて、iチューンズや類似アプリで自分だけのアンソロジーをつくって聴くことが可能になった。そしてひとりのアーティスト、ひとつのグループのCDが全世界で何百万枚とか何千万枚とかの売上を記録することはありえなくなった。

表面的な印象だと、CD・レコード屋が完全に街角から消え去ったアメリカのほうが、細々とではあれCD・レコード屋が生き延びている日本よりライヴ演奏主・録音再生商品従という構図で進んでいるように見える。ところが実際には日本のほうが健全なかたちでライヴ演奏優位、再生音源劣位という構造が定着しつつある。

日本では、ライヴ入場料収入が観客動員数の増加をともないながら着実に増えるという理想的な発展をしている。次ページの3枚組グラフが示すとおりだ。

上段のグラフと2016~18年の補足数字を見ると、日本のライヴパフォーマンス市場がいかに着実に伸びているかがわかる。最新の2018年の数字では、入場者数が延べ4862万人、入場料収入が3448億円だった。入場料単価は7000円強となっている。かなり高い気もするが、ビッグネームが出ているライヴの特別席などが大幅に単価を押し上げているはずだから、平均値としてはこんなものだろう。

中段のグラフを上段と比べると、日本の音楽産業がいかにライヴ中心になっているかがわかる。比較できる最後の年2016年ではライヴ入場者数が4769万人、入場料収入が3101億円だったのに対し、CD売上枚・巻数が1億6000万枚弱、売上金額は1700億円程度にとどまっている。枚数では観客動員数の3倍を超えているが、金額では半分以下なのだ。

もちろん再生媒体全体としては、CD以外にもいろいろなソフトもあり、有料音楽配信のよ

音楽ライブ・コンサート市場規模推移、2005〜15年

2016年は4769万人、3101億円、2017年は4779万人、3224億円、2018年は4862万人、3448億円だった。

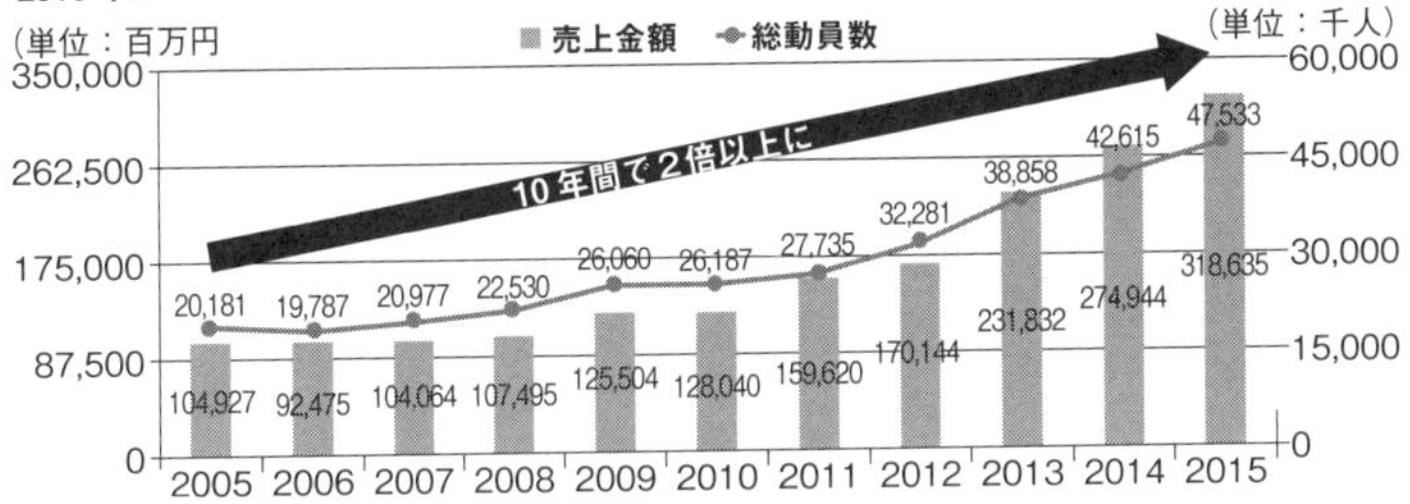

原資料：コンサートプロモーターズ協会『年別基礎調査報告書』

CD売上枚数・金額推移、2007〜16年

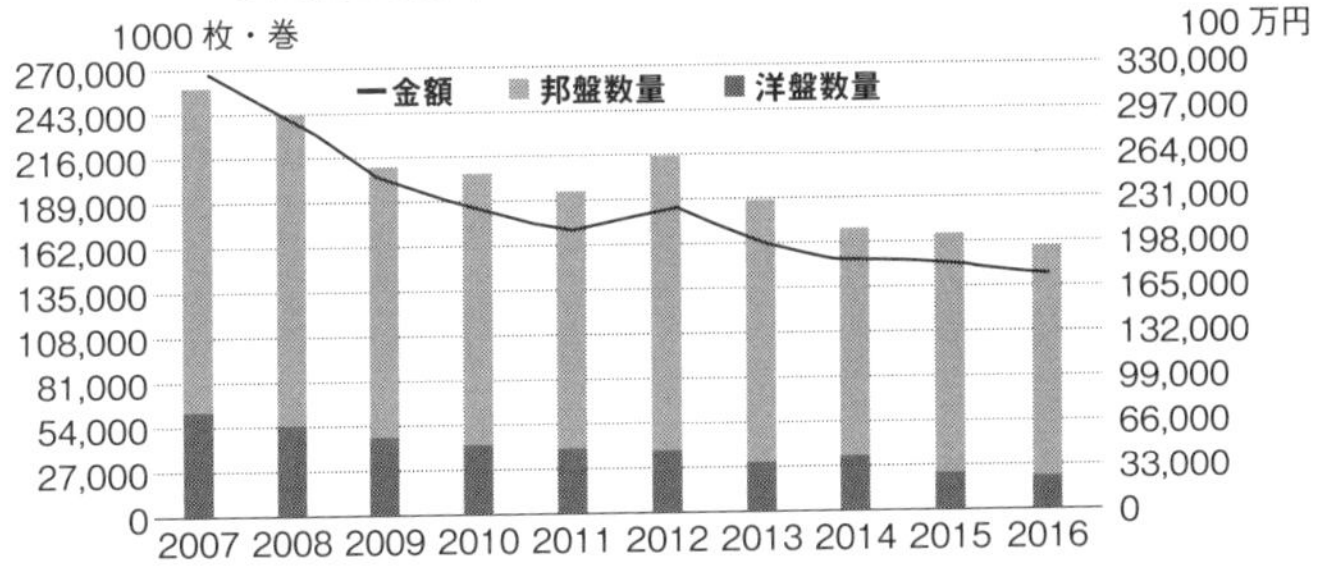

原資料：日本レコード協会ホームページ

音楽ソフト・有料音楽配信の売上推移、1990〜2016年

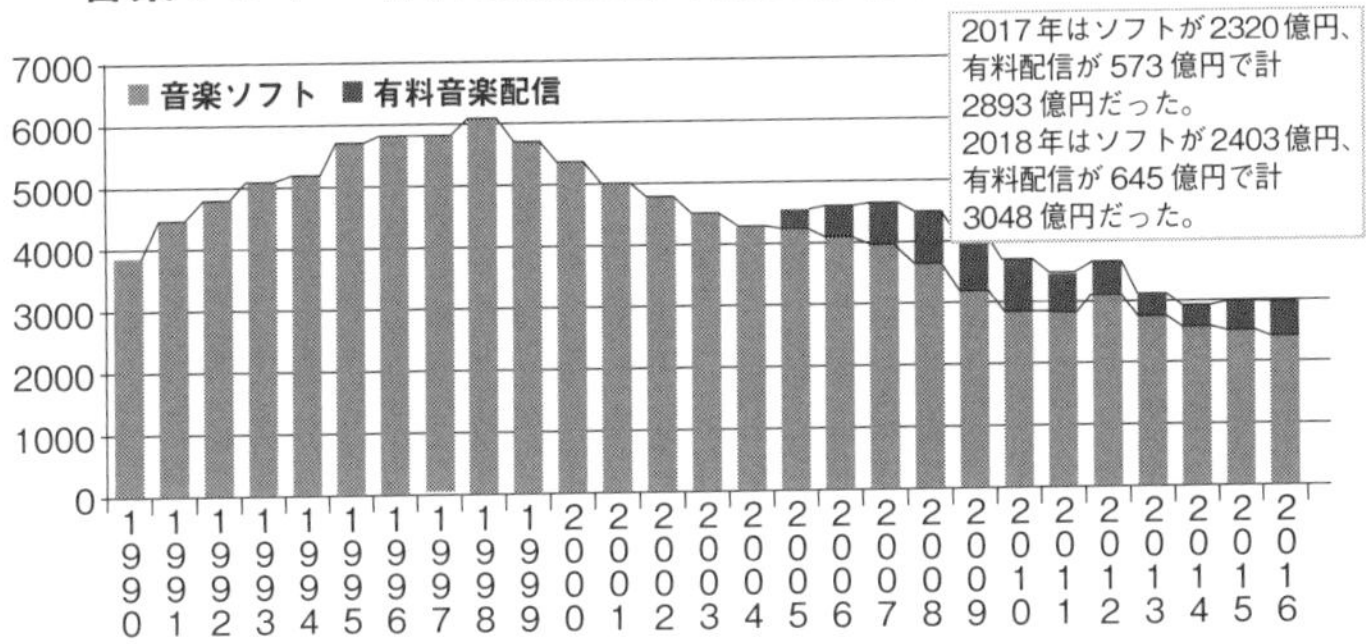

出所：（上）http://livecong.com/files/bgeditor/img/1/131__440p44Kk440V44KZ5o6o56e7.png、（中）ウェブサイト『yamaryoblog　アドリビ』、2017年6月7日のエントリー、（下）『ガベージニュース』garbagenews.com/img17/gn-20170407-14.gifより引用

うに媒体そのものがかたちでは残らないものもある。だが、そういった媒体を全部ひっくるめた再生音源市場全体の売上高推移を見た下段のグラフでも、再生音源売上はライヴ入場料収入には遠く及ばない。次ページの2段組グラフで、このへんの事情をもう少しこまかく検討してみよう。

上段を見ると1997〜98年ごろにCDなどの再生音源生産枚数が約4億8000万枚でピークアウトしている。次に有料音楽配信回数が2008年にやはり4億8000万回前後で天井を打った。これほど数字が接近しているからには、なんらかの意味がある。4億8000万は日本の総人口の約4倍だ。つまり日本国民全体としては、再生音源にカネをかけるのは、年に4回で十分だと判断しているのだ。まあ、乳幼児やお年寄りなどまったく再生音源に対する需要のない層を差し引いて考えると、4・5回から5回程度だろうか。

下段との比較をすれば、有料音楽配信1回当たりのコストは、CD1枚の約1000円とは比較にならないほど低くて、だいたい60円前後だとわかる。それでも国民全体としては年に4〜5回再生音源にカネをかければ、それで十分だと判断しているのだ。

高護の『歌謡曲――時代を彩った歌たち』は昭和期から現代にいたる歌謡曲の変遷を分析した名著だが、その中にこんな一節がある。フォーク系とロック系を一括して、日本ではニューミュージックと呼ばれるジャンルを担った人たちのスタンスをまとめた記述だ。

CDなどの音楽ソフト生産枚数と有料音楽配信回数推移 1989〜2011年

単位：1000

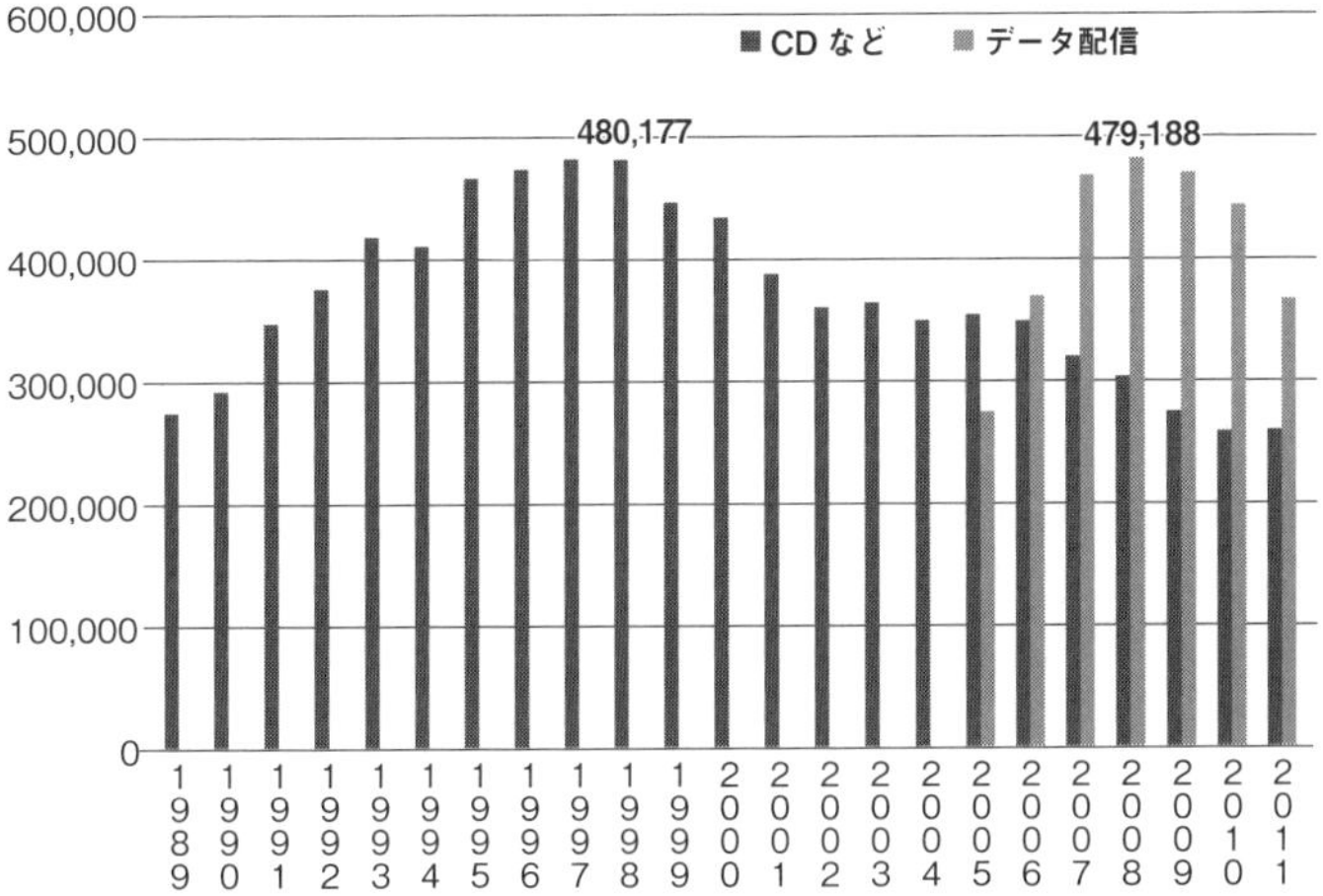

出典：日本レコード協会ウェブサイトよりhttp://www.riaj.or.jp

CDなどの音楽ソフト生産金額と有料音楽配信売上推移（積み上げ）

単位：百万円

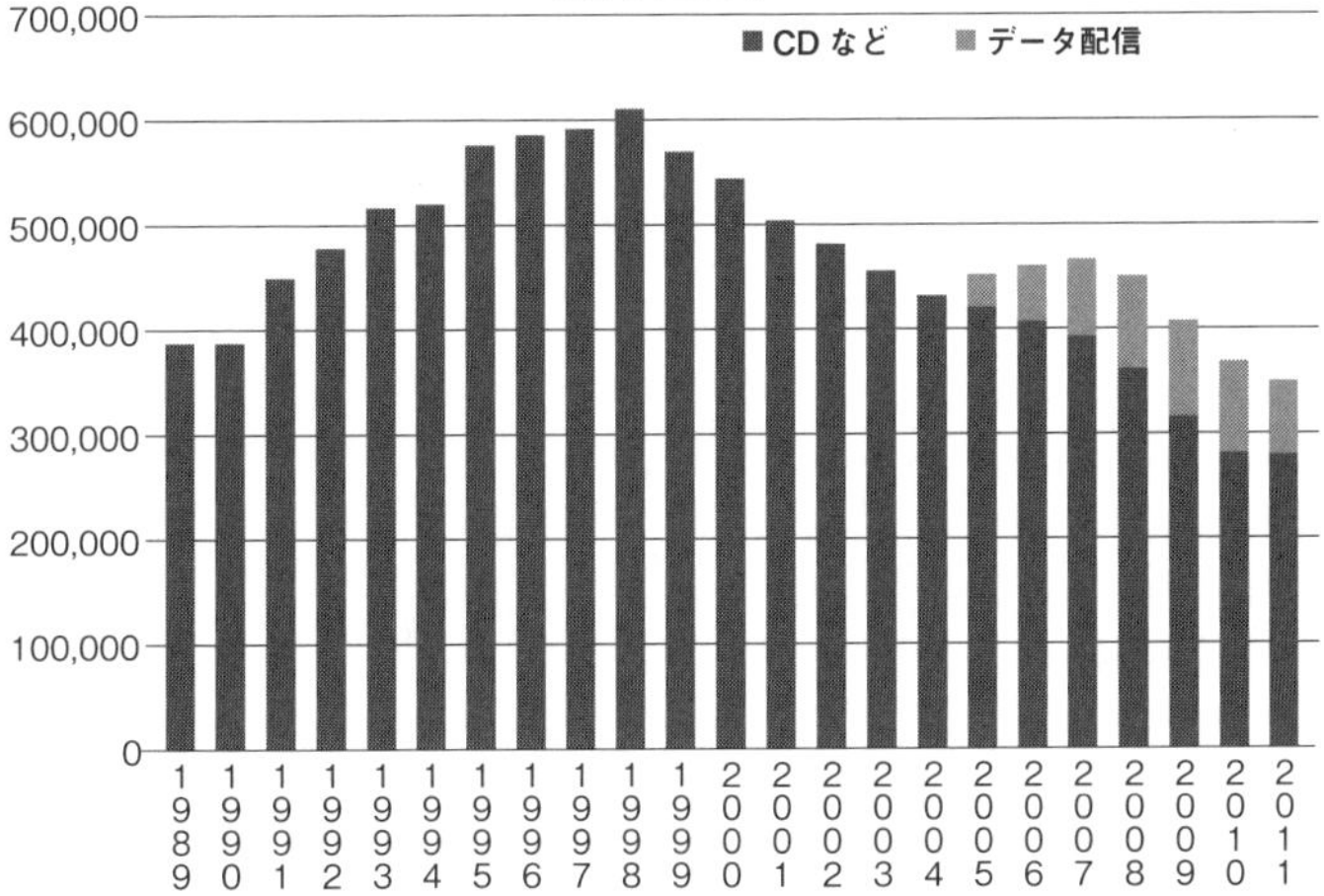

出典：日本レコード協会ウェブサイトよりhttp://www.riaj.or.jp
出所：ウェブサイト『見て歩く者by鷹野凌』、2012年6月23日のエントリーより引用

テレビの芸能番組やバラエティ番組の出演、芸能誌での露出といった、それ以前のノウハウをあまり踏襲せずに深夜のラジオ番組やライヴ活動を中心にプロモーション活動を展開。シングル盤が中心となっていた歌謡曲に対してアルバム志向を前面に打ち出していった。（高、107ページ）

この傾向自体は1970年代半ばに顕在化していたが、既存の音楽産業本流に属する人たちには疎んじられていた。それが90年代半ばごろから、むしろ既存の音楽産業全体を丸呑みするかのような勢いで音楽産業の主流となっていった。この変化は、新しい理念が古い既得権益をぶちこわしたという文脈で語られることが多い。だが先にご紹介したデータを見れば、既存の音楽産業にとってシングルよりアルバムを重視するアーティストにしがみつくしか、従来の収益を守る手段はなかったことが明らかになる。

アルバムを制作することが、シングルではとうてい達成できない奥深く幅広い表現が可能なのは事実だろう。だが現実のアルバムがその可能性を十分実現できているかとなると、消費者一般は明白にノーと言っている。むしろ「好きな2～3曲を買うためにアルバム全体を買わされたのではかなわない、これはぼったくり商法だ」と見ていたのだ。

既存の音楽産業をぶちこわす反体制的な前衛だったはずの勢力が、じつは既存音楽産業最後の救世主で20世紀末にはなんとか単品バラ売り化に対する最後の防波堤になってくれた。だが、その救済もつかの間のうちに、時代は再生音源中心からライヴ演奏中心へと遷《うつ》っていく。そのとき同じようにニューミュージック系と言われてきたアーティストたちの中から、ステージで華のあるパフォーマンスを見せることのできる人たちと、スタジオにこもって造った音とライヴとの差が露骨に出てしまう人たちの篩《ふる》いわけが残酷なほどくっきりと出てくるだろう。

ライヴ収入のほうがＣＤ売上よりはるかに大きい今、最大の音楽産業を擁するアメリカでは、ライヴ入場者数は減っているのに入場券を値上げしてなんとかライヴ興業収入を拡大する上げ底の繁栄を維持している。その寒々とした現状は次ページの２段組グラフが鮮明に示している。

上段を見ると、１９８０年代をピークに激減の続く再生音源売上に対して、ライヴ入場料収入は着実に増加し続け、ついに２０００年代で前者を抜き去って10年代も伸びが続いている。だが、これはあくまでも収入ベースの話で、下段で再生音源購入枚数とライヴ入場者数を比較したグラフを見ると、まったく様相がちがってくる。アメリカではライヴ入場者数は90年代がピークで、２０００年代も10年代もこのピークの半分程度の水準にとどまったままなのだ。つまりアメリカではほんの一握りの一流アーティストのライヴをべら棒に高い入場料で提供することによって、観客動員力の低下を糊塗《こと》しているのだ。

アルバムCD対ライブツアー売上高推移
1980年代〜2010年代*

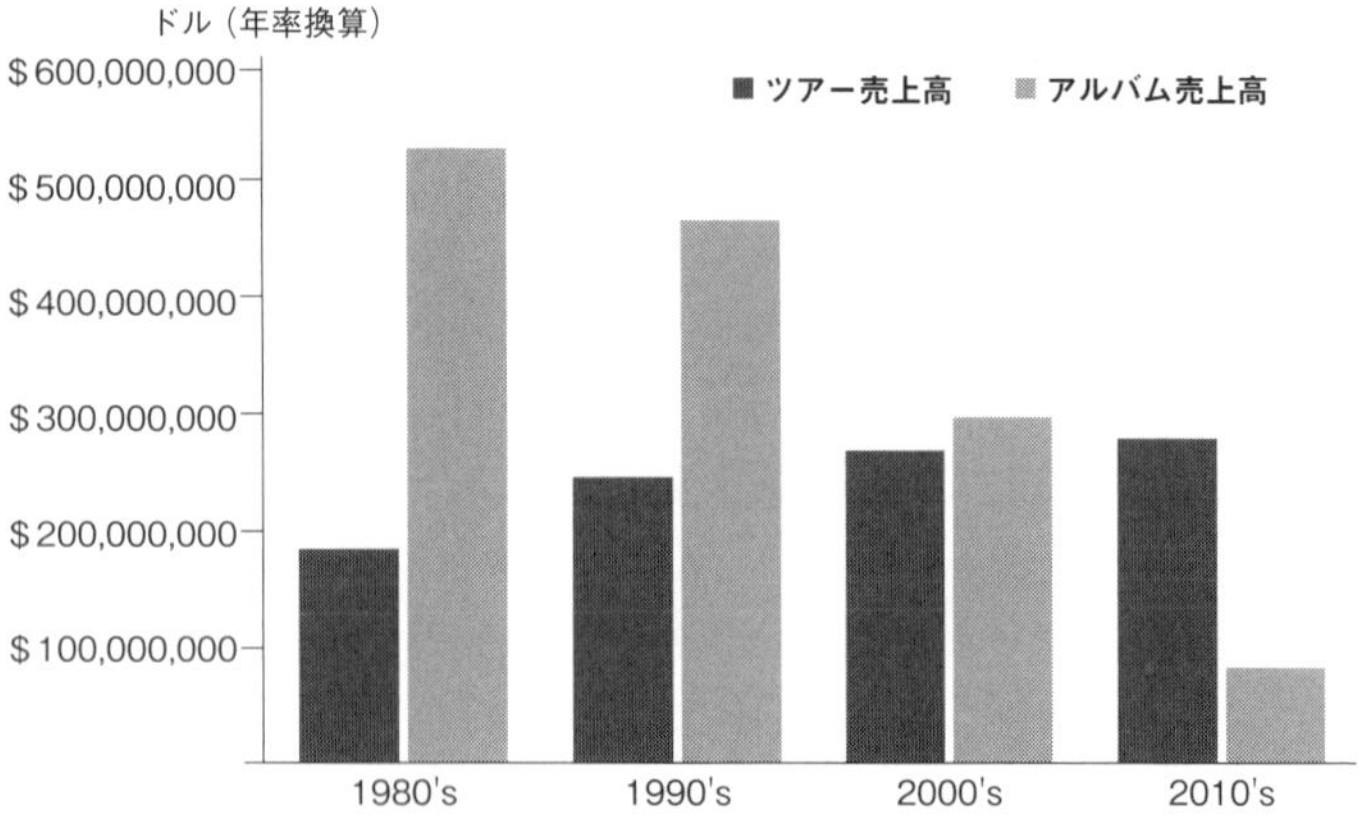

アルバムCD対ライブツアー売上数量推移
1980年代〜2010年代*

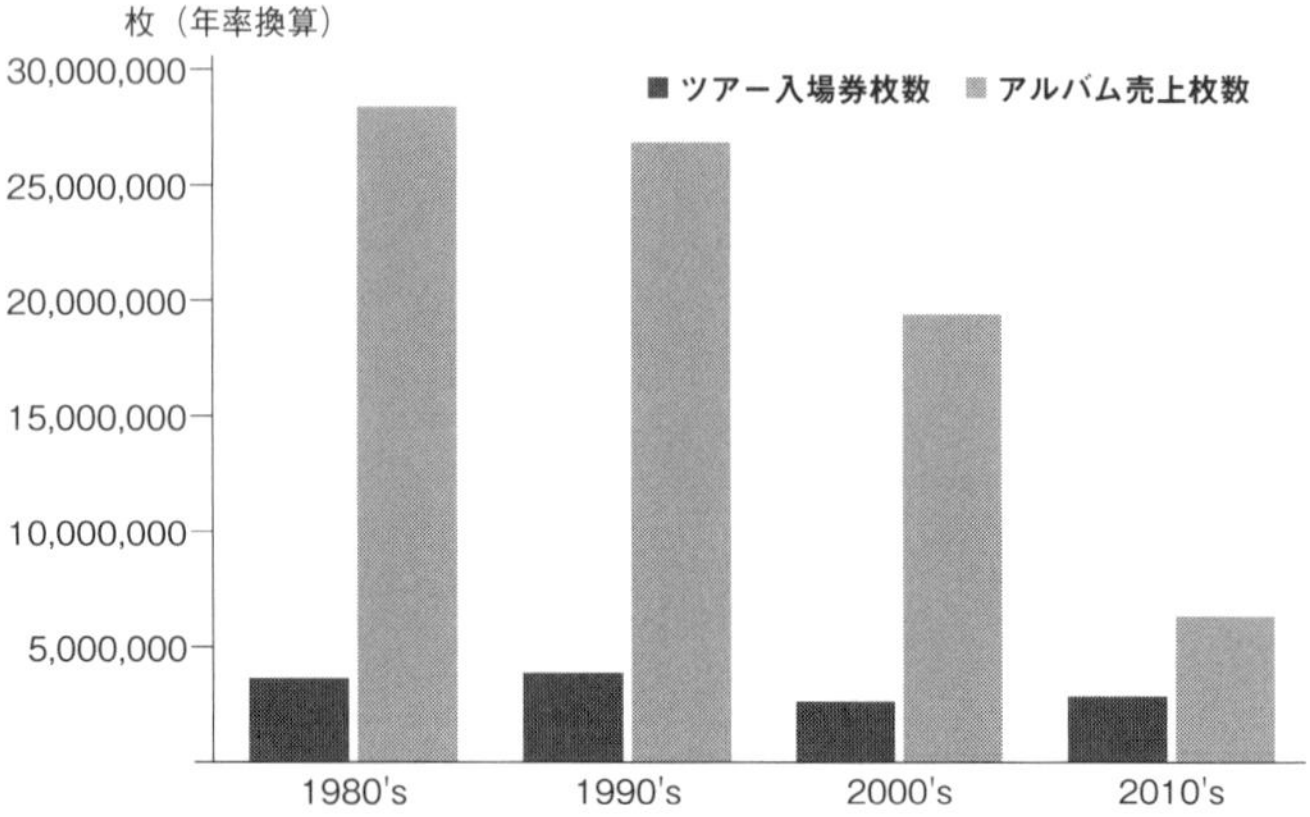

*）2010年代は前半、2010〜14年の５年間の平均値。
出所：ウェブサイト『Data Visualizastion from Seat Smart』、2015年6月30日のエントリーより引用。

動員力の低下を値上げで糊塗する理由は社会環境の劣化

そこには、社会環境の劣化という要因も作用している。欧米、とくにアメリカでは大都市の大きなホールやステージばかりか、小さなライヴハウスにも危険がつきまとうので、ふつうの庶民が気軽にライヴ演奏を楽しめる場がない。あれだけ反体制的なことを言っているローリングストーンズがアメリカでのライヴをヘルズ・エンジェルズに仕切ってもらったために、コンサート中にメレディス・ハンターという黒人少年が、「警備」していたヘルズ・エンジェルズのひとりに刺殺されるという痛ましい事件があった。しかもストーンズのヒット曲にちなんだ『ギミー・シェルター』というドキュメンタリー映画には、その現場が撮影されている。

事件が起きたのは、１９６９年12月６日、カリフォルニア州のアルタモント自動車レース場でのサンタナやクロスビー・スティルス・ナッシュ・アンド・ヤング、ジェファーソン・エアプレーンなどと帯同の野外公演だった。もちろん最大の責任者は当時の金額でわずか５００ドル、現在の価値に直してもたかだか３５００ドル分のビールを提供するだけで会場警備をヘルズ・エンジェルズに任せてしまったプロモーターにある。だが、この事件は１９６０年代を通じて公民権運動の先頭に立ってきたマーティン・ルーサー・キング・ジュニア牧師が暗殺されてから、約１年半を経たばかりという時期に勃発したのだ。

1965年8月の投票権法可決によって、白人と黒人に平等の権利を保証する枠組みは整備されていたが、とくに南部諸州などでこうした変化に真っ向から敵対する勢力も、公然と暴力によって人種間の不平等性を維持しようとしていた。そういう時期に黒人ファンの多いロックグループが、日ごろから人種差別的な言動をくり返していたヘルズ・エンジェルズに警備を丸投げするようなプロモーターの主催する公演に参加すること自体、たんなる不注意では済まされない問題だった。

この少年を刺殺した男は殺人罪で起訴されたが、かなり長時間にわたる陪審員の評議の末、正当防衛を理由に無罪放免になった。現場の証言や映画の画面からも、少年は22口径のリボルバーを振り回していたが、男は左手で少年の銃を持った手を完全に抑えたうえで、右手で少年にナイフを突き刺していたことは明白だ。つまり銃を取り上げて警察に引き渡すことは安全にできた状況だった。正当防衛というのはかなりの拡大解釈であって、そこに白人と黒人がからんだ事件では陪審員の評決が白人に有利に出がちだということが現れている。

「政治的正当性（political correctness）という言葉が、これだけやかましく騒がれる現代アメリカ社会では、明らかな過剰防衛が正当防衛とされるようなことはもうないだろう」とお思いの方もいらっしゃるかもしれない。むしろ公然と差別的言辞を弄することができなくなった今のほうが、教育水準の低いプアホワイトと呼ばれる人たちのあいだで鬱積《うっせき》した不満を直接行動で爆発させるケースが増えているのではないかとさえ思える。

たとえば巡回中の警察官が不審な行動をしている人間に職務質問をする場合、相手が黒人ならちょっとでも反抗的な態度を示したときには、まず射殺してしまってから常時携行しているおもちゃのピストルを現場に置けば、「銃を取り出した相手に撃たれると思って先に撃ってから確認したら、おもちゃだった」という言い訳が通る世界だと言われている。実際に警察官によって射殺された黒人の人数は、毎年黒人人口が総人口に占める比率よりはるかに高くなっている。

もともと任務が危険をともなうわりには薄給の警察官には、あまりなり手がいない。そこで就業機会の少ない黒人が警官となる比率が高くなりがちだ。しかし悲しいことに黒人警官もまた同じような言動をする被疑者に接する場合、白人より黒人に対して必要以上に粗暴で高圧的な態度で臨むことが多い。

ちなみにヘルズ・エンジェルズによる黒人少年刺殺事件が起きた１９６９年12月６日はたまたま私が満20歳の成人となった日だ。日本では60年の安保闘争以来の盛り上がりを見せると左翼諸派が期待していた70年を目前に控えて、新宿駅構内乱入で騒乱罪適用を招いた前年10月21日の国際反戦デーを上回る動員を目論《もくろ》んでいた。しかし参加者はかなり減少した一方、警備は厳重になっていた。そのため当時としては史上最大の１６００名近い逮捕者が出た。

そして続く11月の羽田空港周辺での佐藤首相訪米阻止闘争では、警察側が一般人の付近での通行をほぼ完全に遮断し、現場にいた人間は見境なくしょっ引くという方針を取った。したがって逮捕者数は約２５００名と空前の規模になっていた。結局のところ、アメリカでは公民権運動による法律上の平等性の確保という目標を勝ち取った達成感が揺らぎ、日本では1970年の大動員という期待にかなり暗雲が漂い始めていたのが、60年代最後の5～6週間だった。60年代末は日本もそうとうすさんだ社会状況だった。

アメリカ最後の男性アイドルはブルース・スプリングスティーンだったと書いたところで、代表作のひとつが『ダンシング・イン・ザ・ダーク』だということも紹介した。この曲が発表された80年代半ばはレコード会社からのプロモーションヴィデオを連続して流し続けるMTVにいちばん勢いがあったころだった。そして、このビデオではブルースに手招きされてステージに上がって踊ったコートニー・コックスが駆け出しのモデルから女優として大役を得るチャンスをつかんだという、シンデレラストーリーの舞台ともなった。

このシンデレラストーリー自体は実話だが、ロックシンガーのコンサートで女の子ばかりが最前列で立ち上がり、手足で拍子を取り、踊っているというシーンはまったくの絵空事だ。ロックシンガーやバンドのコンサートの最前列から4～5列目までは、きっかけさえあれば暴れたい連中がたむろしているから、かなり屈強なボーイフレンドに守られていたとしても、ふつうの若い女性が安心して音楽を楽しめるような環境ではない。

デトロイトのダウンタウンで本場のモータウンサウンドを聴くとか、ニューオリンズでデキシーランドジャスを聴くにもそれなりの覚悟がいる。まちがっても、せっかく市街地中心部の格式あるホテルに泊まったのだから、歩いて2～3分の場所にある小さなライヴスポットに行って生演奏を楽しむ気を起こしてはいけない。デトロイトもニューオリンズも全米大都市中でトップ5に入るほど殺人事件の多い物騒な街だ。ホテルは厳重な警備をしているだろうし、ライヴスポットも比較的安全だろうが、そのあいだの歩いて2〜3分のうちに何が起きるか、わからない。

ヴィジュアル系バンドの「バンギャ」こそ平和で自主的な秩序維持の象徴

日本のライヴシーンはまったくちがう。ビジュアル系ロックバンドには必ずバンギャともバンギャルとも呼ばれる熱心な女性ファンがついている。彼女たちの生態について、現在白百合女子大学で講師をしているエイドリエン・レネー・ジョンソンが、『少女からバンギャ（ル）へ‥女性たちとビジュアル系』と題したすばらしい論文を書いている。まだ邦訳は出ていないと思うが、ジャクリーン・ベルントなどが編纂した論文集『さまざまなメディアにわたる少女像―現代日本における「少女」の実像を探る』（2019年、パルグレイヴ・マクミラン社）の13章に収録されている。

ご存じのとおりビジュアル系バンドの大部分が衣裳やメイクアップから話し方まで、女性的、あるいはアンドロギュノス的な振る舞いをする。またメンバー同士のあいだで同性愛的な言葉を交わしたり、しぐさをしたりする。このことを美少年同士の愛を描いたいわゆるボーイズラブ系のライトノベルの読者の大半が少女から若い女性であることと結びつけて、たとえファンタジーの世界でも自分が出てきてしまったら興ざめだから、男同士の愛を傍観する立場に身を置く卑屈な態度だと、したり顔で批判する向きもある。

だが、ごひいきバンドのメンバーたちの私生活までかなり知っているバンギャにとって、同性愛的な身なりやしぐさがほとんど営業用だということは百も承知なのだ。若い男女のあいだだから、ステージでは女性に性的興味はまったくなさそうなバンドメンバーとバンギャの中心的な人物とがデキていたりもする。だが、そんなことは本質的な問題ではない。重要なのは、異なるバンドを支持するバンギャグループのあいだで、いかに平和で平等なコミュニティが形成されているかということだ。

彼女たちの中から、多くのバンドが競演するときに、ごひいきバンドが演奏するときにはそのバンドのバンギャが最前列で応援できるようにと自主的に席を交代するように取り仕切るリーダーが自然に出てくる。悪辣《あくらつ》なプロモーターに任せっきりにしておけば、高い料金を取られたり、日本古来の興行形態ならやくざが介入したりしかねない状況を、バンギャグループ同士で調整しているのだ。

これは成人保護者の監督なしに子どもたちを戸外に放置しておくことが犯罪と見なされるようになった完全クルマ社会アメリカでは絶対にありえない光景だろう。現在60歳以下のアメリカ国民は、ほぼ例外なく同年配の子どもたち同士で自然に社会関係を取り結ぶ機会を完全に奪われたまま成人し、年老いてきたからだ。この事実がアメリカ社会をどれほどすさんだものにしているかは、なんだかんだと言っても平和な日本社会に暮らしている我々からは想像もつかないほどだ。

最近、eコマースに席捲《せっけん》されて、アメリカ中でモールに入っている小売店・飲食店の売上が激減していることは日本でも報道されている。だが、なぜモールに入居している物販店舗に行かなくなった人が多いのかは、ほとんど伝わっていない。

アメリカで11月末の感謝祭から12月末のクリスマスまでは、家族がそろってプレゼントを交換し合う、心温まる季節のはずだった。ところが近年ブラック・フライデー（感謝祭翌日の金曜日）とか、ボクシング・デー（クリスマス後最初の平日）とかの掻き入れどき向けの大安売りの商品をめぐって、大のおとなが真剣に殴る蹴るの乱闘をする事件が頻発している。

しかも、まだ独身で守るべき家族もない若い男たちだけではなく、中年男が妻子連れで買いものに来て、そういう所業におよぶのだ。たいていの場合、妻子は必死に止めるが、中には妙なところで連帯感を発揮して家族ぐるみで大乱闘となることさえある。当事者だけではなく、騒動に巻きこまれた人たちも祝祭気分をぶち壊されてしまうから、自然にモールへの足も遠のくわけだ。

バンギャの話に戻ろう。いわゆる総立ち場面で熱狂して飛び跳ねるときにも、バンギャはほぼ例外なく靴を脱いでから飛び跳ねる。エイドリエン・ジョンソンは当初、自分の素足を厚底ブーツやピンヒールで踏みつぶされても構わないという自暴自棄的な興奮状態の表れかと思ったそうだ。だが、これはまちがってとなりのファンの足を踏んでも痛くないように靴を脱いでから飛び跳ねるといったルールが自然に形成されていることを示すのだ。

最後の三人娘たちの三人三様の成熟ぶりと、平岡正明の残念な中森明菜論

ソロアイドル最終局面の三人娘たちのその後を、ここでふり返っておこう。松田聖子は結婚してもアイドル、ママになってもアイドルというところまでは、「谷でも金」「ママでも金」を標榜して、有言実行して見せた谷（旧姓田村）亮子と似たような軌跡を描いてきた。慎重にファンがそこまで受け容れてくれるかを確かめながら、一歩一歩アイドルの歩む道を拡げてきたのだと思う。しかし「不倫してもアイドル」ということになると、逆にファンたちがどこまで自分に付いてこられるか試しているという感なきにしもあらずだ。

小泉今日子は1985年リリースの『なんてったってアイドル』で、ぶりっ子でなければ務まらないアイドルの姿を自己言及的に描いてから、幼児進行を拒み、おとなの女を演ずるいい役者として成長しつつある。この曲だけではなく、『ヤマトナデシコ七変化』にしろ『艶姿《あですがた》ナミダ娘』にしろ、小泉今日子のために書くということになると、タイトルだけで作詞家の気合いの入れ方がちがっていたことがわかる。

『なんてったってアイドル』に戻れば、

恋をするにはするけど
スキャンダルなら　ノーサンキュー
イメージが大切よ
清く　正しく　美しく（泉、284〜285ページ）

と宝塚の校訓の本歌取りをしているのがいい。

中森明菜はヒットチャートでの順位の上下に一喜一憂せず、自分で納得のいく歌を全国各地のライヴで歌い続けるアーティストとしての地位を完全に確立した。2017年12月いっぱいかなり密度の高いライヴを続けたあと、2019年末まで丸2年の休止期間となっている。だが、今年はまたライヴ活動を再開してくれそうな気がする。

たとえば美空ひばりがまだ生きていたと想定してみよう。日本女性の平均寿命は90歳近いから、現在83歳のはずの美空ひばりがまだ生きていると考えるのは突飛な仮定ではない。さらに、もうファンの人数はCDで新譜を出すには少なすぎるところまで減っていたとしよう。それでも美空ひばりなら、ごく少人数でも入場料を払ってくれる聴衆がいる限り、嬉々として小さなライヴハウスで歌い続けているのではないだろうか。

中森明菜の1985〜86年のレコード大賞連続受賞という記録は、その後1996〜97年の連続受賞で安室奈美恵に並ばれ、2001〜03年の浜崎あゆみの3年連続で追いこされた。だが安室の『Don't Wanna Cry』とか『CAN YOU CELEBRATE?』にしても、浜崎の『Dearest』、『Voyage』、『No way to say』にしても、『ミ・アモーレ』や『DESIRE-情熱-』のように鮮烈に記憶に残っている人がいるのだろうか。いや、そんなことは枝葉末節だ。

聖子、キョンキョン、明菜の3人の中で、歌手としていちばん王道を歩んでいるのが明菜で、そこが大事だと思う。新人のころから、自分でステージ衣装を選びたがるとか、気に入らない歌だとわざとそっけなく歌うだとか悪評が高かった。だが若い女の子としては嫌がる人も多かったファンとの握手には喜んで応じていた。今、あまりチャートの順位を気にせずに好きな歌を直接ファンの前で歌っていけるのは、ほんとうにうれしいと思って充実した毎日を送っているのではないだろうか。

ここに究極の皮肉《アイロニー》がある。ジャズ評論や革命論だけではおそらく筆一本で食っていくことがむずかしかったはずの平岡正明の文筆家としての後半生は歌謡曲、演歌、アイドル・ポップスの中から聴く耳を持ったおとなの鑑賞に堪える作品とアーティストを紹介することに支えられていただろうと思えることだ。

『歌謡曲見えたっ』（1982年、ミュージック・マガジン）、『おい、友よ』（1983年、PHP研究所）、『国際艶歌主義』（1988年、時事通信社）といった著書から浮かび上がってくる歌謡曲評論家、平岡正明の姿は「これならシングルの数倍のカネを払って買う価値がある」アルバムを探し出す目利きだった。

平岡は絶対に推奨するアーティストや作品のレコード会社やプロダクションからカネをもってヨイショをする人間ではないし、ましてや総資本の回し者ではさらさらない。だからこそ平岡による「これはふつうのLP3枚分の聴きでがあるLPだ」とか、「通しで聴く価値のあるCDだ」といった推奨は、一般リスナーに尊重されただけではなく、レコード会社やプロダクションにとっても再生音源市場斜陽化の中で得がたい援軍だった。

これはアルバム重視の「ニューミュージック」派が、再生芸術からライヴ芸術への転換という壮大な変化の中では、そもそもスタジオ録音でしかつくれない電子的な装飾音を使わない保守派よりもっと頑強な抵抗勢力になってしまうことと、そっくりの構図だ。つまり反体制の前衛が、再生からライヴへの原点回帰を必死で食い止めようとする「保守反動」になってしまうのだ。また勉強家ぞろいの新左翼陣営には、気質・体質面で「おもしろければしろうと芸でもいい」というよりは、原理原則にこだわって芸道精進主義に傾斜するものがあった。

平岡正明による歌謡曲評論のピークと言える、ともに1996年に出版された作品社刊の『中森明菜――歌謡曲の終幕』と『三波春夫という永久革命』は、対照的な仕上がりになっている。三波春夫論は、このスケールの大きな歌謡曲歌手の姿を確信のこもった筆で描ききっている。ところが中森明菜論は、アルバムが出るたびにいいと言ってみたり、悪いと言ってみたり、結局彼女をどう評価していいのかわからずにとまどっていることが透けて見える。

その結果、中森明菜は自分がごひいきにしていたが、1曲のヒットも飛ばせずじまいだった石黒ケイの「ショバ」である横浜を荒らしたという不満をむき出しにする。「中森明菜は埼玉県から横浜見物に来た少女と言ったイメージを壊さない。海を見ないで育った娘である（平岡3、54ページ）」といったほとんどやくざが因縁を付けるような「批評」をしている。

あるいは、テレサ・テン（本名は鄧麗君）と比較して、こう言っている。

鄧麗君にくらべて、海外に出ても、ただ日本社会への嫌悪感だけが真実であるという奇怪なBC級インターナショナリズムしか分泌しない中森明菜の自我の小ささが情けない。（平岡3、152ページ）

自我の小ささが情けないのは、自分自身の以下のような文章ではないだろうか。

俺の芸能論はまっとうであり、欧米の芸能批評（ステージ評、ディスクレヴュー、映画・演劇評）は、ほぼこの水準だと思っている。……推察するにそう遠くない将来に成立するだろうアジア諸国の芸能批評は本書程度を並みの水準とするだろう、日本が低すぎる。……中森明菜を葬ったのはこの日本の芸能界のレベルの低さである。（平岡3、4ページ）

一般論として日本の知識人は確信を持てない主張をするとき、欧米崇拝を丸出しにして自分は欧米の知識人と対等のことを言っていると強弁する傾向がある。だが平岡正明までこんな卑屈な自己弁護をしていたとは、なんとも残念なことだ。

第1世代iポッドの発売は、20世紀から21世紀への転換を象徴するように、2001年11月だった。同年1月に開発されていたiチューンズが、ウィンドーズ版を公開して一挙に販路を拡げたのがその2年後に当たる2003年のことだった。だが90年代半ばには、2~3の佳作を取り巻くように10数曲の駄作を詰めこんで、LPやCDとして抱き合わせ販売をする手法は明らかに行き詰まっていた。

2011年の『長谷川伸はこう読め!』(彩流社)を擱筆として亡くなった平岡には、その15年前に当たる96年の時点で、政治的には前衛である自分が再生芸術退却戦のしんがりを務めているという皮肉についての自覚があったのだろうか?

幸いなことに中森明菜はちっとも葬られず、今は小休止状態だが、平岡正明による死亡宣告後も元気にライヴ活動をこなし続けてきた。

地下アイドルの勃興と東アジアの肥沃な市場

少なくとも中森明菜のライヴと同じくらいには注目すべきなのが、マネージャー、ブッキングエージェントから会計経理まで全部自分でこなす地下アイドルが全国各地に続々と誕生していることだ。日本は単品大量生産から、多品種少量生産を経て、消費者一人ひとりに合わせたサービスの現地即売というサービス業究極の姿への移行で世界に先駆けている。そして日本のすぐ近くには、まちがいなく世界最大のライヴパフォーマンス市場が育とうとしている。次のページの地図をご覧いただきたい。

いずれは地上最大の影響力をふるう圏域
世界人口の半分以上が薄い灰色の円の中に住んでいる

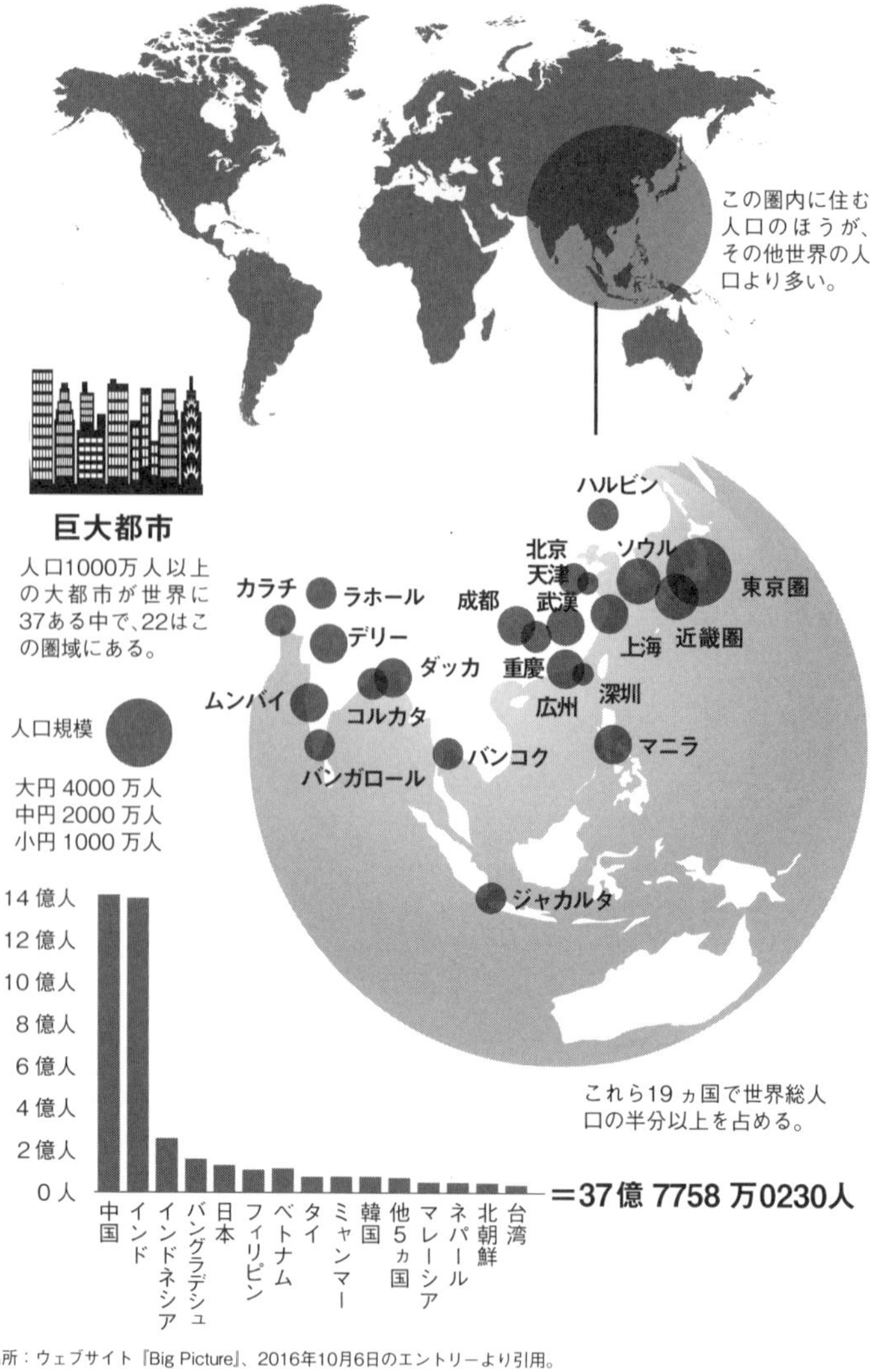

出所：ウェブサイト『Big Picture』、2016年10月6日のエントリーより引用。

よく見ると、都市圏ではカラチが入っているのに下の棒グラフではパキスタンが入っていないというような細かい突っこみどころはある。だがパキスタンが入っても入らなくても、東アジア、東南アジアからインド亜大陸までをふくめたこの地域に、世界最大の人口集積があり、しかもいくつかの大都市圏にそのうちのかなりの部分が密集している事実は変わらない。人口規模の大きさ、そしてライヴパフォーマンスをして回る際に、大都市圏に密集した地域は効率よく多くの観客を動員できる利点があることについては、異論の余地がないだろう。

ただ東アジアの中でも、アイドルを取り巻く社会環境は微妙にちがう。韓国の場合、アイドルはプロのアーティストとして、また健全な社会人として通用するように猛訓練を受ける。少なくとも英語は流暢《りゅうちょう》に話せるように、そして主要ターゲットとする市場次第で中国語や日本語はできて当たり前。踊りでは決めるべきところで縦横上下ぴったり同じ角度できちんと止めなければダメ。ハーモニーはひとりで自分のパートをきちんと歌いこなせなければダメ。ようするに芸道精進主義一色に染め上げられているのだ。

Twice《トゥワイス》という韓国の芸能事務所に所属する女性9人のアイドル・グループは、韓国人5人、日本人3人、台湾人1人という編成だ。とにかく本格的に鍛えられているので、歌や踊りのレベルが日本で大量発生している大所帯のご当地グループとはまったくちがうし、その中から選ばれた10～20人ぐらいのピックアップメンバーのユニットに比べてもやっぱり格段にうまい。

半面、アイドルの卵たちが訓練のきびしさに耐えかねて、あるいは正規のメンバーになれなかったことに落胆して自殺するケースも多いらしい。また訓練生時代のヴォーカルやダンスのレッスン費用はプロダクション持ちとなっているので、うまくデビューにこぎつけても、かなり人気が出るまでは薄給で合宿所生活、過酷なスケジュールに追い回される。ジャニーズ事務所のやり方をもっとシビアにビジネスライクにしたと考えれば、だいたいのイメージはつかめるだろう。

人気アイドル・グループのメンバー、元メンバーのあいだでも私生活のトラブルや、詰め込みすぎのスケジュールを苦にして自殺する人もいる。芸道精進主義も当然あっていいが、それだけではあまりにも息苦しい。日本のように素のままで人気があればそれでいいじゃないかという、いい加減なところがほとんどない。懸命な努力は美しいが、あれじゃ疲れるよなという感じなのだ。

１９８０年代前半の中国ポップス事情は、かなり貧しかった。中国名で鄧麗君と呼ばれるテレサ・テンが熱狂的な人気で、「昼は鄧小平が支配し、夜はテレサ・テンが支配する」と言われるほどだった。どちらも姓が鄧だというのは、たんなる駄洒落ではない。祖先派家族教徒の中国人にとって同姓とは祖先が同じなので、昼も夜も鄧王朝に支配されているというやりきれなさの込められた表現だからだ。

そして１９８３年以降は放送禁止だったはずのテレサ・テン以外には、「人気歌手は？」と尋ねられても、現永世国家主席習近平の奥さんで当時から「歌のおばさん」的存在だった中国人民解放軍少将彭麗媛《ほうれいえん》ぐらいしか思い浮かぶ人がいなかった。90年代に入ってからは、ポピュラーソングのスター的な存在も少しずつ出てきた。だが、やっぱりきちんとした歌唱力を身につけたおとなの歌手ばかりだ。今も現役で活躍している那英《ナーイン》などは、もし五輪真弓があまり芸術性にこだわらずにひんぱんにステージに立って歌い続けてきたら、こんな感じに年輪を重ねたのではないかという雰囲気の女性歌手だ。

日本ふうに言えば、『歌謡選手権』的なオーディション番組はあるが、『スター誕生！』的なアイドル・スカウティング番組はなかったらしい。その中国では2017年がヒップホップ元年で、18年がアイドル登竜門的なオーディション番組元年なのだという。あの偉大な中華の地が昨今は「借り物」文明の国になってしまったという残念な印象は否めない。ということで、東アジアを拠点とするアイドル歌手に関する限り、やはり日本の優位は当分動かないのではないだろうか。

産業構造の転換があまり大衆に不利にならないかたちで進んでいること、東アジアの大都市圏でライヴ活動がしやすいという地理的な優位性、加えて「幼児性の発露こそ神に近づくこと」と昔から考えてきた伝統を考えれば、日本国民こそがこの「みんながアイドル時代」の先頭に立つだろう。現在50代以下の人たちは、だれもがだれかのアイドルで、だれかのファンでもあるという時代をきっと自分の眼で確かめるはずだ。

だれがアジア全域のアイドルたちに作詞作曲をするのか、フォーク歌手たちか？

この肥沃な市場をだれが耕し、だれがその実りを収穫するのだろうか。もう再三にわたってくり返したことだが、ここでもやはり日本女性たちの活躍が期待できそうだ。次ページのポートレート集をちらっと一瞥《いちべつ》しただけで、閉じこもる男性群と広がる女性軍の差が見て取れるのではないだろうか。

左側上段には、反戦から四畳半まで日本の男性フォーク歌手を並べてある。左端の岡林信康は、やっぱりいちばんおもしろい人生を歩んできた。当人はくたびれただろうが。

1969年3月には3ヵ月あまりのスケジュールを全部すっぽかして雲隠れしたこともある。ボブ・ディランのコピーのような曲を自作自演したり、突然ヤマギシズムに傾倒したり、いろいろ忙しかった。ふつうの歌手だったら、それだけでもうほぼ一生カムバックできなくなりそうな行状もあった。

1973年には作詞家としてブレークする前の松本隆をプロデューサーにして、ロック調の楽曲をつくるが、あくまでもフォーク歌手を期待する聴衆には受け容れられない。また、あま

反戦～生活～四畳半フォークを歌い、
曲付き私小説を書く男たち
対コスモポリタンで時空を超える女性たち

岡林信康 1968年～　吉田拓郎 1970年～　かぐや姫 1971～75年　庄野真代 1976年～　渡辺真知子 1977年～　久保田早紀 1979年～

小椋佳 1971年～　井上陽水 1969年～　さだまさし 1973年～　矢野顕子 1974年～　松任谷由実 1971年～　中島みゆき 1975年～

出所：『Wikipedia』、『Google Chrome』、『Microsoft Edge』、『bing』 などの画像ファイルより引用

り人前では歌っていなかった。農村生活をしているうちに、再び音楽への関心が芽生えたのは西川峰子の『あなたにあげる』を聞いたときだったそうだ。そして美空ひばりに『風の流れに』と『月の夜汽車』の2曲を提供して、4年間の山里暮らしを終える。

１９８１年には、日本民謡的なリズムに乗せた独自のロック『エンヤトット』を考案し、87年には自主制作テープ『エンヤトットでＤａｎｃｉｎｇ』を発表する。「古いファンからはあまり喜ばれなかった」と本人が語るエンヤトット路線は、２００７年に36年ぶりの日比谷野音でのライブ、「狂い咲き２００７」を行うまでにいたる。09年の九段会館でのコンサートで『越後獅子の唄』をカヴァーした。

２０１０年には約35年前に美空ひばりが書いた歌詞にメロディーを付けて、「レクイエム—

麦畑のひばり―」と題した新曲にまとめた。この曲は美空ひばりの代表曲を集めたアルバム『レクイエム～我が心の美空ひばり～』に収められた。夕刊フジのインタヴューに答えて、岡林はこう語っている。

「去年の夏、引き出しの整理をしていたら、ひばりさんから35年ほど前にもらった手紙を見つけ、詞が添えてあった。ひばりさんが感じたことがつづられていて、『作詞・加藤和枝、作曲・岡林信康』と書かれていた。高く飛べと書きながら、その先には死が見えるだろう、という内容でね。当時は（詞の意味が）理解できなかったことと、ひばりさんから催促されなかったこともあって、そのままになっていたんです……」

「いま思い返せば、自分の悲劇の結末が分かっていたのかなとも思う。詞の言葉や行数をそろえ、2週間で完成させました」（夕刊フジ、2010年2月16日付記事）

美空ひばりは亡くなる直前まで不死身としか思えない人だった。だから亡くなるまで名指しで作曲を頼まれた歌詞をそのまま放置していたことはわからないでもない。だが亡くなった直後なら「今この歌詞に曲を付ければ遺作として話題になるだろう。大ヒットするかもしれない」程度のことはだれしも考えることだろう。そこでも気がつかずに放り出したままだったのが、いかにも岡林信康らしい。だからこそ美空ひばりも安心して自分の歌詞を託したのだろう。長い休養を何度もしてきたから、まだ創造の泉は枯れていないはずだ。岡林信康には期待が持てる。

その右が吉田拓郎だ。この人はおそらく女性歌手で言えば山口百恵並みに過大評価されているのではないだろうか。

結局のところ、山口百恵の実績として残っているのは「青い性典」ものを歌わされていたころの屈辱をぶちまけようとするエネルギーが充満していたとき、ちょうどいいタイミングで阿木燿子・宇崎竜童コンビの絶妙の楽曲を得て、みごとに炸裂したというたった1回の大どんでん返しだけだ。それ以外のことをやってみたらどうなっていたかは、わからない。この引き際はたしかに聡明さを立証しているが、歌手としての幅はまだ非常に狭いままでのリタイアだった。

吉田拓郎に話を戻せば「僕の髪が肩まで伸びて君と同じになったら」とか、「妙に色っぽいね」といった歌詞は、たしかに岡林信康などの反戦フォーク歌手たちがかなり教条的な歌詞ばかり歌っていたころには斬新に聞こえていた。だが吉田拓郎の書く歌詞自体が斬新かというと、大いに疑問が残る。

泉麻人は、『結婚しようよ』の大ヒット後に急遽限定再発売された『’70真夏の青春』という吉田拓郎が売れなかった時代にリリースされた貴重なソノシート音源を持っているという。その中に収録された11曲のうち、最初の曲、つまりいちばん売れそうな曲が『青春の詩』というタイトルで、こういう歌詞だったという。

映画館に彼女と二人で入って
彼女の手をにぎること
ああ　それが青春

繁華街で前を行く
いかした女の娘をひっかけること
ああ　それが青春（泉、139ページ）

これはもう陳腐をはるかに通りこして、陳腐さが新鮮に見えてしまう現象、すなわちキャンプそのものではないか。六文銭の小室等が大赤字を垂れ流していたフォーライフというレコード会社を建て直したのだから、経営の才覚はあるのだろう。だが教条的な反戦歌ばかりの中に置くという配慮をせずに、純粋にこういう歌詞が19番まで続いて、ほかにサビのパートもあるということになると、お粗末としか言いようがない。

吉田拓郎の右が南こうせつとかぐや姫だ。荒井（現・松任谷）由実から「四畳半フォーク」と揶揄《やゆ》されたが、その対象となった『神田川』の歌詞は、四畳半ではなく「三畳一間の小さな下宿」とあった。このことを指摘しただけで、どんだけ暗い内容の歌詞かがご想像いただけるだろう。

下段左側は、左端から小椋佳、井上陽水、さだまさしだ。3人ともメロディー付き私小説の作家であって、ポピュラーソングの作詞作曲をする人たちではないと思う。まあ、井上陽水は、だれか他のアーティストに楽曲を提供するときには、歌入り私小説ではなくなっている曲も多いが。

やっぱり女性軍だろう

写真右側上の3人は、『飛んでイスタンブール』の庄野真代、『かもめが翔んだ日』の渡辺真知子、『異邦人』の久保田早紀（現・久米小百合）と、いずれも地球的なスケールを感じさせる楽曲を書いている。「かもめが翔ぶのが、どこが地球的か」と言われると、ちょっと返答に困る。だが渡辺真知子は宝石会社の経営する婦人服チェーンのCMソングとして『メソポタミア・ダンス』という楽曲も書いている。どんな歌かと聞かれても、聴いていないからわからないが、スターリングラード攻防戦で、地球儀を使って戦略配置を考えるような心意気が重要だ。

そして右側下の3人が、それぞれ2曲や3曲紹介しただけじゃ、スケールの大きさがわからない矢野顕子、松任谷由実、中島みゆきだ。矢野顕子は、シングルとして大ヒットしたのが1981年にリリースした糸井重里作詞の『春先小紅』だけだということが不思議なくらい、いろいろな曲を作詞・作曲している。

とくに1976年にリリースしたアルバム『Japanese Girl』は、唯一のカヴァーが藤山一郎の歌った明るい古賀メロディーの傑作『丘を越えて』だった。青森県の民謡2曲をアレンジした作品があり、鼓や琴などの和楽器も積極的に使っている。山下達郎によれば、日本の作詞家の中でいちばんひんぱんに歌詞に食べものを登場させているそうだ。たしかにデビュー・シングルが『いろはにこんぺいとう』で、その後も『ごはんができたよ』、『ラーメンたべたい』、『クリームシチュー』と食べものの歌が多くて、食いしん坊としてはうれしい。

デビュー以来そろそろ50周年を迎えようとしている松任谷由実だが、自分で歌っているシングルは40曲（発売中止のものをふくめれば41曲）と少ない。ちなみに唯一の発売中止曲は阪神淡路大震災の約1ヵ月後に発売予定だった『命の花』で、歌詞に地震や大火災を連想させる箇所があったためだという。だが呉田軽穂名義もふくめて、他のアーティストに提供している楽曲はものすごい量で、しかも自分の色を押し付けずに非常にバラエティーに富んだ作品群を形成している。松田聖子の2大名曲、『赤いスイートピー』と『渚のバルコニー』はどちらも松本隆作詞・呉田軽穂作曲だ。

中島みゆきもデビュー後45周年でまだシングルは46と、自分の歌は厳選主義だ。他のアーティストへの楽曲提供は多く、しかも松任谷由実と互角と言えるくらい曲想に幅がある。特筆すべきは、2014年にまだ地上化したばかりだったころのももいろクローバーZに『泣いてもいいんだよ』という曲を提供していることだ。

この3人と岡林信康は、おもしろそうな企画なら百人を超えるような大所帯のアイドル・グループに楽曲提供をするチャンスはあるのではないだろうか。そのとき阿久悠が夢見た21世紀初頭の夢のアイランド浮上は、現実となりそうな気がする。舌津智之を引用しよう。

二千と一年過ぎて　未来を信じていたら
もしももしも　もしももしも
ある時それは突然見える　ミラクル・アイランド

阿久悠は、おそらく二一世紀の幕開けを見通して、自らが投げかけた（あまりにも早すぎた）言葉たちの輝きが、「ジパング」に予告された通り「心によみがえる」時代が来ると信じていたのだろう。ジパング＝日本という風土に育まれた七〇年代歌謡曲の領分とは、男女をめぐる価値観の変動をへて、ようやく今、その輪郭が突然見えてくるミラクル・アイランドなのだ。（舌津、177ページ）

そして、この奇跡の島にたどり着くだけではなく、この島を見るためにも幼児の感性を取り戻す必要がある。

たった三年だけ、お仕着せの価値観ではなく、庶民や子供が価値観を見つけ得る時間があった。
そのたった三年とは、暗黒の時代といわれている昭和21〜23年である。飢え、死に瀕してはいたが、生きる活力と、新しいものに出会う興奮は、今から考えるとユートピアだといえなくもない。（阿久3、382ページ）

日本国民の幼児進行能力を信じていれば、ミラクル・アイランドは必ず見えてくる。

おわりに

「次も、世界経済でいいですか」

「一手間かけて、なにか目新しい話題とからめてくださいよ」

「じゃ、アイドルなき時代の世界経済なんてどうでしょう?」

「いいんじゃないですか」というビジネス社社長、唐津さんとの電話でのやり取りから、わが魔界潜入は始まった。

　音痴、リズム感悪い、運動神経鈍いの三重苦にあえぐ人間が音楽について語っても笑いものになるだけだと思って禁欲してきた話題だ。しかし、書き始めてみるとこんなに言いたいことが溜まっていたのかとびっくりするぐらい、いろんな想いが噴出する。三重苦が、じつは大変有利なのだと考えを改めることにもなった。

　本文中でお気づきになったかもしれないが、私は日本の流行歌・歌謡曲と英語圏のポピュラーミュージックを完全等価で見ている。それには、コード進行が奇抜だとか、今まで誰も使わなかったような和音を使っているとかの話は「全然わかんない」の一言で済ませて、聴いていて楽しいか、悲しいか、明るいか、暗いかだけを論ずることができるのは強みだ。

　1970年以降、日本の歌謡曲と欧米先進国のポピュラーミュージックは、ほぼ正反対の方向に動いてきた。欧米で流行る歌が暗く、重苦しく、おとなっぽく、難解になるほど、日本の歌謡曲は明るく、軽薄で、幼児的で、わかりやすくなっていった。日本の「識者」の皆さんの大多数が、これが大衆文化においていかに日本が欧米に遅れているかの証拠だとおっしゃる。私は遅れているのではなくて、違う方向に進んでいるだけだと思っている。しかも、人類の未来を明るくする方向に向かって。

もっともらしく章立て案をこしらえたときから予想がついていたことが、ふたつあった。ひとつは、どういう視点からどう章立てをしようと、美空ひばりが全章に出てくると予想していたこと。そして、幼さもふくめてピンク・レディーを全面的に肯定するか、留保付き肯定や否定にとどまるかが勝負で、全面肯定で行こうと心に決めていたこと。

そこから先は、耳にこびりつき、心に残っていた歌を、流行っていた時代の社会経済情勢と突き合わせるだけで、次から次へと話が自動的に展開していく。書くこと自体がこんなに楽しかったのは、ほぼ10年ぶりだ。

読者のみなさんにこの楽しさをほんの少しでもおすそ分けできれば、これにまさる喜びはない。

3人のローマ教皇が鼎立するカトリックの大分裂を収拾したコンスタンツ公会議が開催された1414年

徳川家康とシェークスピアとセルバンテスが没した1616年

第一次世界大戦を収拾するヴェルサイユ会議が開かれた1919年と
2桁ゾロ目の年は大分裂や大戦争が終わり、偉大な人物が亡くなる結着の年が多いのに、
今回は、1月だけでアメリカ大統領の命令による敵国の軍事司令官暗殺、新型コロナウィルス蔓延、イギリスのEU離脱と、みっつもやっかいなことが始まってしまった

2020年2月初旬の吉き日に

増田　悦佐

◉参考書籍一覧

◉藍川由美、『「演歌」のススメ』（2002年、文春文庫）
◉阿久悠1、『夢を食った男たち――「スター誕生」と歌謡曲黄金の70年代』（2007年、文春文庫）
◉阿久悠2、『歌謡曲の時代――歌もよう　人もよう』（2004年、新潮社）
◉阿久悠3、『瀬戸内少年野球団』（2013年、岩波現代文庫）
◉フィリップ・アリエス著、杉山光信訳『＜子供＞の誕生――アンシァン・レジーム期の子供と家族生活』（1980年、みすず書房）
◉飯野亮一、『天丼、かつ丼、牛丼、うな丼、親子丼――日本五大どんぶりの誕生』（2019年、ちくま学芸文庫）
◉泉麻人、『僕の昭和歌謡曲史』（2003年、講談社文庫）
◉井上一馬、『マドンナのアメリカ――自由を手にした女たちの反逆』（1998年、PHP新書）
◉植田紳爾、『宝塚　百年の夢』（2002年、文春新書）
◉烏賀陽弘道、『「Jポップ」は死んだ』（2017年、扶桑社新書）
◉NHK放送文化研究所編『現代日本人の意識構造〔第八版〕』（2015年、NHKブックス）
◉ポール・オリヴァー著、米口胡（＝増田悦佐）訳『ブルースの歴史』（1978年、晶文社、増補改訳版を近日土曜社より刊行の予定）
◉川上徹也、『1行バカ売れ』☆（2015年、角川新書）
◉小泉今日子『小泉放談』：（2017年、宝島文庫）
◉高護、『歌謡曲――時代を彩った歌たち』☆（2011年、岩波新書）
◉小堀聡、『日本のエネルギー革命――資源小国の近現代』（2010年、名古屋大学出版会）
◉斎藤修、『比較経済発展論――歴史的アプローチ』（2008年、岩波書店　一橋大学経済研究叢書）
◉砂古口早苗、『ブギの女王・笠置シヅ子――心ズキズキワクワクああしんど』（2010年、現代書館）
◉笹山敬輔、『興行師列伝――愛と裏切りの近代芸能史』☆（2020年、新潮新書）
◉エイドリエン・レネー・ジョンソン、「From Shojo to Bangya（ru）：　Women and Visual Kei」、Jaqueline Berndt他編著『Shojo Across Media：Exploring “Girl” Practices in Contemporary Japan』（2019年、Palgarave Macmillan）
◉舌津智之、『どうにもとまらない歌謡曲――七〇年代のジェンダー』（2002年、晶文社）
◉高澤秀次、『ヒットメーカーの寿命――阿久悠に見る可能性と限界』（2009年、東洋経済新報社）
◉田家秀樹、『読むJ－POP　1945－2004』（2004年、朝日文庫）
◉竹中労、『完本　美空ひばり』（初出1965年、弘文堂フロンティアブックス、『増補　美空ひばり』、1987年、朝日文庫を経て、2005年、ちくま文庫）
◉玉岡かおる、『タカラジェンヌの太平洋戦争』（2004年、新潮新書）
◉土屋恵一郎、『怪物ベンサム――快楽主義者の予言した社会』（2012年、講談社学術文庫）
◉中川右介、『阿久悠と松本隆』（2017年、朝日新書）
◉永田一八・村田穫、『モーニング娘。のDNA――おニャン子クラブは2度解散する……』（2002年、宝島社新書）
◉中森明夫、『アイドルになりたい！』☆（2017年、ちくまプリマー新書）
◉萩原健太＝佐伯明＝大畑幸子＝前田祥丈＝太田綾子＝小貫信昭＝長谷川誠、『サザ

ンオールスターズ』（増補改訂版、2005年、TOKYO FM出版地球音楽ライブラリー）
◉橋本治、『恋の花詞集――歌謡曲が輝いていた時』（2000年、ちくま文庫）
◉デイビッド・ハルバースタム著、高橋伯夫訳『覇者の驕り――自動車・男たちの産業史』上巻（1987年、日本放送出版協会）
◉平岡正明1、『三波春夫という永久革命』（1996年、作品社）
◉平岡正明2、『山口百恵は菩薩である』（初出、1979年、講談社単行本から4年後に初版が出た文庫版、1983年、講談社文庫）
◉平岡正明3、『中森明菜――歌謡曲の終幕』（1996年、作品社）
◉平岡正明、『歌謡曲見えたっ』（1982年、ミュージック・マガジン）
◉平岡正明、『おい、友よ』（1983年、PHP研究所）
◉平岡正明、『国際艶歌主義』（1988年、時事通信社）
◉平野敬一、『マザー・グースの唄――イギリスの伝承童謡』（1972年、中公新書）
◉藤井淑禎、『御三家歌謡映画の黄金時代――橋・舟木・西郷の「青春」と「あの頃」の日本』（2001年、平凡社新書）
◉マツコ・デラックス、『デラックスじゃない』（2016年、双葉文庫）
◉水野悠子、『知られざる芸能史　娘義太夫――スキャンダルと文化のあいだ』（1998年、中公新書）
◉三橋修、『〈コンチクショウ〉考――江戸の心性史』（1992年、日本エディタースクール出版部）
◉村上兵衛、『再検証「大東亜戦争」とは何か』（1992年、時事通信社）
◉輪島裕介、『踊る昭和歌謡――リズムからみる大衆音楽』☆（2015年、NHK出版新書）
◉渡辺京二1、『逝きし世の面影』（2005年、平凡社ライブラリー）
◉渡辺京二2、『さらば、政治よ　旅の仲間へ』（2016年、晶文社）
◉渡辺裕1、『日本文化　モダン・ラプソディ』（2002年、春秋社）
◉渡辺裕、『歌う国民――唱歌、校歌、うたごえ』（2010年、中公新書）
☆なお、タイトルのすぐ後ろに☆印が付いている5冊は、論旨の骨格がしっかりしていて、小ネタも満載で、しかも比較的最近刊行された新書なので入手しやすいという3拍子そろった本で、絶対に読まなきゃ損だ。

◉引用新聞雑誌一覧

◉夕刊フジ、2010年2月16日付、栗原智恵子記者

◉放映中または再放送して欲しいTV音楽番組

◉『あの年、この歌』、BSジャパン（2014～18年）
◉『お宝レコード発掘の旅　あなたの思い出の曲かけさせてください』、BS朝日（2017年～、不定期）
◉『The Covers』、NHK衛星プレミアム（2014年～、毎月最終日曜日の午後10時50分～11時50分）
◉『昭和は輝いていた』、BSジャパン（2014年～、毎週金曜日午後8時～8時54分）
◉『SONG TO SOUL～永遠の一曲～』、BS-TBS（2007年～、毎週火曜日午後11時または11時30分～11時54分、24分のときは短縮版）
◉『バナナゼロ　ミュージック』、NHK総合地上波デジタル（2016～18年）
◉『ロニー・ウッド・ショー』、NHK衛星プレミアム（2016年のみ）

著者略歴
増田悦佐（ますだ・えつすけ）
1949年東京都生まれ。一橋大学大学院経済学研究科修了後、ジョンズ・ホプキンス大学大学院で歴史学・経済学の博士課程修了。ニューヨーク州立大学助教授を経て帰国、HSBC証券、JPモルガン等の外資系証券会社で建設・住宅・不動産担当アナリストなどを務める。現在、経済アナリスト・文明評論家として活躍中。
著書に『日本経済2020　恐怖の三重底から日本は異次元急上昇』『これからおもしろくなる世界経済』『最強の資産は円である！』『米中地獄の道行き 大国主義の悲惨な末路』（以上、ビジネス社）、『米中貿易戦争 アメリカの真の狙いは日本』（コスミック出版）、『2020年、経済史上初の恐怖の三重底が世界を襲う!!』（電波社）、『戦争と平和の経済学』（ＰＨＰ研究所）など多数ある。

ジャスラック申請中

アイドルなき世界経済

2020年4月1日　第1刷発行

著　者　増田 悦佐
発行者　唐津 隆
発行所　株式会社ビジネス社
〒162-0805　東京都新宿区矢来町114番地 神楽坂高橋ビル5階
電話　03(5227)1602　FAX　03(5227)1603
http://www.business-sha.co.jp

印刷・製本　大日本印刷株式会社
〈カバーデザイン〉大谷昌稔
〈本文組版〉茂呂田剛（エムアンドケイ）
〈編集担当〉本田朋子
〈営業担当〉山口健志

ISBN978-4-8284-2171-1

ビジネス社の本

日本経済２０２０ 恐怖の三重底から日本は異次元急上昇

定価　本体１４００円＋税
ISBN978-4-8284-2120-9

増田悦佐……著

ひきこもりと高齢者の活躍で日本が勝つ！
世界は千年の戦争ボケから目覚め、
平和国家日本が光り輝く
戦争は負けたほうが得をする！
軍事力よりイメージ戦略が支配する
世界は「もどき」の時代に突入した!!

金融・エネルギー・軍産複合体は大没落！
大転換する世界でひとり勝ちする日本!!

本書の内容

第一章●２０２０年が長期不況のどん底となる
第二章●第二次世界大戦後、戦争は戦争もどきと化した
第三章●サービス業主導ですべてが
　小型化、軽量化、省エネ化する
第四章●金融市場は構造不況に陥る
第五章●輝く平和遺産を活かし、日本の国防は老衛兵で